SIMBOLISMO
do Terceiro Grau

Mestre

Rizzardo da Camino

SIMBOLISMO
do Terceiro Grau

Mestre

© 2024, Madras Editora Ltda.

Editor:
Wagner Veneziani Costa

Produção e Capa:
Equipe Técnica Madras

Ilustração Capa:
Mário Diniz

Revisão Técnica:
Carlos Brasílio Conte

Revisão:
Vera Lucia Quintanilha
Monica de Deus Martins
Wilson Ryoji Imoto

Dados Internacionais de Catalogação na Publicação (CIP)
(Câmara Brasileira do Livro, SP, Brasil)

Camino, Rizzardo da Simbolismo do Terceiro Grau/
Rizzardo da Camino. – 7. ed. – São Paulo: Madras, 2024.

ISBN 978-85-370-0690-0

1. Maçonaria 2. Maçonaria - Rituais
3. Maçonaria - Simbolismo I. Título.

11-05450 CDD-366.12

Índices para catálogo sistemático:
1. Maçonaria: Simbolismo do Terceiro Grau:
Mestre: Rituais: Sociedades secretas
366.12

Proibida a reprodução total ou parcial desta obra, de qualquer forma ou por qualquer meio eletrônico, mecânico, inclusive por meio de processos xerográficos, incluindo ainda o uso da internet, sem a permissão expressa da Madras Editora, na pessoa de seu editor (Lei nº 9.610, de 19.2.98).

Todos os direitos desta edição reservados pela

MADRAS EDITORA LTDA.
Rua Paulo Gonçalves, 88 – Santana
CEP: 02403-020 – São Paulo/SP
Caixa Postal: 12183 – CEP: 02013-970 – SP
Tel.: (11) 2281-5555 – Fax: (11) 2959-3090
www.madras.com.br

Entrego este trabalho aos meus prezados Irmãos da Augusta e Benemérita Loja Electra nº 21 de Porto Alegre, RS, sempre ansiosos no aperfeiçoamento de seus conhecimentos maçônicos.

Nota de Lembrança

Na qualidade de esposa do saudoso Rizzardo da Camino, não posso deixar de fazer uma homenagem, pois no dia 14 de dezembro de 2013 fez seis anos que perdemos o nosso querido Da Camino, que teve o privilégio de viver até os 90 anos com sua mente perfeita, sempre estudando e escrevendo, o que mais gostava de fazer!

Ficamos casados por 60 anos, os quais me deixam muitas saudades.

Felizmente, estou acompanhada dos nossos filhos, Eloisa, Beatriz e Paulo — que é também maçom, agora da mais nova Loja, a Percepção nº 235, que foi criada em homenagem ao seu pai, o que muito me felicito.

Da Camino foi magistrado atuando como Juiz de Direito em várias cidades, onde sempre foi um maçom dedicado; deixou mais de 50 livros publicados nesses seus 60 anos de Maçonaria!

Muitos Irmãos não o conheceram pessoalmente, somente pelos seus livros, artigos, revistas e jornais maçônicos. Assim, deixo aqui meus agradecimentos a todas as Lojas e Irmãos que sempre foram presentes na vida de Da Camino.

Tenho a incumbência e a obrigação de agradecer, principalmente, à Loja Fraternidade nº 100 do Rio de Janeiro/RJ, à qual Da Camino pertenceu, pela sua grande gentileza para comigo!

À Madras Editora, meus sinceros agradecimentos por todos esses anos editando e publicando os livros do meu querido esposo!

É difícil, ainda, viver na ausência do meu esposo, restando somente a imagem do Da Camino na memória, mas tenho a certeza de que ele certamente deva estar ao lado do Grande Arquiteto do Universo!

Por fim, meus agradecimentos, conjuntamente com "nossos" filhos, a todos os Irmãos que prestigiam o Da Camino lendo os seus livros, os quais ajudam a resolver as dúvidas, tornando todos os homens mais "Justos e Perfeitos"!

Com saudades,
Odéci Da Camino

Índice

Prefácio 9
Introdução 11
  A Construção do Grande Templo 15
Origens do Rito Escocês Antigo e Aceito 33
  A Maçonaria Azul 34
  A Maçonaria Negra 39
  A Maçonaria Vermelha 43
  Aparecimento e Desenvolvimento do Escocismo na França 51
  As Grandes Constituições de 1786 56
  Estabelecimento do Rito Escocês Antigo e Aceito 59
O Primeiro Grau — Aprendiz 65
O Segundo Grau — Companheiro 71
Preliminares 77
A "Arte Real" 79
Dos Títulos no Mestrado 81
A "Câmara do Meio" 83
Hiram Abiff 87
A "Lenda de Hiram" 99
Os "Assassinos" 109
O Sepulcro 113
A Igreja das Catacumbas 121
O "Demônio" 129
A Acácia 135
Preparação do Candidato 141
Indumentária 145
O Avental 147
O "Tau" 155
Desenvolvimento do Ritual — 1ª Parte 159
Desenvolvimento do Ritual — 2ª Parte — Exaltação - Iniciação ...191
"O Livro Sagrado" 205

A Marcha do Mestre 209
A Idade do Mestre..213
O "Sinal"..217
A Espada 221
A "Palavra Sagrada" 227
A "Palavra de Passe"...231
Primeira Instrução — O Painel da Loja..................237
Segunda Instrução...243
Terceira Instrução — O Número Sete e Seus Mistérios 255
   A Trindade Setenária...256
   O Número Sete, sua Origem e Interpretação...........258
   A Octoada Solar...261
   A Eneada ou Tríplice Ternário 262
   A Década..263
   O Onzeno 266
   O Duodenário...267
Hiram Abiff — Jesus Cristo....................................271
Hiram Abiff — Jacques de Molay 273
Hiram Abiff — Mahâtma Mohandas Karamchand Gandhi.........277
Hiram Abiff — Martin Luther King Júnior 283

Prefácio

Conhecer representa, na INSTITUIÇÃO MAÇÔNICA, peça fundamental para um desenvolvimento coordenado e seguro. O homem, desde o seu surgimento, busca verdades e confirmações que sempre estiveram ao seu alcance. Bastaria, para consegui-las, que olhasse para dentro de si, ao seu redor e para o alto. Porém, impedido pelas suas fraquezas, vaidades e imperfeições, passou a viver na superficialidade da sua própria existência, obrigando o CRIADOR, com um novo esforço, a buscar meios que permitissem aos seres o despertamento provocado. Para auxiliá-lo surge entre outras a INSTITUIÇÃO MAÇÔNICA, que com seu equilíbrio mostra aos homens a semente germinada e defeituosa novamente nascida, dando-lhes outra oportunidade para despertar e sentir sua pequenez diante de tão extraordinária concepção, indicando-lhes ainda a necessidade do desenvolvimento gradativo e seguro, para que a cada passo dado possam conhecer o degrau deixado para trás. O homem, quanto mais avança, mais distante se encontra da sabedoria; mais humilde consequentemente deverá tornar-se para alcançar a autenticidade da sua própria concepção, como ser imperfeito, criado para lapidar suas próprias asperezas.

RIZZARDO DA CAMINO, no seu *Simbolismo do Terceiro Grau (Mestre)*, procura mostrar essas verdades simples, puras e autênticas e oferecê-las aos seres para que possam absorvê-las qual água cristalina, saciando uma sede provocada pelo alto grau de salinidade contido no viver desregrado de seres, que nem sequer se apercebem da grandiosidade do que significa viver, servir, ser útil aos seus semelhantes.

Meu desejo, já que obtive a honra de ser prefaciador desta obra de RIZZARDO DA CAMINO, é que ao lerem possam os homens sentir o grande privilégio do recebimento da vida, gratuita e maravilhosa, e que por esse fato nos torna devedores para com o Criador, que nada nos pede a não ser que sejamos JUSTOS E PERFEITOS, defendendo sempre a Liberdade de pensar, a Igualdade de Obrigações e Direitos e a Fraternidade entre todos os Seres Humanos, trilogia que a nossa SUBLIME INSTITUIÇÃO oferece aos seus adeptos, impelindo-os à luta constante em busca do despertar.

WILSON FILOMENO

Introdução

O alicerce de toda Loja Maçônica é constituído por uma lei básica conhecida, universalmente, pela palavra inglesa *Landmark*. Os *Landmarks* são as leis antigas codificadas em 25 artigos. Contudo, surgiram outras codificações que ampliaram esses artigos, apresentando-os em número muito superior, porém, entre nós brasileiros, tornou-se pacífica a adoção dos *Landmarks* estabelecidos pela Inglaterra, com 25 artigos.

Também, as traduções têm dado margens a certas diversificações, sem contudo alterar a essência; assim, por considerar uma boa tradução, adotamos, para a explanação do Grau de Mestre do Rito Escocês Antigo e Aceito, a versão apresentada pelo Ritual editado pela Muito Respeitável Grande Loja do Rio Grande do Sul.

Para o presente estudo, lançamos mãos dos Landmarks de números 2, 3, 9, 10, 11 e 21.

Em 1813, a Grande Loja da Inglaterra decretou que a antiga Instituição Maçônica consistia nos três Graus: Aprendiz, Companheiro e Mestre. O final do ensinamento maçônico simbólico é o Grau de Mestre; o "Mestrado", ou "Magistério", é o coroamento do longo aprendizado.

Desse fato é que o Rito Escocês Antigo e Aceito dividiu os 33 Graus em cinco séries, a saber: 1, 2, 3, Graus Simbólicos; de 4 a 14, Graus de Perfeição; de 15 a 18, Graus Capitulares; de 19 a 30, Graus Filosóficos e de 31 a 33, Graus Administrativos.

O Supremo Conselho do Rito Escocês Antigo e Aceito para a República Federativa do Brasil entregou às Grandes Lojas, de forma autônoma, a administração dos Graus Simbólicos, porém mantendo sua autoridade a respeito da preservação de que os Rituais não venham a ser alterados na sua essência.[1]

Diz a Declaração de Princípios dos Estatutos do Supremo Conselho do Rito para a República Federativa do Brasil: "Pelo regime administrativo no governo maçônico, em todo o mundo, há uma linha divisória entre a Maçonaria Simbólica e a Maçonaria Filosófica, embora devendo viver em paz e harmonia, limitando a ação de cada uma delas nas respectivas jurisdições, pois à Maçonaria Simbólica está entregue, universalmente, o governo dos três primeiros Graus do Rito: Aprendiz, Companheiro e Mestre".

Os Landmarks foram coligidos por Alberto G. Mackey, considerado hoje o mais sábio intérprete dos mistérios da Maçonaria, cujas obras infelizmente não chegaram até nós, sendo raros os livros escritos em inglês.

O *Landmark* de nº 2 estabelece a divisão da Maçonaria Simbólica em três Graus: Aprendiz, Companheiro e Mestre.

O Grau de Mestre foi composto em 1649 por Elias Ashmole, alquimista rosacruciano, para representar a morte de Carlos I com a finalidade de compelir os partidários dos Stuart a atos de vingança e conduzir ao trono vago um seu descendente.

Ashmole tomou Carlos I como o sacrificado, inspirado no Targuin dos Judeus[2] tendo, Anderson e Desaguilliers, recomposto o Terceiro Grau, substituindo a lenda de Targuin e a pessoa de Carlos I, pelo arquiteto bíblico Hiram Abiff.

Surgiu, assim, o Terceiro Grau, com a denominação de Mestre, enfocando a Hiram Abiff no ano de 1717, como o conservamos ainda, até hoje.

O *Landmark* nº 3 estabelece, como base importante, a lenda de Hiram Abiff.

O 9º *Landmark* estabelece a necessidade de se congregarem os Maçons em Lojas.

---

1. Em linhas gerais, o mesmo sucedeu no Grande Oriente do Brasil.
2. Nome dado pelos judeus ao Livro Bíblico onde estão descritas as glórias sobre os Caldeus.

Esse *Landmark*, portanto, determina que a cerimônia do Grau 3 deve ser desenvolvida dentro de uma Loja.

Também, segundo o 10º *Landmark*, o governo de uma Loja, para ter validade e legalidade, deve ser exercido por um Venerável e dois Vigilantes.

O 11º *Landmark* exige que a Loja deva encontrar-se *coberta*, guardada a *Porta* por um Guarda do Templo.

E, finalmente, ser indispensável, diz o 21º *Landmark*, a existência de um Altar dos Juramentos, onde é colocado o *Livro da Lei*.

Foram mencionados esses seis Landmarks, para esclarecer que a *Câmara do Meio*, como se denomina a Loja no Grau de Mestre, ou Grau 3º, deve conter lugares apropriados para o Venerável e dois vigilantes, um Altar dos Juramentos e o Livro da Lei, e que o recinto deva ficar fechado, a coberto, e guardada a Porta por um Guarda do Templo.

Portanto, qualquer dúvida quanto à composição da Loja de Mestre fica dirimida pelos próprios Landmarks.

Isso porque existe, sempre, muita confusão a respeito da Loja; uns opinam que a Câmara do Meio possui Oriente e Ocidente; outros, que apenas deva ser instalada em um recinto, sem altares, assentos e quaisquer símbolos, uma espécie de câmara mortuária.

Há os que afirmam que não deve haver nenhuma iluminação, os participantes encapuçados, o sigilo absoluto.

São afirmações, porém, que não encontram base em obra alguma; apenas especulações sem maior profundidade.

Logo, uma Loja de Mestre deverá possuir características que possam comportar a presença de um Venerável, logicamente sentado em seu trono; dois Vigilantes, à sua frente, dispostos em conformidade com os Graus precedentes; e um Altar dos Juramentos, onde ficará o Livro da Lei.

Essa Câmara será, em um capítulo posterior, devidamente descrita; eis que sua ornamentação é complexa e meticulosamente ordenada.

A Lenda de Hiram Abiff, ponto básico e de partida do Grau 3º, apesar de ter sido inspirada em um evento histórico e real, noticiada pelas Sagradas Escrituras, é de concepção relativamente moderna.

As confusões existentes chegam a misturar Ritos, formando situações inexplicáveis.

Entre nós há muita confusão com o Rito de York e o Rito dos Maçons Antigos Livres e Aceitos; essas duas denominações caracterizam, simplesmente, o mesmo Rito de York, ou seja, Rito de York ou dos Maçons Antigos Livres e Aceitos!

Pode-se afirmar, sem erro, que a grande maioria dos maçons do mundo inteiro, cerca de 90%, encontra-se filiada apenas a dois Ritos: Escocês Antigo e Aceito e o de York.

Ambos são reconhecidos como oficiais, existindo, nas Grandes Lojas e nos Grandes Orientes, Lojas que trabalham com ambos os Ritos.[3]

O Supremo Conselho do Rito Escocês Antigo e Aceito para a República Federativa do Brasil admite, para os Graus Superiores, Maçons de ambos os Ritos, sempre, porém, provindos de Loja Regular.

Carlos I, rei da Inglaterra, filho de Jaime I, da casa dos Stuart, ascendeu ao trono em 1625. Sob a influência dos seus ministros Buckinghan, Strafford e o bispo Laud, bem como sua esposa, Henriqueta de França, entregou-se ao despotismo, levantando forte oposição do Parlamento.

Os opositores conseguiram fazer o rei decapitar seu próprio ministro Strafford, evento que deu início à guerra civil entre os "Cavaleiros" e os "Cabeças Redondas".

Carlos I refugiou-se na Escócia, porém os partidários de Cromwell conseguiram prendê-lo, condená-lo à morte e decapitá-lo em frente ao palácio de Whitehalt.

Seus partidários e parentes trataram imediatamente de conduzir seu filho Carlos Stuart ao trono, servindo-se da força da Franco Maçonaria.

Sua morte serviu de tema e símbolo para a criação de alguns graus maçônicos, como vindita e ação política.

---

3. Atualmente, tanto as Grandes Lojas como o Grande Oriente vários abrigam outros ritos.

Surgiram assim o Rito de Heredom, o Capítulo Jacobita de Arras, o Rito de Vieille-Bru e o dos Escoceses Fiéis; o movimento influenciou o Rito da Estrita Observância.

O general Monck, em 1660, restabeleceu o trono dos Stuart, tendo Carlos II, filho de Carlos I, reinado de forma medíocre, cedendo o trono, poucos anos depois, a seu irmão Jaime II.

Carlos II não respeitou a Maçonaria, entregando-se a uma vida dissoluta; seus partidários, conseguindo a vitória política, por sua vez, relegaram a Ordem Maçônica ao esquecimento.

Diante do desprestígio da *lenda de Carlos I,* dado como "mártir", para salvar o Grau de Mestre, como dissemos anteriormente, Anderson e Desagulliers substituíram aquela *lenda* pela de *Hiram Abiff.*

Não faça confusão com a existência antiga do Terceiro Grau e sua inserção na *Lenda de Hiram.*

Vemos, assim, que o Grau de Mestre, no Rito Escocês Antigo e Aceito, Rito que passaremos a estudar, é de recente formação, posto que o personagem, ponto central da *lenda*, tenha origem bíblica.

Considerado, porém, que Hiram Abiff por sua vez é um símbolo, seu valor é místico, espiritual e transcendente.

A CONSTRUÇÃO DO GRANDE TEMPLO

Jeová, que castigou o povo de Israel e, por fim, Davi para aplacar a ira de seu Senhor, a conselho de seu sacerdote e vidente Gade, edificou ao Senhor um Altar e ofereceu holocaustos e ofertas pacíficas; isso em Jerusalém, na "eira" que adquirira por compra de Arauna.[4]

Segundo relata Salomão,[5] seu pai Davi não pôde edificar uma Casa ao nome do Senhor seu "Deus", por causa da guerra contínua que suportou.

Para concretizar seus planos, Salomão fez aliança com Hirão, rei de Tiro, com a finalidade de adquirir o material necessário à obra.

---

4. I Samuel 24.
5. I Reis 5.

Merece ser transcrita a passagem bíblica:

E enviou Hirão, rei de Tiro, os seus servos a Salomão (porque ouvira que ungiram a Salomão rei em lugar de seu pai) porquanto Hirão sempre tinha amado a Davi.

Então Salomão enviou a Hirão, dizendo:

Bem sabes tu que Davi, meu pai, não pôde edificar uma casa ao nome do Senhor seu Deus, por causa da guerra com que o cercaram, até que o Senhor os pôs debaixo das plantas dos pés.

Porém, agora, o Senhor meu Deus me tem dado descanso de todos os lados, adversários não há, nem algum mau encontro.

E eis que eu intento edificar uma Casa ao nome do Senhor meu Deus, como falou o Senhor a Davi, meu pai, dizendo: "Teu filho que porei em teu lugar no teu trono, ele edificará uma Casa ao meu nome".

Dá ordem, pois, agora que do Líbano me cortem cedros, e os meus servos estarão com os teus servos, e eu te darei a soldada dos teus servos conforme a tudo o que disseres; porque bem sabes tu que entre nós ninguém há que saiba cortar a madeira como os sidônios.

E aconteceu que, ouvindo Hirão as palavras de Salomão, muito se alegrou e disse: Bendito seja hoje o Senhor, que deu a Davi um filho sábio sobre este tão grande povo.

E enviou Hirão a Salomão, dizendo: Ouvi o que me mandaste dizer. Eu farei toda a tua vontade acerca dos cedros e acerca das faias.

Os meus servos os levarão desde o Líbano até o mar, e eu os farei conduzir em jangadas pelo mar até ao lugar que me designares, e ali os desamarrarei e tu os tomarás; tu também farás a minha vontade, dando sustento à minha casa.

Assim deu Hirão a Salomão madeira de cedros e madeira de faias, conforme toda sua vontade.

O Templo, em sua parte externa, foi construído com pedras, sendo a parte interna toda revestida de madeira.

Introdução

Não está bem claro, na descrição contida nas Sagradas Escrituras, se Salomão pediu ao seu aliado Hirão, rei de Tiro, que lhe enviasse todo o madeirame, homens especializados, bem como Hiram Abiff, o artífice, especialista no trabalho com metais.

Na descrição que se encontra no 1º Livro dos Reis é omitida a solicitação de Hiram Abiff, uma vez que seu nome será mencionado mais tarde. No Livro 2º das Crônicas há complementação sobre a construção do grande Templo, de modo que é conveniente a transcrição das duas referências.

Mesmo que possa parecer monótona a transcrição e que a linguagem bíblica possa conter repetições, considerando que seja a construção do Grande Templo a base da própria lenda de Hiram Abiff, passemos como referência histórica, indispensável, a prosseguir na mencionada na seguinte transcrição:

E Salomão deu a Hirão vinte mil córos de trigo, para sustento de sua casa, e vinte córos de azeite batido; isto dava Salomão a Hirão de ano em ano.

Deu, pois, o Senhor a Salomão sabedoria, como lhe tinha dito; e houve paz entre Hirão e Salomão, e ambos fizeram aliança.

Preparativos para edificar o Templo:

E o rei Salomão fez subir leva de gente dentre todo o Israel; e foi a leva de gente, trinta mil homens.

E os enviou ao Líbano, cada mês dez mil por sua vez: um mês estavam no Líbano e dois meses cada um em sua casa; e Adonirão estava sobre a leva de gente.

Tinha também Salomão setenta mil que levavam as cargas, e oitenta mil que cortavam nas montanhas, afora os chefes dos oficiais de Salomão, os quais estavam sobre aquela obra, três mil e trezentos, que davam as ordens do povo, que fazia aquela obra.

E mandou o rei que trouxessem pedras grandes, e pedras preciosas, pedras lavradas, para fundarem a Casa.

E as levaram os edificadores de Hirão e os gebalitas, e prepararam a madeira e as pedras para edificarem a Casa.

Salomão edifica o Templo:

E sucedeu que no ano de 480, depois de saírem os filhos de Israel do Egito, no ano quarto do reinado de Salomão sobre Israel, no mês de Zive (este é o mês segundo), começou a edificar a Casa do Senhor.

E a Casa que o rei Salomão edificou ao Senhor era de 60 côvados de comprimento, 20 côvados de largura e 30 côvados de altura.

E o pórtico diante do Templo da Casa era de 20 côvados de comprimento, segundo a largura da Casa, e de 10 côvados de largura diante da Casa.

E fez à Casa janelas de vista estreita.

Edificou em redor da parede da Casa, câmaras, tanto do Templo como do oráculo, e assim lhe fez câmaras colaterais ao redor.

A câmara de baixo era de 5 côvados de largura, e a do meio de 6 côvados de largura, e a terceira de 7 côvados de largura, porque pela parte de fora da Casa, em redor fizera encostos, para não travarem das paredes da Casa.

E edificava-se a Casa com pedras preparadas; como as traziam se edificava, de maneira que nem martelo, nem machado, nem nenhum outro instrumento de ferro se ouviu na Casa quando a edificavam.

A Porta da Primeira Câmara estava à banda direita da Casa, e por caracóis se subia à do meio, e da do meio à terceira.

Assim, pois, edificou a Casa, e a aperfeiçoou; e cobriu a casa com pranchões e tabuados de cedro.

Também edificou as Câmaras a toda Casa de 5 côvados de altura, e as travou com a Casa com madeira de cedro.

Então veio a palavra do Senhor a Salomão, dizendo: "Quanto a esta Casa que tu edificar, se andares nos meus Estatutos, e fizeres os meus Juízos, e guardares todos os meus Mandamentos, andando neles, confirmarei para contigo a minha palavra, a qual falei a Davi teu pai. E habitarei no meio dos filhos de Israel, e não desamparei o meu povo de Israel".

Assim edificou Salomão aquela Casa, e a aperfeiçoou.

Também cobriu as paredes da Casa, por dentro, com tábuas de cedro; desde o assoalho da Casa até o teto tudo cobriu com madeira por dentro, e cobriu o assoalho da Casa com tábuas de faia.

Edificou mais 20 côvados de tábuas de cedro nos lados da Casa, desde o assoalho até as paredes; e por dentro as edificou para o oráculo, para o Santo dos Santos.

Era, pois, a Casa de 40 côvados, a saber, o Templo interior.

E o cedro da Casa por dentro era lavrado de botões e flores abertas; tudo era cedro, pedra nenhuma se via.

E por dentro da Casa interior preparou o Oráculo, para pôr ali a Arca do Concerto do Senhor.

E o Oráculo no interior era de 20 côvados de comprimento, e de 20 côvados de largura, e de 20 côvados de altura e o cobriu de ouro puro.

Também cobriu de cedro o Altar.

E cobriu Salomão a Casa por dentro de ouro puro; e, com cadeias de ouro, pôs um véu diante do oráculo, e o cobriu com ouro.

Assim toda Casa cobriu de ouro, até acabar toda a Casa; também, todo o Altar que estava diante do Oráculo cobriu de ouro.

E no Oráculo fez dois querubins de madeira de oliveira, cada um da altura de 10 côvados.

E uma asa de um querubim era de 5 côvados, e a outra asa do querubim de outros 5 côvados; 10 côvados havia desde a extremidade de uma das suas asas até a extremidade da outra das suas asas.

Assim era, também, de 10 côvados o outro querubim; ambos os querubins eram de uma mesma medida e de um mesmo talhe.

A altura de um querubim de 10 côvados e assim de um outro querubim.

E pôs esses querubins no meio da Casa de Deus; e os querubins estendiam as asas, de maneira que a asa de um tocava na parede e a asa do outro querubim tocava na outra parede, e as suas asas no meio da casa tocavam uma na outra.

E cobriu de ouro os querubins.

E todas as paredes da Casa em redor lavrou de esculturas e de entalhes de querubins, e de palmas, e de flores abertas, por dentro e por fora.

Também cobriu de ouro o assoalho da Casa, por dentro e por fora.

E à entrada do Oráculo fez portas de madeira de oliveira; a verga com as ombreiras faziam a quinta parte da parede.

Também as duas portas eram de madeira oleária; e lavrou nelas entalhes de querubins, e de palmas, e de flores abertas, os quais cobriu de ouro; também, estendeu ouro sobre os querubins e sobre as palmas.

E assim fez à porta do Templo ombreiras de madeira oleária, da quarta parte da parede.

E eram as duas portas de madeira de faia; e as duas folhas de uma porta eram dobradiças, assim como eram também dobradiças as duas folhas entalhadas das outras portas.

E as lavrou de querubins, e de palmas, e de flores abertas, e as cobriu de outro acomodado ao lavor.

Também edificou o pátio interior de três ordens de pedras lavradas e de uma ordem de vigas de cedro.

No ano quarto se pôs o fundamento da Casa do Senhor, no mês de Zive.

E no ano undécimo, no mês de Bul, que é o mês oitavo, se acabou esta Casa com todas as suas dependências, e com tudo o que lhe convinha. E a edificou em sete anos.

A seguir, feita a descrição anterior, encontramos no Livro 1º dos Reis 7: 13:

Diversas obras para o Templo:
E enviou o rei Salomão, e mandou trazer a Hirão de Tiro.

Era este filho de uma mulher viúva, da tribo de Naftali, e fora seu pai um homem de Tiro que trabalhava em cobre; e era cheio de sabedoria, e de entendimento, e de ciência para fazer toda obra de cobre.

Este veio ao rei Salomão, e fez toda a sua obra.

Porque formou duas colunas de cobre: a altura de cada coluna era de 18 côvados, e um fio de 12 côvados cercava cada uma das colunas.

Também fez 2 capitéis de fundição de cobre para pôr sobre as cabeças das Colunas: de 5 côvados era a altura de um capitel e de 5 côvados, a altura do outro capitel.

As redes eram de obra da rede, as cintas de obra de cadeia para os capitéis que estavam sobre as cabeças das Colunas: 7 para um capitel, 7 para o outro.

Assim fez as Colunas, juntamente com duas fileiras em redor sobre uma rede, para cobrir os capitéis que estavam sobre as cabeças das romãs; assim também fez com o outro capitel.

E os capitéis que estavam sobre a cabeça das Colunas eram de obra de lírios no Pórtico, de 4 côvados.

Os capitéis, pois, sobre as duas Colunas estavam, também, de fronte, em cima do bojo que estava junto à rede, e 200 romãs, em fileiras em redor, estavam, também, sobre o outro capitel.

Depois levantou as Colunas no Pórtico do Templo: e levantando a Coluna direita chamou o seu nome Jaquim; e levantando a Coluna esquerda chamou o seu nome "Boaz".

E sobre a cabeça das Colunas estava a obra de lírios.

E assim se acabou a obra das Colunas.

Fez mais o Mar de fundição de 10 côvados de uma borda até a outra borda, redondo ao redor, e de 5 côvados de alto; e um cordão de 30 côvados o cingia em redor.

E por baixo da sua borda em redor havia botões que o cingiam; por 10 côvados cercavam aquele Mar em redor; duas ordens destes botões foram fundidas na sua fundição.

E firmava-se sobre 12 bois: 3 que olhavam para o norte, e 3 que olhavam para o ocidente, e 3 que olhavam para o sul, 3 que olhavam para o oriente; e o Mar em cima estava sobre eles, e todas as suas partes posteriores para a banda de dentro.

E a grossura era de um palmo, e a sua borda como a obra da borda de um copo, ou de flor de lírios; ele levava 2 mil batos.

Fez também as 10 bases de cobre: o comprimento de uma base de 4 côvados, de 4 côvados a sua largura, e de 3 côvados a sua altura.

E esta era a obra das bases: tinham cintas, e as cintas estavam entre as molduras. E sobre as cintas que estavam entre as molduras havia leões, bois e querubins; e sobre as molduras uma base por cima: e debaixo dos leões e dos bois juntaras de obras estendida.

E uma base tinha 4 rodas de metal, e lâminas de cobre; e os seus 4 cantos tinham ombros; debaixo da pia estavam estes ombros fundidos, da banda de cada uma das junturas.

E a sua boca estava dentro da coroa, e de um côvado por cima; e era a sua boca redonda segundo a obra da base, de um côvado e meio, e também, sobre a sua boca havia entalhes, e as suas cintas eram quadradas, não redondas.

E as 4 rodas estavam debaixo das cintas, e os eixos das rodas na base; e era a altura de cada roda de côvado e meio.

E era a obra das rodas como a obra da roda de carro: seus eixos, e suas cambas, seus cubos, e seus raios, todos eram fundidos.

E havia 4 ombros aos quatro cantos de cada base, seus ombros saíam da base.

E no alto de cada base havia uma altura redonda de meio côvado ao redor; também sobre o alto de cada base havia asas e cintas, que saíam delas.

E nas pranchas das suas asas e nas suas cintas lavrou querubins, leões e palmas, segundo o vazio de cada uma, e junturas em redor.

Conforme esta fez as 10 bases: todas tinham uma mesma fundição, uma mesma medida e um mesmo entalhe.

Também fez 10 pias de cobre; em cada pia cabiam 40 batos, e cada pia era de 4 côvados, e sobre cada uma das 10 bases estava uma pia.

E pôs 5 bases à direita da Casa, e 5 à esquerda da Casa; porém o Mar pôs ao lado direito da Casa para a banda do oriente, da parte do sul.

Depois fez Hiram Abiff as pias, e as pás, e as bacias; e acabou Hiram Abiff de fazer toda a obra que fez para o rei Salomão, para a Casa do Senhor, a saber: as duas Colunas, e os globos dos capitéis que estavam sobre a cabeça das duas Colunas; e as duas redes, para cobrir os dois globos dos capitéis que estavam sobre a cabeça das Colunas; e as 400 romãs para as duas redes, a saber, duas carreiras de romãs para cada rede, para cobrirem os dois globos dos capitéis que estavam em cima das Colunas; juntamente com as dez bases, e as dez pias sobre as bases; como também um Mar e os 12 bois debaixo daquele Mar; e os caldeirões, e as pás, e as bacias e todos estes vasos que fez Hiram Abiff para o rei Salomão, para a Casa do Senhor, todos eram de cobre brunido.

Na planície do Jordão, o rei os fundiu em terra barrenta; entre Sucote e Zaretã.

E deixou Salomão de pesar todos os vasos, e pelo seu excessivo número, nem se averiguou o peso do cobre.

Também fez Salomão todos os vasos que convinham à Casa do Senhor: o Altar de ouro, e a Mesa de ouro, sobre a qual estavam os Pães da Proposição.

E os castiçais, 5 à direita e 5 à esquerda, diante do Oráculo, de ouro finíssimo; e as flores, e as lâmpadas, e os espevitadores, também de ouro.

Como também as taças, e os apagadores, e as bacias, e os perfumadores, e os braseiros, de ouro finíssimo; e as couceiras, para as portas da Casa interior, para o lugar Santíssimo, e as das portas da Casa do Templo, também de ouro.

Assim se acabou toda a obra que fez o rei Salomão para a Casa do Senhor.

Então trouxe Salomão as Coisas Santas de seu pai Davi; a prata, e o ouro, e os vasos pôs entre os tesouros da Casa do Senhor.

No Livro 2º de Crônicas capítulos 2 a 5 temos a descrição a respeito da construção da Casa do Senhor, com referência e detalhes omitidos no Livro 1º dos Reis.

E determinou Salomão edificar uma Casa ao nome do Senhor, como também uma Casa para o seu Reino.

E contou Salomão 70 mil homens de carga, e 80 mil que cortassem na montanha, e 3.600 inspetores sobre eles.

E Salomão enviou a Hirão, rei de Tiro, dizendo: Como usastes com Davi meu pai, e lhe mandastes cedros, para edificar uma casa em que morasse, assim também usa comigo.

Eis que estou para edificar uma Casa ao nome do Senhor meu Deus, para lhe consagrar, para queimar perante ele incenso aromático, e para o pão contínuo da Proposição, e para os holocaustos da manhã e da tarde, nos sábados, e nas luas novas, e nas festividades do Senhor nosso Deus; o que é perpetuamente a obrigação de Israel.

E a Casa que estou para edificar há de ser grande, porque o nosso Deus é maior do que todos os deuses.

Porém, quem teria força para lhe edificar uma Casa, visto que os Céus e até os Céus dos Céus não o podem conter?

E quem sou eu, que lhe edificasse Casa, salvo para queimar incenso perante Ele?

Manda-me, pois, agora um homem sábio para trabalhar em ouro, e em prata, e em bronze, e em ferro, e em púrpura, e em carmesim, e em azul, e que saiba lavrar ao buril, juntamente com os sábios que estão comigo em Judá e em Jerusalém, os quais Davi meu pai preparou.

Manda-me, também, madeira de cedros, faias e algumins do Líbano; porque bem sei eu que os teus servos sabem cortar madeira no Líbano; e eis que os meus servos estarão com os teus servos, e isso para prepararem muita madeira, porque a Casa que estou para fazer há de ser grande e maravilhosa.

E eis que a teus servos, os cortadores, que cortarem a madeira, darei 20 mil córos de trigo malhado, e 20 mil córos de cevada e 20 mil batos de vinho, e 20 mil batos de azeite.

E Hirão, rei de Tiro, respondeu por escrito, e enviou a Salomão dizendo: Porquanto o Senhor ama o seu povo, te pôs sobre ele rei.

Disse mais, Hirão: bendito seja o Senhor Deus de Israel, que fez os Céus e a Terra; que deu ao rei Davi um filho sábio, de grande prudência e entendimento, que edifique Casa ao Senhor e para o seu reino.

Agora, pois, envio um homem sábio de grande entendimento, a saber, Hiram Abiff (Hirão Abiú), filho de uma mulher das filhas de Dan, e cujo pai foi homem de Tiro; este sabe lavrar em ouro, e em prata, em bronze, em ferro, em pedras, em madeira, em púrpura, em azul, e em linho fino, e em carmesim, e é hábil para toda a obra de buril, e para todas as engenhosas invenções, qualquer coisa que se lhe propuser, juntamente com os teus sábios, e os sábios de Davi, meu Senhor, teu pai.

Agora pois que meu Senhor mande para os seus servos o trigo, e a cevada, e o azeite, e o vinho, de que falou.

E nós cortaremos tanta madeira no Líbano, quanta houver mister, e traremos em jangadas pelo mar a Jope, e tu a farás subir a Jerusalém.

E Salomão contou todos os homens estranhos, que havia na terra de Israel, conforme a conta com que os contara Davi seu pai; e acharam-se 153.600.

E fez deles 70 mil carreteiros, e 80 mil cortadores na montanha, como também 3.600 inspetores, para fazerem trabalhar o povo.

A construção do Templo começa:

E começou Salomão a edificar a Casa do Senhor em Jerusalém, no monte de Moriá, onde o Senhor se tinha mostrado a Davi seu pai, no lugar que Davi tinha preparado na eira de Araúna (Omã) o Jebuseu.

E começou a edificar no segundo mês, no dia 2º, no ano IV de seu reinado.

E estes foram os fundamentos que Salomão pôs para edificar a Casa de Deus: o comprimento com côvados, segundo a medida primeira, de 60 côvados, e a largura de 20 côvados.

E o alpendre que estava na frente, de comprimento, segundo a largura da Casa, era de 20 côvados, e a altura de 20, o que dentro cobriu com ouro puro.

E a Casa Grande forrou com madeira de faia, e então a cobriu com ouro fino, e fez sobre ela palmas e cadeias.

Também a Casa adornou de pedras preciosas para ornamento; e o ouro era ouro de Parvaim.

Também na Casa cobriu as traves, os umbrais, e as suas paredes e as suas portas, com ouro; e lavrou querubins nas paredes.

Fez mais a Casa da Santidade das Santidades, cujo comprimento, segundo a largura da Casa, era de 20 côvados, e a sua largura de 20 côvados; e cobriu-a de ouro fino, do peso de 600 talentos.

O peso dos pregos era de 50 ciclos de ouro; e cobriu de ouro os cenáculos.

Os dois querubins:

Também fez na Casa da Santidade das Santidades dois querubins na forma de andantes, e cobriu-os de ouro.

E, quanto as asas dos querubins, seu comprimento era de 20 côvados; a asa de um deles de 5 côvados, e tocava na parede da Casa, e a outra asa de 5 côvados, e tocava na asa de outro querubim.

Também a asa do outro querubim era de 5 côvados, e tocava na parede da Casa; era também a outra asa de 5 côvados, e estava presa à asa do outro querubim.

E as asas desses querubins se estendiam 20 côvados; estavam postos em pé, e os seus rostos virados para a Casa.

Também fez o véu de azul, e púrpura e carmesim e linho fino, e pôs sobre ele querubins.

Fez também diante da Casa 2 Colunas de 35 côvados de altura; e o capitel que estava sobre cada uma era de 5 côvados.

Também fez as cadeias, como no Oráculo, e as pôs sobre as cabeças das Colunas; fez também 100 romãs, as quais pôs entre as cadeias.

E levantou as Colunas diante do Templo, uma à direita e outra à esquerda; e chamou o nome da que estava à direita "Jaquim", e a da que estava à esquerda "Boaz".

O Altar e o Mar de bronze:

Também fez um Altar de metal de 20 côvados de comprimento, e de 20 côvados de largura, e de 10 côvados de altura.

Fez também o Mar de fundição, de 10 côvados de uma borda até a outra, redondo, e de 5 côvados de alto; cingia-o em roda um cordão de 30 côvados.

E por baixo dele havia figuras de bois que ao redor o cingiam, e por 10 côvados cercavam aquele Mar ao redor; e tinha duas carreiras de bois, fundidos na sua fundição.

Estava sobre 12 bois, 3 que olhavam para o norte, e 3 que olhavam para o ocidente, e 3 que olhavam para o sul e 3 que olhavam para o oriente; e o Mar estava posto sobre eles; e as suas partes posteriores estavam para a banda de dentro.

E tinham um palmo de grossura, e a sua borda foi feita como a borda de um corpo, ou como uma flor de lis, da capacidade de 3 mil batos.

Também fez 10 pias; e pôs 5 à direita e 5 à esquerda; para lavarem nelas; o que pertencia ao holocausto, o lavavam nelas, porém o Mar era para que os Sacerdotes se lavassem nele.

Fez também 10 castiçais de ouro, segundo a sua forma, e pô-los no Templo, 5 à direita, e 5 à esquerda.

Também fez 10 mesas, e pô-las no Templo, 5 à direita e 5 à esquerda; também fez 100 bacias de ouro.

Fez mais o pátio dos Sacerdotes, e o pátio grande como também, as portadas para o pátio, e as suas portas cobriu de cobre.

E o Mar pôs ao lado direito, para a banda do oriente, para o sul.

Também Hiram Abiff fez as caldeiras, e as pás, e as bacias.

Assim acabou Hiram Abiff de fazer a obra, que fazia para o rei Salomão na Casa de Deus: as duas Colunas; e os globos, e os dois capitéis sobre as cabeças das Colunas; e as duas redes, para cobrir os dois globos dos capitéis, que estavam sobre a cabeça das Colunas; e as 400 romãs para as duas redes, duas carreiras de romãs para cada rede, para cobrirem os dois globos dos capitéis que estavam em cima das Colunas.

Também fez as bases, e as pias pôs sobre as bases; um Mar e os 12 bois debaixo dele.

Semelhantemente, os potes e as pás, e os garfos, e todos os seus vasos, fez Hiram Abiff ao rei Salomão, para a Casa do Senhor, de cobre purificado.

Na campina do Jordão os fundiu o rei na terra argilosa, entre Sucote e Zeredã.

E fez Salomão todos estes vasos em grande abundância, porque o peso do cobre se não esquadrinhava.

Fez também Salomão todos os vasos que eram para a Casa

de Deus, como também o Altar de ouro, e as mesas, sobre as quais estavam os Pães da Proposição.

E os castiçais com suas lâmpadas de ouro finíssimo, para as acenderem segundo o costume, perante o Oráculo; e as flores, e as lâmpadas, e os espevitadores eram de ouro, do mais perfeito ouro.

Como também os garfos, e as bacias, e as taças, e os incensários de ouro finíssimo; e quanto à entrada da Casa, as suas portas de dentro da Santidade das Santidades, e as portas da Casa do Templo eram de ouro.

Assim se acabou toda a obra que Salomão fez para a Casa do Senhor. Então trouxe Salomão as Coisas consagradas de seu pai Davi, a prata e o ouro, e todos os vasos, e pô-los entre os tesouros da Casa de Deus.

*
* *

Os atos que precederam a construção do Grande Templo dividiram-se em três partes, a saber: a primeira, a coleta das madeiras adquiridas no Líbano do rei de Tiro.

Salomão enviou para o Líbano 30 mil homens, dividindo-os em três levas, visto que apenas dez mil trabalhavam, enquanto os outros 20 mil se revezavam; cada mês, os dez mil homens eram substituídos pelo segundo grupo de dez mil, de modo que se encontravam em descanso, sempre, 20 mil homens.

A organização do trabalho foi entregue a Adoniram.

Além dos 30 mil homens mencionados, e que trabalhavam no estrangeiro, Salomão dispôs de mais 70 mil, que transportavam o material de construção, obviamente, também, as pedras para os alicerces e os metais; além desses 70 mil transportadores, outros 80 mil cortavam nas montanhas de Israel ou nos territórios sob o domínio de Salomão, o madeirame necessário, como faias e acácias.

Os que comandavam os 150 mil homens eram 3.600 "oficiais", ou "chefes dos oficiais".

Quanto às pedras, eram extraídas das proximidades, porém "lavradas", ou seja, preparadas pelos homens do rei de Tiro e pelos Gebalitas.

Deve-se destacar que todo trabalhador era pago. O Templo não poderia ser construído com braço escravo.

Porém, todos os que trabalharam na construção do Grande Templo eram estrangeiros, posto residentes em Israel.

Até os Fiscais, em número de 3.600.

Nenhum israelita participou dos trabalhos; a razão disso não vem explicada, no entanto, se nos detivermos a ler os que referiram os últimos dias de Davi, verificaremos que Jeová estava aborrecido com o povo de Israel devido à sua conduta incompatível com o que fora ordenado desde Moisés. Seria, então, provavelmente, um castigo ou, então, considerou Jeová, o povo de Israel indigno para aquela grandiosa obra.

A segunda parte diz respeito ao trabalho da pedra e a fundição dos metais, trabalho executado nas cercanias de Jerusalém.

As pedras foram preparadas de tal modo que conduzidas para o local da construção, bastava sobrepô-las uma à outra, uma vez que não era permitido nenhum ruído excessivo, como o bater nas pedras, metais ou madeiras no local considerado sagrado.

Usando a linguagem atual, o material usado para a construção já vinha "pré-fabricado".

Esse trabalho de entalhe das pedras estava sob a direção de Hiram Abiff.

Logo, pode-se afirmar que Hiram Abiff dirigiu pessoalmente a construção, desde a primeira pedra fundamental; não participou, exclusivamente, da coleta dos cedros do Líbano ou das madeiras dos bosques de Israel.

Ao mesmo tempo que as pedras eram preparadas, os metais eram fundidos. A matéria-prima que se encontrava em abundância e que, ainda hoje, Israel possui, era o cobre; a fusão do cobre com o latão ou outros metais resultara o bronze. Além do cobre, do bronze, abundavam os objetos de ouro e prata.

Silencia a descrição quanto ao uso do ferro, mas sabe-se, pela informação de Hirão, que Hiram Abiff era experto no trabalho do ferro; podemos, portanto, crer que o ferro fora usado para forjar os instrumentos de trabalho.

A terceira e última fase diz respeito à aplicação das madeiras finas, para a parte interna da construção, para as esculturas, assoalhos, tetos, aberturas; muitas das obras em madeira foram revestidas com lâminas de ouro; os famosos querubins, entalhados em madeira, foram todos revestidos com lâminas de ouro.

Nós concebemos o Grande Templo como um monumento semelhante a uma Catedral; no entanto, posto existisse o recinto apropriado ao "culto" a Jeová, ou Templo propriamente dito, o Grande Templo era um conjunto de construções, compreendendo residência dos sacerdotes, casa onde se preparavam os pães, onde eram dispostos os materiais para o sacrifício, lavados os animais, enfim, um verdadeiro complexo industrial onde até eram feitos os tecidos próprios para as cerimônias.

A construção do Templo durou 37 anos e durante esse tempo Salomão sustentou a casa do rei de Tiro; isso significa que todo braço disponível de Tiro fora posto a serviço de Salomão!

Pelos detalhes chegados até nós, o Grande Templo foi realmente uma obra monumental.

Hiram Abiff era o Engenheiro supremo da obra, pela sua grande habilidade em tudo, mas foi ainda, desde o início, um grande administrador, pois era ele que dirigia os trabalhos.

Adoniram apenas conduzia os homens para o corte do madeirame e, obviamente, os organizou para aquele trabalho; esse fato nos faz supor que a "Lenda de Hiram" tem bases muito mais realísticas do que supomos.

Ninguém poderia dirigir cerca de 200 mil homens sem a existência de um organograma e um sistema eficiente.

Sem a divisão "maçônica", primeiramente, em três classes: aprendizes, companheiros e mestres e, posteriormente, em outras graduações, teria sido impossível concluir tão magna obra.

A "lenda de Hiram", pelo seu conteúdo hermético, permaneceu oculta até que chegou a nós totalmente revelada; não nos é lícito julgarmos a "lenda de Hiram" como mera fantasia; a tomemos como fato real, dentro do contexto bíblico, sem esquecermos que chegou com o seu complexo sistema, tão perfeito que não houve necessidade de, até agora, suprir-lhe omissões ou dar-lhe ampliações.

A "Lenda de Hiram" apresenta aspectos ainda não totalmente revelados, mas estes não lhe tolhem sua possível veracidade; obviamente, não constitui um dogma; diremos, sim, uma conclusão racional para fatos cobertos por véus.

O que nos deixa, porém, em dúvida são as palavras finais das Crônicas, quando informam que Hiram Abiff entregou ao rei Salomão sua obra totalmente pronta.

Origens do Rito Escocês Antigo e Aceito

O Rito Escocês Antigo e Aceito tem origem relativamente recente e, mesmo assim, já se formou certa confusão, eis que encontramos grandes variações, erros e omissões por parte de alguns autores de obras de fôlego ou nas referências feitas, nos trabalhos inseridos em revistas ou jornais maçônicos, a respeito do Rito.

Fomos buscar subsídios no Órgão Oficial do Supremo Conselho do Grau 33 do Rito Escocês Antigo e Aceito para a República Federativa do Brasil, a "ASTRÉA", em seus primeiros números do ano de 1927.[6]

A constituição do 1º Supremo Conselho em Charleston, em 1801, não marca o princípio do Rito e tampouco a data de 1717, ano da fundação da Grande Loja da Inglaterra.

Essas duas datas constituem um marco histórico, ou seja, o agrupamento sob um Rito já existente e sob uma Autoridade Central.

Em 1717 não foi criada a Maçonaria Simbólica, pois esta já surgira quando a Maçonaria Operativa deixara de ter caráter profissional, já transformada em Maçonaria Especulativa, pela admissão em seu seio de membros que não pertenciam à arte de construir.

De igual modo, em 1801, constituído o Supremo Conselho de Charleston, não é criado o Rito Escocês Antigo e Aceito, apenas tratou-se de uma reforma do modo que havia sido concebida em 1786, quando da redação das Grandes Constituições em Berlim; diante dos acontecimentos políticos, a reforma não pôde ser realizada na Europa.

---

6. Conferência realizada por Maurice Jaton em 5-5-1923, no capítulo L'Ammitlé em Lausanne — Suíça.

Portanto, as origens do Rito Escocês Antigo e Aceito remontam a uma data muito anterior à de 1801, motivo porque se fazem necessários uma pesquisa mais profunda e um retorno a certos acontecimentos, como passaremos a expor.

Dividiremos o trabalho em três fases: a Maçonaria Azul, a Maçonaria Negra e a Maçonaria Vermelha.

A MAÇONARIA AZUL

Considerando a existência do Rito Escocês Antigo e Aceito, relativamente moderna, se cotejada com a milenar origem da Maçonaria, deixaremos de lado as sociedades secretas e místicas da antiguidade e nos fixaremos, somente, nos aspectos que podem ser facilmente comprovados.

A Maçonaria Simbólica com os seus graus de Aprendiz e Companheiros tem origem certa, nas antigas Corporações de Pedreiros que se constituíram na Europa, por ocasião do movimento religioso das Cruzadas.

O século XI assistira à fase das construções de grande número de Igrejas e Palácios, custeados pelos potentados, inspirados pela religião e influenciados pelas profecias de que o Mundo iria acabar, com a aproximação do ano 1000.

No ano de 1095, 600 mil homens formaram as Cruzadas e partiram para a libertação do Túmulo de Jesus Cristo.

Entre os 600 mil homens que constituíram um agrupamento considerável, até para nossa época, havia milhares de artífices.

Chegados a Jerusalém, os obreiros franceses, em contato com os "obreiros nômades do Oriente", muito hábeis na teoria e na prática, adquiriram com eles conhecimentos que ignoravam, aperfeiçoando, assim, a arte de construir; além disso, também receberam instruções a respeito de novas formas de associações.

Se remontarmos à época de Tiro, poderemos sentir que a organização que Hiram Abiff imprimiu aos trabalhos da construção do Grande Templo de Salomão, para tornar possível sua realização, há de ter permanecido no Oriente, conservada ciosamente de pai para filho.

De volta à Europa, ao final do século XI e começo do século XII, aqueles artífices trouxeram do Oriente novos métodos de construção, agrupando-se em associações, como garantia de preservar, exclusivamente para si, os novos segredos.

E foi após as Cruzadas que começaram a surgir as extraordinárias obras-primas admiradas até hoje.

O historiador Lebat[7] escreveu: "Quando, nos séculos XI e XII, a arte foi deslocada e passou das mãos dos monges para as dos leigos, estes, ligados entre si em todos os países por uma confraternidade que lhes assegurava auxílio e socorro, formaram uma associação cujos membros se reconheciam por certos sinais e ocultavam ao vulgo as regras de sua arte".

Foi justamente nessa época que surgiu a palavra "Maçom", nome dado aos pedreiros por causa do "malhete" ou "maça" de que se serviam para bater no "escopro".[8]

Na Alemanha, os arquitetos construtores da Catedral de Strasburgo, cujo chefe era Erwin de Steinbach, organizaram sua associação, que se espalhou por toda a Europa no fim do século XIII.

Seus membros intitulavam-se "frei-maurer", maçons livres ou franco-maçons, por causa de certos privilégios e regalias de que gozava a Corporação dos construtores.

Essa Associação dividia-se em agrupamentos locais, denominados de "Lojas" (Bauhute), nome dado à habitação do arquiteto próximo ao edifício a construir.

Contava cinco Grandes Lojas (Haupthute), em Strasburgo, Colônia, Viena, Zurich e Lanpshut. A de Strasburgo tinha supremacia sobre as demais e o arquiteto chefe era denominado de Grão-Mestre.

Porém, nos séculos XVI e XVII, aquela Maçonaria incipiente passou a sofrer duras perseguições.

Iniciando pelo estilo gótico que perdia terreno pelo estilo Renascença.

A Dieta Imperial Alemã rompeu as relações das Lojas da Alemanha com a de Strasburgo, porque essa cidade se tornara francesa. Um posterior decreto, de 1731, proibiu aos Maçons conservarem secretas as regras de sua arte.

---

7. Do livro: *Descrição da Catedral de Colônia*.
8. Cinzel.

A Franco-Maçonaria de prática, privada de seu chefe, desaprovada na sua arte e impedida de prosseguir nos seus fins tradicionais de proteção aos seus membros, dissolveu-se e transformou-se em Maçonaria Simbólica, seguindo os Maçons ingleses, adaptando seus métodos de trabalho e suas Constituições.

A possibilidade de uma afinidade primitiva entre as Corporações Profissionais e a Maçonaria Simbólica foi aventada pelo abade Grandidier na sua obra *Ensaios Históricos e Topográficos sobre a Igreja Catedral de Strasburgo*.

"Nossa sociedade de Pedreiros Livres — escreve Grandidier — não é mais do que uma inflação de uma antiga e útil sociedade de verdadeiros pedreiros estabelecida outrora na Alemanha e cuja sede era Strasburgo."

E mais adiante:

"Não é de crer, entretanto, que essa transformação se operou bruscamente; ela precedeu mesmo a decadência da Maçonaria profissional, pois os mais altamente colocados entre os antigos associados, tendo adquirido riquezas, sentiram a ambição no coração; a arquitetura não foi mais objeto de todos os seus pensamentos; passou a frequentar gente estranha à sua arte e de condição, por vezes, elevada, que atraiu insensivelmente à sua associação misteriosa".

E quando, em 1731, a associação profissional foi dissolvida, a associação filosófica, tendo já um começo de existência, constituiu-se definitivamente e do simples passou ao figurado.

As mesmas causas geram os mesmos efeitos. Se a aglomeração dos obreiros agrupados em torno do "zimbório"[9] de Strasburgo deu origem a associações obreiras regidas por estatutos particulares e secretos, não é verossímil que na França os canteiros tenham formado entre eles sociedades místicas da mesma natureza?

A diferença de comportamento, entre os profissionais alemães e franceses, é o fato de que na França os segredos profissionais eram comunicados por meio de cerimônias especiais, cujo ritual era inspirado em três lendas da época Salomônica, emprestando às associações um ambiente de mistério.

---

9. Cúpula.

O "Companheirismo" cinde-se em três Ritos, muitas vezes em oposição um a outro: os de Salomão, de Mestre Jacques e de Soubise. Os patronos são os próprios personagens da denominação.

O "Companheirismo" da França admitia obreiros de todos os ofícios, ao passo que na Alemanha só eram admitidos os "Canteiros".

Nessas associações é conservada, até nossos dias, a forma exclusivamente profissional.

Durante vários séculos, as "Mães", ou seja, os locais onde os Companheiros de uma localidade realizavam suas sessões, eram escolas de artífices com ensino mútuo e verdadeiros refúgios para os Companheiros que faziam seu estágio na França; mais tarde, subsistiram como sociedades de socorros mútuos, conservadas as formas ritualísticas de admissão; com a facilidade de comunicação foram suprimidas as "etapas" nos caminhos.

O surgimento das Lojas, na França, é um acontecimento independente da existência das corporações de ofícios.

A Maçonaria Simbólica não deriva dessas corporações, mas de sugestões vindas da Inglaterra.

Faltou ao "Companheirismo" a penetração dos "Intelectuais" que poderiam afastá-lo do seu fim profissional.

A falta de penetração dos Intelectuais, quiçá, proveito das divisões em ritos rivais e inimigos, pela falta de unidade decorrente da admissão de todas as classes de ofícios.

Na Inglaterra, as associações profissionais de construtores aparecem no século III. A informação histórica diz que Carausius, depois de haver apoderado-se da Grã-Bretanha, confirma no ano 290 a uma importante sociedade de construtores Romanos, estabelecida em Verulam, hoje, Hetfodhire, os privilégios que ela pretendia ter dos "Collegia Fabrorum".[10] A existência na Inglaterra daquela corporação romana não deve causar espanto, posto tivessem apenas decorrido três anos da conquista.

Cada uma das Legiões Romanas trazia um "Colégio" ou "Corporação" de artífices, com a finalidade de implantar na terra conquistada o germe da civilização romana.

---

10. Colégios de Construtores Romanos.

Morto Carausius, em 293, seu sucessor Constance Chloro estabeleceu sua residência em Eboracum, hoje York, onde atraiu as mais importantes sociedades maçônicas de construtores.

Os Maçons, nas pegadas antigas dos "Collegia Fabrorum", celebravam as festas pagãs dos Solstícios: a "Janua Inferni" e a "Janua Coeli".

No século VI, os monges Beneditinos converteram os anglo-saxões ao cristianismo; os maçons, também, abandonaram o paganismo.

Até hoje, o ingresso na Maçonaria Inglesa é privilégio cristão.

As Assembleias maçônicas passam a ser presididas por abades, aos quais, por respeito, davam o título de "Veneráveis-Mestres", título conservado até nossos dias nas Lojas Maçônicas.

A corporação toma o título de "Confraternidade de São João", suas assembleias, o nome de "Lojas de São João"; festejam os Solstícios pelo "São João de Verão" e "São João de Inverno".

Em 926, o príncipe Edwin, irmão do rei de Inglaterra e Grão-Mestre da Corporação, convoca todas as Lojas em "General Lodge",[11] na Cidade de York, e submete à aprovação uma constituição: a "Carta de York", base posterior a todas as Associações Maçônicas.

No século VIII, a Confraternidade havia passado à Escócia, com o intuito de estudar os modelos de arquitetura escocesa, então muito florescente, por meio de alguns maçons de York, que para lá se transportaram pelo ano 700, no vale de Glenberg, costa norte da Escócia.

Localizaram-se em dois castelos, onde os Mestres passaram a realizar suas assembleias, destacando-se como seleção e passam a ser denominados de "Mestres do Vale", ou "Mestres Escoceses".

No ano de 1140 constróem a abadia de Kilwinning, cujas ruínas ainda são conservadas em nossos dias.

Em 1150 constituem na abadia a "Loja-mãe de Kilwinning", ainda hoje em atividade.

Daquela data em diante as Corporações ligam-se a interesses políticos e prosperam até o século XVIII; a prosperidade teve esteio na admissão de homens proeminentes, filósofos, misântropos, intelectuais que transformaram a Corporação em um todo simbólico.

---

11. Loja Geral.

Eis a origem da Maçonaria Simbólica, que tomou os ritos misteriosos das lendas da época da construção do Grande Templo de Jerusalém, espiritualizando-os. A Maçonaria Simbólica recebeu a tradição das Corporações e isso não significa que essas tradições da Maçonaria as tenha recebido "diretamente" da época Salomônica, pois os "mistérios" já se encontravam impregnados de lendas e quiçá distorções injustificáveis.

Assim, seria[12] difícil aceitar que a tradição maçônica tenha origem nos feitos da época Salomônica.

A MAÇONARIA NEGRA

A influência das Cruzadas não só atingiu os artífices, mas os próprios nobres que trouxeram novas formas de associações que adaptaram com entusiasmo.

Assim, em 1196, fundaram na Escócia a "Ordem dos Cavaleiros do Oriente", cujos membros tinham como ornamento uma cruz enlaçada por quatro rosas. O rei Eduardo I, posteriormente, foi um dos participantes da nova Ordem.

Pelo ano 1300, após a última cruzada da qual participou Eduardo I, os senhores escoceses que haviam estado em íntimo contato com os iniciados de uma Ordem estabelecida no Monte Moria, na Palestina, fundaram um Capítulo da mesma Ordem, fixando-lhe a sede em uma das ilhas Hébridas; depois, em Kilwinning, denominando-a de "Ordem de Heredom".[13]

É o fortalecimento da Ordem dos Templários.

Alguns anos mais tarde, no século XIV, o Papa Clemente V e o rei Felipe, da França, iniciam sua obra de perseguição contra os Templários.

"Para compreender o papel[14] que a Ordem do Templo desempenha na Maçonaria escocesa é necessário resumir sua história."

---

12. Opinião do conferencista.
13. Hieros = santo; domus = casa; a Casa Santa, o Templo.
14. Escreve Goblet d'Alviella.

"A Ordem do Templo foi fundada, após a primeira Cruzada, por Godofredo de Bouillan, Huges de Paynes e Godofredo de Saint-Omer, com o intuito de proteger os peregrinos que de Jerusalém se dirigiam ao lago de Tiberíades."

"Associados em 1118 a outros sete cavaleiros, os Templários fizeram seu quartel em uma casa vizinha ao terreno do Templo de Jerusalém."

"Dez anos mais tarde, receberam do Papa estatutos que os constituíam em Ordem ao mesmo tempo religiosa e militar."

A Ordem dos Templários desenvolveu-se consideravelmente; no século XIII, possuía 9 mil residências na Europa; no século XIV contava com mais de 20 mil membros.

Apesar de seu poder e da sua riqueza, o "mistério de que os Templários[15] cercavam a sessão de seu Capítulo e de suas Iniciações motivou a acusação de impiedade e de crueldade que o vulgo, em todos os templos, proferiu contra as associações secretas".

O Grão-Mestre Jacques Molay, sentindo a impopularidade crescente da Organização, solicitou ao Papa Clemente V, isso no ano de 1306, a abertura de uma sindicância.

O Papa, porém, nada decidiu sem falar pessoalmente com Molay convidando-o a ir à França.

Por outro lado, o rei da França, que recebia fortes somas em empréstimos dos Templários, começou a mostrar suas más intenções de esfacelar a Ordem, para assim eximir-se da obrigação de devolver o dinheiro.

Em setembro do ano seguinte, ou seja, em 1307, todos os oficiais do rei de França receberam misteriosas instruções. A 12 de outubro, Molay era preso no Templo, assim como todos os demais membros proeminentes espalhados pela França.

No mesmo dia, foram levados perante os Inquisidores, que os acusaram dos mais abomináveis crimes e, como se recusaram a confessá-los, submetidos à tortura.

---

15. Destaca o conferencista.

"O Rei[16] apressou-se em apoderar-se dos tesouros da Ordem, depositados no Templo de Paris."

O Concílio que deveria julgar os Templários reuniu-se em Viena, no Delfinado, a 13 de outubro de 1311; ninguém foi citado para se defender. Diante da residência desse Concílio, o Papa cassou a autoridade da Ordem do Templo em 12 de abril de 1312, quando os Concílios da Revena, Salamanca e Moúncia tinham absolvido os Templários, levados à sua presença.

A supressão da Ordem do Templo teve seu epílogo em 1313. O Papa reservara para si o julgamento do Grão-Mestre Molay e dos Dignitários presos havia sete anos, nas prisões de Felipe, o Belo.

A 18 de março de 1313 todos se retrataram de suas confissões e na mesma noite pereceram na fogueira.

A última frase de Jacques de Molay — *"Spes mea in Deo est"* — tornou-se a divisa de um Grau Filosófico.

"É muito possível[17] que os sobreviventes dessa Ordem, anatematizados pela Igreja, tenham então procurado agrupar-se novamente em certas associações. Goblet d'Alviella é de opinião: "Que não há razão para aceitar como fato histórico, nem repeli-la a título de lenda, a tradição maçônica que liga os Templários à Ordem cavaleiresca de Heredom ou ao Grande Capítulo de Kilwinning".

Entretanto, desde que começaram as perseguições na França, vários dentre eles escaparam por felicidade, fugiram para a Escócia e alistaram-se sob a bandeira do rei Roberto I, que criou, a 24 de junho de 1334, em favor dos Maçons e dos Templários, que haviam contribuído para o sucesso das suas armas em Bannock, Burn, a Ordem do Cardo, na qual as recepções eram semelhantes às da Ordem do Templo.

Parece, pois, que o rei da Inglaterra quis recompensar os Templários restabelecendo sua Ordem com suas formas, sob outro nome.

Fato, porém, mais importante ainda, um ano depois, Roberto I faz a fusão da Ordem do Cardo com a de Heredom e eleva a Loja-

---

16. Diz o conferencista.
17. Idem.

Mãe de Kilwinning à categoria de Loja Real e estabelece junto a ela o "Grande Capítulo da Ordem Real de Heredom de Kilwinning e dos Cavaleiros Rosa-Cruz".

O nome de Cavaleiro Rosa-Cruz aparece aqui pela primeira vez. Tudo faz supor que as raízes foram as mesmas da Ordem dos Cavaleiros do Oriente, cujo emblema continuava o mesmo: a Cruz, entrelaçada por quatro rosas.

Assim, verificamos que nos séculos XII e XIII a Maçonaria operativa abriga em suas Lojas Ordens de Cavalaria, que nenhuma relação jamais tiveram entre si, pois as iniciações, os graus e as cerimônias sempre foram muito diferentes.

A explicação é de que as Ordens dos Cavaleiros buscavam refúgio junto à Maçonaria e sob o beneplácito dos reis da Inglaterra que favorecem aquelas Ordens, em recompensa aos serviços prestados; para melhor proteção, os Reis agrupam as Ordens, para possibilitar o mútuo apoio.

Um fato histórico indubitável é que os Templários, desde o ano de 1307, penetraram nas Lojas da Escócia; posto ali se refugiassem, com a denominação da Ordem do Cardo, e levassem os seus Graus: posteriormente, a fusão, junto com as demais Ordens de Cavalaria, cria o sistema escocês, conhecido pelo nome de Rito de Heredom ou de Perfeição.

Após a supressão da Ordem do Templo, certas Ordens de Cavalaria, que influenciaram a Maçonaria Operativa da Escócia, desenvolveram o cerimonial de iniciações dos Pedreiros, em um ritual complexo, que inculcavam aos iniciados mais do que simples comunicação de segredos relacionados com a arte de construir.

Cerca de 400 anos antes da constituição da Grande Loja de Inglaterra, surge na Escócia a denominação de MAÇOM ADOTADO, entendendo-se como tal o membro da Loja que não pertence à profissão de pedreiro.

A fusão se opera, exclusivamente, na Escócia, não atingindo a Inglaterra, onde se explica a origem "escocesa" de certos graus ignorados pelas Corporações dos Pedreiros de outros países.

Tanto as Ordens de Cavalaria como as Lojas da Escócia ingressam em uma fase política e devotam-se, inteiramente, à defesa da causa dos reis destronados.

A Loja Real de Kilwinning e seu Grande Capítulo de Heredom trabalhavam com os Graus da Maçonaria Operativa que eram exclusivamente dois: "Aprendiz" e "Companheiro de Ofício".

O Grau de Mestre não existia, tendo surgido no começo do século XVIII, inspirado pelos Rosa-cruzes; na época, os Mestres não eram senão os "dirigentes das Oficinas".

A MAÇONARIA VERMELHA

A Ordem Rosacruz exerceu grande influência na transformação da Maçonaria Operativa na sua forma simbólica.

Há uma tendência dos maçons em afastar a Ordem Rosacruz da Maçonaria, afirmando inexistir qualquer liame, influência ou inspiração; no entanto, ela desempenhou papel considerável nos séculos XVI e XVII.

Entende-se que a Maçonaria é muito mais antiga, mas o que estamos analisando diz respeito à Maçonaria Simbólica.

Não há documentos precisos, mas apenas referências apresentadas por escritores autorizados, como Goblet d'Alviella e Rahlenbeck, que apresentaram estudos à Conferência Internacional dos Cavaleiros Rosa-Cruz, realizada em Bruxelas no ano de 1888.

"A princípio[18] a conjuração dos Rosa-Cruz não foi mais do que uma afirmação da liberdade de pensar uma obra de apaziguamento e de tolerância. O que os Templários queriam fazer no seio da Igreja os Rosa-Cruz tentaram realizar, ficando, cautelosamente, fora de qualquer afirmação confessional."

Dentro do que nos oferece o relato histórico, sabemos que os primeiros Rosa-Cruz eram sábios que se entregaram à Alquimia, sendo assim os verdadeiros precursores da Química moderna.

Louis Figuier[19] diz: "As práticas da Alquimia constituíram apenas o lado secundário da doutrina professada pelos Rosa-Cruz".

Algumas características profanas dos Rosa-Cruz eram suas convicções religiosas e morais; livres pensadores ortodoxos que

---

18. Escreve Rahlenbeck.
19. Na obra: *A Alquimia e os Alquimistas*.

combatiam a intolerância, faziam oposição ao Papado e acreditavam-se chamados a assegurar a regeneração da humanidade pelo advento da Verdade e da Justiça. A missão dos Rosa-Cruz, inicialmente, confunde-se com um Apostolado.

Em uma época na qual a Igreja era dominante, a atuação dos Rosa-Cruz era temerária, porém, mercê da qualidade dos seus membros, um grupo selecionado de intelectuais mantinha-se resguardado, acobertado por severo sigilo.

Com o crescimento da Ordem, o trabalho de proselitismo e a atuação no mundo profano, os Jesuítas conseguiram penetração a ponto de conquistar a direção.

Em certos momentos, a Ordem Rosacruz inclinou-se para a política social; nela ingressaram elementos de projeção; em Cassel, no palácio do Landgrave de Hesse, Maurício o Sábio foi recebido com toda pompa, isso em 1620; o movimento espalhou-se, imediatamente, pela Holanda e Inglaterra.

Os Rosa-Cruz, sentindo-se protegidos, em paz com a Igreja diante da presença dos Jesuítas, arriscaram tornar públicos os seus fins, posto que habilmente disfarçados sob formas alegóricas.

João Valentim Andréa, célebre teólogo e sábio wurtenburguês, nascido em 1596 e morto em 1654, com o intuito de purificar a teologia, a ciência e a moral de seu tempo, fez editar, no início do século XVII, dois escritos, sendo um deles: a *Fama fraternitatis noce chimique*, de Christian Rose Croix", nos quais convoca os homens a se reunirem em uma sociedade desconhecida no mundo para adquirir sabedoria.

Os escritos de Andréa tiveram muita repercussão, principalmente na Inglaterra; muita gente buscou a Ordem, e nela ingressaram, notadamente, os sábios da época.

Um deles, Elias Ashmole, físico de nomeada, recebido maçom em 1646, constituiu naquele mesmo ano em Londres uma sociedade de Rosa-Cruz e obteve autorização para reunir-se entre os maçons.

Os membros da Ordem Rosacruz ingressaram na confraternidade maçônica e, para se distinguirem dos membros profissionais, foram chamados MAÇONS LIVRES E ACEITOS, ficando assim estabelecido.[20]

O vocábulo "Livre" é o que viria a diferenciar os Rosa-Cruz dos Maçons.[21]

O grande número de membros Rosa-Cruz que ingressam na Maçonaria Simbólica passa a ser denominado de "especulativos".

"O mais antigo maçom 'especulativo', Sir John Murray, foi iniciado em 1641, em uma Loja de Newcastle, era sábio e passava por adepto do Rosacrucianismo; seu amigo Elias Ashmole, Rosa-Cruz legítimo, foi recebido em 1646 em uma Loja de Warrington; na Escócia, um mestre de artes de Perth, Henry Adamson, gabava-se, em um poema impresso em 1638, de ser, ao mesmo tempo, Rosa-Cruz e Maçom".[22]

Devemos, porém, realçar que jamais houve uma "fusão" entre a Maçonaria e a Rosacruz.

Gould[23] escreve: "A doutrina misteriosa ou Simbolismo da Maçonaria foi introduzida no seio das Lojas por filósofos herméticos ou os adeptos da Rosa-Cruz, cujos estudos parecem ter os mesmos objetivos e entre os quais parece que não há senão uma diferença de nome".

A obra dos Irmãos de Cassel precede de um século a obra definitiva de Anderson e de Désagulliers que, em 1717, organizam em Londres a Maçonaria Simbólica, tal como é praticada hoje no mundo.

Tanto Anderson como Desaguliers pouco inovam, limitando-se a continuar e completar a obra dos Rosa-Cruz.

O papel preponderante dos Rosa-Cruz não pode ser ignorado, pois sua influência na Maçonaria Operativa é um fato histórico comprovado.

Podemos dizer em outras palavras: a influência da "MAÇONARIA VERMELHA" no aparecimento da "MAÇONARIA AZUL", denominada "MAÇONARIA SIMBÓLICA".

---

20. Mais tarde, Rito de York.
21. Hoje a Grande Loja do Rio Grande do Sul denomina os membros a si filiados de "Maçons Antigos Livres e Aceitos".
22. Diz o conferencista.
23. R. F. Gould – *Histoire abrégée de la Franc-Maçonnerie*.

"Diversas teorias"[24] foram alegadas para ligar à fraternidade dos maçons o grau Rosa-Cruz. Segundo alguns, os Irmãos Rosa-Cruz estabelecidos na Inglaterra teriam entrado nas Corporações Maçônicas no século XVII, durante o período chamado de transição, e é sob sua influência que a Instituição se teria transformado em Maçonaria de "teoria".

Segundo outros, o Rosacrucianismo teria entrado por assim dizer em bloco, na Maçonaria, quando se formaram pelos meados do século XVIII os primeiros Capítulos de Rosa-Cruz.

O historiador J. G. Buhle[25] escreve:

"A Maçonaria até o grau de Mestre, inclusive, nada contém de essencial nos seus princípios, suas ideias, suas máximas, sua mitologia, seu simbolismo e seu ritual, que não se encontre indicado nas primeiras obras relativas à fraternidade dos Rosa-Cruz como o objetivo, o fim, o uso e as formas dessa Ordem".

A isso acrescenta D'Alviella:

"Sem ir tão longe é impossível desconhecer a importância do fato de serem Rosa-Cruz os dois primeiros maçons de 'teoria' admitidos, na Inglaterra, na Maçonaria de 'prática'.

Além disso, os argumentos foram invocados por Buhle para provar que a influência do Rosacrucianismo agiu sobre a reorganização da Maçonaria em 1717, me permitirei acrescentar que um dos primeiros atos da Grande Loja de Inglaterra, após a promulgação das Constituições de 1723, foi organizar sob novas bases o Grau de Mestre.

"Mas é somente nos Rituais posteriores à reforma de 1723 que se vê essa tradição judaico-cristã mesclar-se às reminiscências pagãs, o túmulo de HIRAM tornar-se um elemento essencial do Rito e a morte de HIRAM ser seguida da sua Ressurreição."

Essa transformação dos Rituais sofreu a influência dos acontecimentos políticos.

---

24. Goblet d'Alviella — *Quelques reflexions sur les origines de la Franc-Maçonnerie templaire*.
25. Buhle: "Ueber den Ursprung and die wornehmsten Schicksale der Orden der FREI MAURER und der Rosen-Kreuze".

A Fraternidade dos maçons, as Origens de Cavalaria e a Ordem Rosacruz, quiçá em retribuição dos favores sempre recebidos dos Reis ingleses, fizeram que houvesse grande fidelidade com a casa reinante dos Stuart.

Os graves acontecimentos que se desenrolaram no princípio do século XVII na Inglaterra transformaram todas as Lojas, mormente as da Escócia, em "centros de conspiração", em favor da Casa dos Stuart.

Ao iniciar o século XVII, reinava na Inglaterra a família dos Stuart.

Jacques I, príncipe sem dignidade e covarde, tornou-se odiado pelo povo inglês. Seu filho, Carlos I, lhe sucedeu em 1625 e acumulou as mesmas culpas. Do despotismo passou à monarquia absoluta.

Após 12 anos desse regime, foi convocado um novo Parlamento, vitorioso graças a Cromwell.

Carlos I refugiou-se na Escócia mas foi traído e entregue ao Parlamento Inglês, que o mandou enforcar em 1649, tendo Cromwell sido proclamado Protetor da República.

Posto que Carlos I tivesse sido mau governante, pertencia à casa dos Stuart, e, para a restauração da casa, formou-se um partido monarquista, no qual se alistaram os Maçons Escoceses.

A Ordem Rosacruz transforma seus Rituais que passam a simbolizar fins políticos. Novas alegorias são adaptadas. Toma-se o simbolismo da morte; chora-se a do Mestre — Carlos I — e alimenta-se a esperança de punir os assassinos.

Surge um novo Grau: o de MESTRE, em que se recorda a morte de Carlos I, que é personificado em HIRAM.

Dá-se-lhe como palavra sagrada uma abreviação árabe M∴ B∴ que significa: "morreu o filho da viúva" — pois Hiram era filho de uma viúva.

À testa do partido encontra-se a viúva de Carlos I e os Maçons passam a denominar-se: "Filhos da Viúva".

Criam um sinal de comunicação que é de angústia, implorando: "piedade para os filhos da Viúva".

Criam-se outros Graus, reservados aos conjurados mais fiéis, aos quais é confiada a "vingança" contra os assassinos, enquanto o Grau de Rosa-Cruz tem por missão "procurar a Palavra Perdida, estabelecer o Verbo", isto é, o filho do rei.

Aos eleitos são conferidos as ordens de Cavaleiros do Oriente e os Graus do Templo.

Logo, só poderemos concluir que os Rosa-Cruz penetraram na Maçonaria, transformando a corporação dos Maçons profissionais, para fazer dela uma associação, inicialmente, filantrópica e, posteriormente, política.

Os Rosa-Cruz, assim, são os legítimos promotores da Maçonaria Simbólica; sem sua presença, a Maçonaria teria permanecido até hoje na Inglaterra como Corporação puramente profissional, se considerarmos a índole conservadorista do povo inglês.

Haja vista que na França, onde a Ordem Rosa-Cruz não se firmou, o Companheirismo conservou-se, até hoje, na forma profissional; a Maçonaria Simbólica Francesa foi importada da Inglaterra.

Cinquenta anos mais tarde, a Maçonaria profissional na Inglaterra entra em declínio, pois a calma retorna na política.

Cabe, então, a Désagulliers manter a Fraternidade sob a forma simbólica.

Como reside em Londres, ele agrupa os Maçons de "teoria" e organiza em 1717 a Grande Loja da Inglaterra.

Anderson a dotará com uma Constituição em 1723.

Depois da restauração dos Stuart ao trono da Inglaterra, na pessoa de Carlos II, em 1660, a Franco-Maçonaria deixa de ocupar-se de política e retorna ao seu esoterismo.

A Casa dos Stuart abandona os Maçons, os Cavaleiros e os Rosa-Cruz.

A Maçonaria reagrupa-se e opera certas transformações na Constituição primitiva, dando-lhe outro objetivo.

Seus Rituais são mantidos abolindo-se, porém, a alegoria de Carlos I e o desejo de vingança contra seus assassinos.

Os símbolos são mudados para dar-lhes um sentido filantrópico e humanitário. A Franco-Maçonaria passa a ser uma Sociedade só de beneficência, de caridade, um centro de reunião e de concórdia fraternais, agrupando artífices e maçons adotados.

Em 1666, depois do incêndio de Londres[26], os maçons chamados de toda parte para reconstrução da cidade reúnem-se em Lojas ao redor de seus diferentes edifícios. A principal dentre elas é a Catedral de São Paulo.

As obras são terminadas em 1710 e, ao mesmo tempo, cessam suas assembleias gerais.

Porém, a Loja de São Paulo, grata pela restauração da Catedral de São Paulo, decide continuar a manter viva a associação maçônica, porém sem privilégio para os operários construtores, mas extensiva às pessoas de todos os estados que desejassem nela tomar parte, com a condição de que fossem apresentadas, aprovadas e iniciadas regularmente.

"É então que o Dr. Désagulliers, célebre físico, nascido em 1683, em La Rochelle, falecido em Londres em 1749, e recebido maçom em 1709, concebe o projeto de 'restaurar' a Maçonaria e de lhe restituir seu antigo esplendor".

É auxiliado por inúmeros maçons de nota que, em fevereiro de 1717, fundam a Grande Loja da Inglaterra, cuja Constituição definitiva teve lugar a 24 de junho do mesmo ano.

Uma das primeiras decisões tomadas por essa Grande Loja foi prescrever "que as Lojas não poderão conferir senão o Grau de Aprendiz, ficando os de Companheiro e de Mestre reservados à própria Grande Loja".

Ela se atém, portanto, aos dois Graus da Maçonaria de "prática", ajuntando-lhe o de Mestre, que lhe haviam levado os Rosa-Cruz.

Seu conjunto de três Graus formará doravante o "sistema inglês" e todas suas fundações constituirão desde então o que se convencionou chamar impropriamente MAÇONARIA SIMBÓLICA ou MAÇONARIA DE SÃO JOÃO.

A Grande Loja da Inglaterra adquiriu logo uma importância considerável. Atraiu a si poderosos personagens e desenvolveu grande atividade. Sob seus auspícios, os maçons na Irlanda fundam uma Grande Loja de São João da Escócia.

---

26. J. E. Daruty – *Recherches sur le Rite Escossais Anciens et Acepté.*

Apesar da fundação desta última, a Loja Real de Kilwinning, que existia desde 1150, continua a viver independente.

Entretanto, em consequência de atritos com a Grande Loja de São João de Escócia, muda em 1743 sua sede para Edimburg, onde se estabelece sob o título de Grande Loja Real e Grande Capítulo Soberano da Ordem de Heredom de Kilwinning e dos Cavaleiros Rosa-Cruz e constitui, por sua vez, lojas e capítulos do seu sistema no estrangeiro.

A cisão entre as duas Grandes Lojas da Escócia fixa a separação dos dois ramos da Maçonaria: de um lado, o SISTEMA INGLÊS, com os seus três Graus,[27] como é praticado na Grande Loja da Inglaterra; do outro lado, o da Grande Loja Real de Kilwinning, cujo conjunto de Graus veio mais tarde formar o que se convencionou chamar de ESCOCISMO, no qual o Rito Escocês Antigo e Aceito vai buscar suas origens e a maior parte de seus Graus.

Portanto, a Maçonaria da Escócia, organizada desde os seus primórdios em bases mais amplas do que na Inglaterra, passou a desenvolver-se e brilhar mais, vários séculos antes que a Maçonaria Inglesa.

Enquanto a Maçonaria Inglesa apresenta um cunho de associação profissional misturada com o Rosacrucianismo até o início do século XVIII, as Lojas do grupo de Kilwinning abrem-se à nobreza e à burguesia desde o final do século XIII, deixando de ficar a cargo exclusivo dos Artífices.

Além dos Graus das Lojas de Prática, a Maçonaria Escocesa absorve os benefícios da Ordem de Cavalaria de Heredom, os da Ordem Religiosa e Militar dos Templários e da Ordem Filosófica dos Rosa-Cruz.

Desde a cisão, cada um dos dois ramos da Maçonaria cria no estrangeiro outros corpos maçônicos, que, conforme saíam de Londres ou de Edimburgo, trabalharão com o Sistema Inglês ou o Escocês.

---

27. O sistema inglês adotou um 4º Grau em 1744. O Real Arco e depois três graus intercalados: Mark Master, Past Master e Most Excelent Master.

APARECIMENTO E DESENVOLVIMENTO DO ESCOCISMO NA FRANÇA

O desenvolvimento da Confraternidade dos Maçons, tanto na Inglaterra como na Escócia, transformou, palatinamente, a Maçonaria em uma Instituição puramente filosófica estranha à arte de construir materialmente, embora, conservando sempre, os símbolos da Associação Obreira.

A Maçonaria, assim regenerada, espalha-se pelo continente, principalmente na França, sobretudo depois que partidários de Jacques III Stuart, fracassados no intento de o recolocarem no trono da Inglaterra, organizam as primeiras Lojas.

A primeira Loja, cuja existência está comprovada historicamente, em solo francês, é a Loja Amitié et Fraternité, fundada em Dunquerque, que recebeu sua Constituição da Grande Loja da Inglaterra a 13 de outubro de 1721.

A 2 de junho de 1721, os maçons ingleses Radcliffe, conde de Derwentwater, o cavaleiro Maskelyne e Heguerty, auxiliado por um grupo de maçons ingleses, também proscritos, fundam a Loja Saint Thomas, em Paris.

A 2 de abril de 1723, essa Loja recebe da Grande Loja da Inglaterra uma Patente Constitutiva. Em menos de dez anos, conta com mais de 600 membros e funda outras Oficinas em Paris: em 1726, a Loja Goustaud; em 1729, a Loja Les Arts Sainte Marguerite; em 1723, a Loja Saint Thomas au Louis d'Argente.

Em 1735, essas quatro Lojas fundam a Grande Loja Provincial da França com o Conde de Derwentwater como Grão-Mestre e dirigem em julho do mesmo ano um pedido de Constituição à Grande Loja de Inglaterra, atendendo, porém, só oito anos depois.

A Grande Loja Provincial da França estabelece-se com autoridade própria a 2 de dezembro de 1736 e designa Lord Harmouster como Grão-Mestre, em substituição a Derwentwater.

Foi então adotado o RITO ESCOCÊS.

Essa independência tem fácil explicação; os Stuart estão destronados; seus partidários refugiados na França e os pertencentes à Maçonaria constituem na França as primeiras Lojas.

São três proscritos da Inglaterra que fundam a primeira Loja francesa; Derwentwater e seu sucessor Harmouster são os proscritos; fazem prevalecer o Sistema Francês, porque mais propício a operar uma seleção de homens de escol, influentes e capacitados para os apoiarem.

O mais zeloso partidário do Rito Escocês, Ramsay (1680-1743), doutor da Universidade de Oxford e preceptor do filho de Jacques III Stuart, estabelecia em 1728, nas Lojas de Paris, o Rito Escocês como era praticado pela Grande Loja Real de Edimburgo.

Compôs o Rito, compreendendo os Graus de Aprendiz, Companheiro, Mestre, Mestre Escocês, Noviço, Cavaleiro do Templo, aos quais em 1736 ajuntou o de Real Arco.

Portanto, oito anos antes da constituição da Grande Loja Provincial da França, já as Lojas de Paris praticavam Graus superiores aos da Grande Loja da Inglaterra.

Ramsay, Grande Orador da Grande Loja Principal, profere a 24 de dezembro de 1736 um discurso, tendo pela primeira vez anunciado aos maçons franceses a existência de outros Graus não praticados pelas Lojas Simbólicas e anuncia abertamente que a Escócia possui uma Maçonaria mais completa que a Inglaterra.

O Rito Escocês de Edimburgo, preconizado por Ramsay, obteve na França um enorme sucesso e passou a desenvolver vários sistemas.

A atuação de Ramsay provoca o interesse de todos os Maçons franceses de se desligarem da Maçonaria Inglesa.

A 24 de junho de 1738, a Grande Loja Provincial, cujos primeiros Grão-Mestres haviam sido ingleses, e que o Grão-Mestrado, daquela data em diante, seria francês; é o Duque d'Antin o primeiro a assumir esse cargo, sucedendo-lhe, em 1743, Luiz de Bourbon, Conde de Clermont.

A 11 de dezembro porém, de 1743, a Grande Loja da Inglaterra comunica reconhecer a Grande Loja Provincial, que passa a intitular-se Grande Loja Inglesa da França.

O Escocismo está sendo colocado de lado, e foi decidido que os maçons franceses adotariam o Sistema Inglês e que "os Mestres escoceses deviam ser considerados como aprendizes e companheiros, usando o vestuário sem nenhum distintivo.

A resolução gera descontentamento e os mestres escoceses escrevem: "A ignorância é tão generalizada que a maioria dos Veneráveis e dos Vigilantes não sabem que a Maçonaria compreende sete Graus e a Grande Loja, na sua cegueira, igualou os maçons do Quarto Grau aos simples aprendizes e companheiros".

Surge, logo, uma luta de longa duração; ao descontentamento juntam-se as rivalidades pessoais que estimulam o espírito separatista. As Lojas de província sacodem o jugo da Metrópole e constituem Lojas-mães Provinciais.

A confusão foi tão grande que em breve não se soube mais, na França e no estrangeiro, qual era o verdadeiro corpo constituinte para aquele país.[28]

"É nessa desordem[29] que se acham os Irmãos dos Altos Graus Escoceses. Mais numerosos desde o retumbante discurso de Ramsay, repelidos pela Grande Loja da França, os maçons escoceses se agrupam sob a égide de seu sistema, e se o Escocismo existia desde 1728 e aumentara desde 1736, a resolução da Grande Loja Inglesa da França foi, a nosso ver, uma das causas determinantes de seu extraordinário desenvolvimento porque forçou os maçons dos Altos Graus a se desligarem dela e a criarem instituições à parte.

Aos poucos, por toda parte, surgem em solo francês Lojas Escocesas, capítulos que se reúnem ao Grande Capítulo de "Heredom de Kilwinning".

A partir de 1743, a Maçonaria Escocesa atinge seu pleno desenvolvimento e conta numerosos estabelecimentos na França.

Em 1743, os Maçons de Lyon fundam o Tribunal de Kadosch com os Graus de Eleito dos Nove, Eleito dos Quinze, Mestre Ilustre, Cavaleiro da Aurora, Grande Inspetor, Grande Eleito, Cavaleiro da Águia Negra e Comendador do Templo.

Em 1744, é fundada em Bordeaux uma Loja de Perfeição no Rito de Heredom de Kilwinning.

A 8 de julho de 1745, Carlos Eduardo Stuart concede aos maçons de Arras uma bula de instituição para um Capítulo Primacial e Metropolitano de Rosa-Cruz.

---

28. J. E. Daruty — obra já mencionada.
29. Escreve o conferencista.

Em 1747, constitui um Capítulo em Toulouse sob o título de "Os Escoceses Fiéis", com um Rito de nove Graus: Aprendiz, Companheiro, Mestre, Mestre Perfeito, Mestre Eleito, Aprendiz Escocês, Companheiro Escocês, Mestre Escocês e Cavaleiro do Oriente.

Em 1750, o Capítulo Real de Heredom de Kilwinning cria um Grande Capítulo Provincial em Paris.

Em 1751, Jorge Walnon, maçom escocês, com autorização de Edimburgo, funda em Marselha uma Loja denominada Loja de São João de Jerusalém que confere os Graus de Aprendiz, Companheiro, Mestre e, no seu Capítulo, os de Mestre Perfeito, Mestre Eleito dos Nove, Perfeito Escocês e Cavaleiro do Oriente.

A partir de 1762, passa a intitular-se: Loja-Mãe Escocesa de Marselha e adota 18 Graus, entre outros: Aprendiz, Companheiro e Mestre, Mestre Perfeito, Grande Escocês, Cavaleiro da Águia Negra, Rosa-Cruz, Cavaleiro Adepto do Sol.

O Conde de Boneville cria em Paris, em 1754, em nome e sob os auspícios do Grão-Mestre, Conde de Clermont, um Capítulo de Altos Graus que toma o título de Capítulo de Clermont, composto de maçons selecionados, por estar cansado das dissensões que enfraquecem a Maçonaria Francesa.

O Capítulo separa-se das Lojas de Paris; posto que de curta duração adquire um elevado grau de poder e ação, fazendo reviver o Sistema Templário de Ramsay, pois apresenta, abertamente, os maçons como descendentes dos Templários.

Seu Ritual compõe-se dos seguintes Graus: Aprendiz, Companheiro, Mestre, Mestre Escocês, Noviço, Cavaleiro do Templo, Real Arco, Cavaleiro Eleito da Águia, Cavaleiro Ilustre do Templo, Sublime Cavaleiro Ilustre; posteriormente, em 1757, foi acrescentado o Grau "Noachita"[30] ou Cavaleiro Prussiano.

A 17 de junho de 1769, surge em Paris um Capítulo de Rosa-Cruz sob o nome de "Capítulo de Arras do Vale de Paris".

O Grande Capítulo Real de Heredom de Kilwinning de Edimburgo constitui em 1786 em Rouen os Grandes Capítulos Provinciais e, de igual forma, em 1787 em Strasburgo e em 1788 em Chambéry.

---

30. Noaquita.

O surgimento desses múltiplos corpos gera certa confusão; eis que inexiste um relacionamento entre eles, sentindo-se a necessidade de uma autoridade central.

Passam então a surgir Corpos Escoceses.

Em 1758, alguns Maçons revestidos de altos Graus Escoceses inauguraram em Paris um Capítulo de "Soberanos Príncipes Maçons", sob o título de Conselho dos Imperadores do Oriente e do Ocidente, Grande e Soberana Loja Escocesa de São João de Jerusalém.

Os membros desse novel Conselho intitulam-se: "Poderosos Mestres do Grande Conselho das Lojas Regulares".

A Grande e Soberana Loja de São João de Jerusalém constitui imediatamente, em Paris e em toda França, Lojas de Perfeição, ao mesmo tempo que o Conselho dos Imperadores do Oriente e do Ocidente cria Colégios e Capítulos.

Pouco a pouco, firma-se o Rito e fixam-se as nomenclaturas existentes até hoje.

Em 1759, o Conselho dos Imperadores do Oriente e do Ocidente cria em Bordeaux um Soberano Grande Consistório dos Sublimes Príncipes do Real Segredo.

Em 1762, esse Conselho publica os "Regulamentos e Constituições da Maçonaria de Perfeição", apresentando uma classificação de 25 Graus do Rito, ratificados em Berlim a 25 de outubro do mesmo ano.

Esses Graus, cujos títulos nunca foram modificados desde 1726, foram todos adotados pelas Grandes Constituições de 1786, as quais fixaram, definitivamente, as bases do RITO ESCOCÊS ANTIGO E ACEITO. São os Graus de 1 a 22 da série atual; o 23 tornou-se o 28; o 24 passou a 30 e o 25 ao 32 do nosso Rito.

"Pode parecer surpreendente[31] ver um corpo maçônico adotar tão grande número de Graus. Não esqueçamos de que a ideia predominante dos Regulamentos do Conselho dos Imperadores do Oriente e do Ocidente é concentrar sob uma autoridade única todo o Escocismo.

Não é de admirar que, para atrair todos os Capítulos da França, ele adote todos os Graus neles praticados e cujo conjunto lhe fornece sua série de 25.

---

31. Diz o conferencista.

Acrescentemos que os três elementos constitutivos do Escocismo se encontram pela primeira vez reunidos no seu Sistema de Graus."

O Corpo da Maçonaria Escocesa passa a ser dirigido pelo Soberano Grande Consistório dos Sublimes Príncipes do Real Segredo, investido do poder dogmático e autoridade administrativa.

Esse Consistório reúne-se anualmente e elege dez Oficiais para exercerem diversas funções administrativas; depois outros sete que passam a chamar Grandes Inspetores.

Cada Grande Inspetor é Chefe de uma jurisdição e tem por missão visitar-lhe os Capítulos.

Porém, apesar de todos os esforços para uma unidade de trabalho e de autoridade, quatro anos depois, surgem dissensões.

Pirlet, um mestre alfaiate, sem maiores predicados, é expulso e funda, em 1763, o Conselho dos Cavaleiros do Oriente, cujo Rito se compõe de um número restrito de Graus e se acha em oposição ao Sistema Templário da Maçonaria de Perfeição.

Cansados dessas novas lutas, alguns Irmãos fundam, em dezembro de 1772, a GRANDE LOJA NACIONAL e o GRANDE ORIENTE DA FRANÇA, que passam a absorver os Graus desejosos de paz e concórdia.

Os Conselhos dos Imperadores do Oriente e do Ocidente e o Conselho dos Cavaleiros do Oriente cessam, para sempre, suas atividades no início de 1781.

AS GRANDES CONSTITUIÇÕES DE 1786

O Escocismo, desde 1736, penetra na França e se expande.

Aos Graus tirados do Grande Capítulo Real de Heredom de Kilwinning, os maçons franceses juntam grande número de outros Graus.

Em certo momento, contaram-se nada menos que 56 Ritos e mais de 400 Graus diferentes.

Após o surgimento do Conselho dos Imperadores do Oriente e do Ocidente, aparecem o Conselho dos Cavaleiros do Oriente e a Ordem da Estrela Rutilante.

Um grupo considerável tenta dar à Maçonaria uma tendência religiosa e ligam-se ao Martinismo, de onde sai a "Stricta Observância" e a "Ordem dos Cavaleiros Benfeitores".

O Iluminismo forma um Sistema Maçônico Templário em toda a Alemanha.

Essa confusão de agrupamentos, seitas e ritos põe em perigo tanto o Escocismo como a própria Maçonaria.

Com a intenção de simplificar e unificar, surgem três importantes movimentos.

Em 1780, Gustavo III da Suécia cria um Sistema reduzindo o Escocismo a sete Graus, dando-lhe uma tendência cristão-luterana.

Em 1782, a "Stricta Observância" convoca o Congresso de Wilhelmsbaden e estabelece um novo Sistema, excluindo o elemento Templário.

Em 1786, o Grande Oriente da França decide não manter mais de sete Graus, parando no Rosa-Cruz.

Apesar do intuito e da boa vontade desses reacionários, os três movimentos ainda não encontram a solução ideal, pois, com as simplificações, também geram confusões e descontentamentos.

Desde então, "era muito natural"[32] que os que se atinham à tradição escocesa em toda sua integridade, que queriam manter na Ordem sobre pé de igualdade seus três elementos constitutivos: a Maçonaria Azul, a Maçonaria Vermelha e a Maçonaria Negra, formassem um centro de reação contra essas mutilações. É o que as Grandes Constituintes, sancionadas por Frederico II a 1º de maio de 1786, tiveram por objetivo realizar".

Frederico II expõe amplamente a finalidade a que se propõe em um preâmbulo que se resume na divisa adotada até hoje pela Ordem: "ORDO AB CHAOS",[33] pôr ordem no que se tornara um caos e "congregar e reunir em um só corpo maçônico todos os Ritos do regime Escocês, a saber: os de Heredom de Kilwinning, dos Cavaleiros do Oriente, de Santo André, dos Imperadores do Oriente e Ocidente, dos Príncipes do Real Segredo, dispondo os trabalhos em série, isto é, em um seguimento harmônico".

Prossegue o preâmbulo: "Atravessando as idades, a Maçonaria e a unidade de seu regime primitivo sofreram grandes alterações, alterações por efeito das catástrofes e das revoluções que subverteram,

---

32. Jottrand — *Les Constitutions de 1788 du Ritte Escossaise Ancienne et Accepté.*
33. Ordem no Caos.

mudaram alternativamente a face do mundo e dispersaram os franco-maçons pelos diversos pontos do Globo."

"Essa dispersão operou as divisões que existem até hoje sob o nome de Ritos e cujo conjunto compõe a Ordem. Mas outras divisões saídas do seio dessas primeiras deram lugar a novas associações, das quais um grande número só tem em comum com a Maçonaria o nome e algumas formas conservadas por seus fundadores para encobrir secretos desígnios.

As perturbações que essas novas associações trouxeram e muitas vezes mantiveram na Ordem são conhecidas e não fizeram mais do que expô-las às suspeitas, à desconfiança de quase todos os chefes de governo e mesmo às perseguições de alguns.

Os esforços dos maçons virtuosos conseguiram acalmar tais perturbações e todos os seus vetos são por uma medida geral para prevenir sua reprodução e consolidar a Ordem, restituindo-lhe a unidade da sua direção, da sua organização primitiva e da sua antiga disciplina.

As novas e vivas representações que nos têm sido dirigidas de todas as partes nos demonstram a urgência que há em opor um poderoso dique aos progressos do espírito de intolerância, de seita, de cisma e à anarquia que inovadores recentes se esforçam por introduzir entre os Irmãos, com intuitos mais ou menos restritos, irrefletidos ou censuráveis e apresentados sob formas especiosas, capazes de desviar a verdadeira Maçonaria de seu objetivo, desnaturando-o.

Por conseguinte, adotando para base de nossa reforma conservadora, o título do primeiro desses Ritos e o número de Graus hierárquicos do último, nós os declaramos todos unidos e aglomerados desde essa data em uma só Ordem que, professando o dogma e as doutrinas puras da Maçonaria primitiva, compreenderá todos os Sistemas do Escocismo sob o título de RITO ESCOCÊS ANTIGO E ACEITO."[34]

---

34. "A autenticidade das Grandes Constituições", diz o Conferentista, de 1786, foi muitas vezes colocada em dúvida, mas hoje graças às pesquisas publicadas por Pike. Soberano Grande Comendador da Jurisdição Sul dos Estados Unidos da América do Norte, parece bem estabelecido que elas datam de 1786. Do fato de trazerem a data de 1º de maio de 1786, e de Frederico II ter morrido a 17 de agosto do mesmo ano, após 11 meses de moléstia, certos autores suspeitos, como Ragon, detrator sistemático de nosso Rito, deduziram que elas eram inventadas e as tacham de documentos imaginários.

ESTABELECIMENTO DO RITO ESCOCÊS *ANTIGO E ACEITO*

Sancionadas as Grandes Constituições de 1786, não puderam de imediato produzir os efeitos programados, pois em 17 de agosto de 1786 falecia Frederico II.

Seu sucessor, Frederico Guilherme II, só desejava evidenciar a Ordem da Rosa-Cruz e não permitia outra manifestação maçônica.

A reforma, no entanto, foi levada à França por um dos colaboradores de Frederico II, o Conde d'Esterno, embaixador da França em Berlim e um dos signatários das Grandes Constituições.

Entretanto, uma cópia autêntica foi apresentada em 1818, em Paris, em um processo maçônico intentado contra o Irmão de Grassetilly e exibido a 23 de fevereiro de 1834 perante um Congresso de Grau 33 reunido na mesma cidade.

Pensamos que, em vista da falta de coesão do Escocismo e para conter o tráfico desenfreado dos Graus, os altos personagens franceses, de que se cercara Frederico II, conceberam a ideia de um agrupamento único e definitivo.

Nada se opõe a que se acredite que esse Monarca tenha colaborado na redação das Grandes Constituições, na sua qualidade de "Chefe da Maçonaria Escocesa em Berlim e zeloso Rosa-Cruz.

De resto, iniciado na idade de 26 anos, Frederico II interessou-se sempre vivamente pela Maçonaria, da qual, quando morreu, era o Grão-Mestre Universal.

rei filósofo, apaixonado pela literatura, pensador profundo, tolerante e inimigo de qualquer sectarismo, Monarca poderoso, tudo fazia dele o homem em que deviam confiar os maçons empenhados então em fazer voltar a unidade do Rito.

Nada mais lógico do que ver esses Mestres colocarem sob a égide desse grande rei o Ato Constitucional que deveria restabelecer a disciplina da Ordem. Se não está provado, como tão bem disse Goblet d'Alviella, que Frederico II seja o autor das Grandes Constituições de 1786, ainda menos provado está que ele não o seja.

Em suma, elas são atualmente um fato consumado, a base do Rito maçônico mais cosmopolita e mais universalmente espalhada; os Altos Graus que elas consagram e organizam não desaparecerão, nenhuma que seja o seu autor. Foram reconhecidas e adotadas pelo Congresso realizado em Lausanne, em 1875, pelos Delegados de nove Supremos Conselhos da Europa e da América, e as modificações que estes lhes introduziram não fizeram mais do que consagrar, pelo consentimento deliberado dos maçons que a isso se submeteram, a autoridade dessas Constituições. Estas já não têm por única força a autoridade de Frederico II, mas têm a da livre adesão de milhares de maçons regidos por 31 Supremos Conselhos da América da Europa e da África.

D'Esterno tentou introduzir o Rito Escocês Antigo e Aceito e fundou um Supremo Conselho em Paris, tendo sido entregue ao Duque de Orleans, tendo como companheiros Chailon de Joinville, o Conde de Clermont-Tonnerre e o Marquês de Bercy; esse corpo teve duração efêmera.

A Instituição Maçônica, em face da presença da Revolução Francesa, deveria mais tarde retornar da América, definida e estruturada.

A 17 de agosto de 1761, o Conselho dos Imperadores do Oriente e do Ocidente havia entregue ao irmão Estevão Morim uma patente de Grão-Mestre Inspetor; viajando a negócios para a América, teve autorização a trabalhar regularmente, pelo proveito e adiantamento da Arte Real e constituir Irmãos nos sublimes Graus de Perfeição.

Morim, de Paris foi para São Domingos, onde estabeleceu seu centro de trabalho, espécie de Grande Oriente para os Altos Graus do Novo Mundo.

Em 1770, fundou o Conselho dos Príncipes do Real Segredo de Kingston, na Jamaica, criando muitos Inspetores, entre eles Francken, De Grasse Tilly, De la Hogues e Hacquet.

Esses maçons permaneceram sob a autoridade do Grande Consistório de Bordeaux, que veio a sucumbir em 1781.

Citemos algumas inovações dessas grandes Constituições. Em primeiro lugar, não estabelecem mais Grão-Mestres nem Conselho Soberano universais.

O Grão-Mestre universal abdica nas mãos de poderes nacionais e, daí por diante para ficar unida, a Ordem deve constituir uma Federação Internacional.

Quando Frederico II foi colocado à testa do Rito Escocês de Perfeição dos Príncipes do Real Segredo, este compreendia 25 Graus.

As Constituições de 1786 elevaram a 33 o número dos Graus ocupando os Príncipes do Real Segredo o Grau 32 e devendo residir a autoridade suprema, daí em diante, em um SUPREMO CONSELHO que constituiria o 33 e último Grau.

Aumentam assim os Graus 33, Soberano Grande Inspetor Geral; 31, Grande Inspetor Comendador; 29, Grande Escocês de Santo André; 27, Grande Comendador do Templo; 26, Escocês Trinitário; 25, Cavaleiro da Serpente de Bronze; 24, Príncipe do Tabernáculo; 23, Chefe do Tabernáculo.

Elas colocam à testa da Ordem, em cada país, um Supremo Conselho, composto, pelo menos, de 9 membros que tenham o Grau 33, e presidido por um Muito Poderoso Soberano Grande Comendador.

Prescreveu a maneira pela qual se pode constituir um novo Supremo Conselho e especificam que não pode haver mais de um em cada país.

Daquela data em diante, não tiveram outra alternativa e aproximaram-se do centro maçônico de Berlim, em cuja frente se encontrava Frederico II como Grão-Mestre Universal.

A 29 de novembro de 1785, Salomão Busch, Grão-Mestre de todas as Lojas e Capítulos da América do Norte, dirige-se a Frederico II na sua qualidade de chefe da Maçonaria, para lhe dar o conhecimento da criação, em presença de uma grande assembleia de Irmãos, de uma Sublime Loja em Filadélfia que: "Se submeterá às Leis e Constituições que a Ordem deve a seu Chefe Soberano" e exprime o desejo de que "a Grande Luz de Berlim condescenderá em iluminar a nova Loja".

Os maçons da América continuam, porém, a trabalhar até 1801 com o Rito de Perfeição, pois até aquela data o mais alto Grau conhecido na América era o do Príncipe do Real Segredo — 25.

A 31 de maio do mesmo ano, constitui-se em Charleston uma nova Potência dirigente que adota as Grandes Constituições de 1786 e os 33 Graus nelas estabelecidos.

Essa autoridade, que tomou o nome de Supremo Conselho dos Grandes Inspetores Gerais para os Estados Unidos da América, foi a primeira que realizou de modo definitivo o objetivo das Grandes Constituições.

De Grassetilly era membro do Supremo Conselho de Charleston. Em 1802, voltou a São Domingos e fundou com La Hogue um Supremo Conselho, de que foi o Muito Poderoso Soberano Grande Comendador.

Em 1803, De Grassetilly regressou à França e instalou, a 22 de setembro de 1804, um Supremo Conselho em Paris.

"Assim[35], o Rito Escocês Antigo e Aceito renascia das suas cinzas no solo francês e encontrava-se definitivamente constituído sobre a base das Grandes Constituições, nos dois Mundos.

Sucessivamente, foram fundados outros Supremos Conselhos em muitos países da Europa e na maior parte dos da América e formam hoje o Rito Maçônico mais universalmente espalhado.

---

35. Ou Kadosch.

Paremos aqui, porquanto todos os acontecimentos posteriores a 1801 pertencem à história do nosso Rito e o nosso estudo deve limitar-se às suas origens.

O Rito Escocês Antigo e Aceito terminou, assim, seu período de estabelecimento; sua organização, o número e o nome de seus Graus, as regras que os regem, tudo o que é necessário, em suma, como fixação de um plano comum, está felizmente considerado como definitivo.

Desde então sua organização compreende uma série de seis Grupos a um tempo unidos e hierarquizados: a Loja, a Loja de Perfeição, o Capítulo, o Areópago,[36] o Consistório e o Supremo Conselho.

Seu conjunto constitui uma Instituição em que todos os elementos estão ligados entre si, cujas categorias funcionam sem se oprimirem umas às outras, com uma harmonia feliz pela ação geral.

Todos esses Corpos constituídos independem uns dos outros, têm uma organização e uma hierarquia interna, direitos e deveres apropriados que as Leis e os Usos de nosso Rito determinam.

Ora, essas Leis não são mais do que Leis de equilíbrio destinadas a assegurar o funcionamento em ordem da Sociedade inteira.

O Rito Escocês Antigo e Aceito representa os maçons que, desde 1717, consideraram como incompleto o Sistema da Grande Loja da Inglaterra; os que, durante o século XVIII, procuram organizar em uma só série as iniciações que outrora eram praticadas nos Colégios independentes.

Enfim, o Rito Escocês Antigo e Aceito resolveu definitivamente o problema que tinha por objeto conservar na Maçonaria os ensinamentos filosóficos que há séculos se agruparam em torno do pensamento primitivo e simples em que a Maçonaria está estabelecida.

Cada iniciação evoca a lembrança de uma religião, de uma escola ou de alguma instituição da antiguidade.

Estão em primeiro lugar as doutrinas judaicas. Vêm em seguida os ensinamentos baseados no Cristianismo e representados sobretudo pelos Rosa-Cruz, esses audazes naturalistas que foram os pais do método de observação de onde saiu a ciência moderna.

---

36. Assim encerra o conferencista.

Enfim, as iniciações reportam-se aos Templários, esses cavaleiros hospitaleiros, esses filósofos nos quais os maçons dos Altos Graus glorificam a liberdade do pensamento corajosamente praticada em uma época de terrorismo sacerdotal.

O tempo terminou sua obra.

Doravante, a prosperidade da Ordem dependerá em cada país dos que a conduzem e a inspiram. A fidelidade absoluta, da parte de todos os maçons dos Altos Graus, ao Estatuto Geral e sua convicção inquebrantável na excelência de seu Rito são as condições necessárias à sua perpetuação.

O Primeiro Grau
Aprendiz

O Primeiro Grau da Maçonaria Simbólica, denominado de Aprendiz, constitui a base de toda filosofia maçônica; no entanto, não é suficiente para abranger os conceitos que são os fundamentos da denominada Arte Real.

Em seguimento, como caminho natural, surge o Segundo Grau, o de Companheiro.

Este, apesar de constituir-se na complementação maçônica, pois visa ao conhecimento completo das artes e das ciências, estanca em certa fase e vai na busca de uma especialização, que é o Mestrado, ou seja, o Terceiro Grau.

Em tempos antigos, dizia-se que a Maçonaria comportava apenas dois graus, o de Aprendiz e o de Companheiro, e que as Lojas que os reuniam eram dirigidas por um elemento de maior capacidade, escolhido por voto secreto e que era denominado de Mestre.

Apesar de a história e tradição assim dizerem, vamos encontrar na Lenda de Hiram Abiff um fato que teve por cenário a construção do Grande Templo de Salomão, os artífices divididos em três categorias: Aprendizes, Companheiros e Mestres.

Os Companheiros é que tomaram parte na morte de Hiram Abiff e os Mestres, quem encontraram o seu corpo.

Apesar de a "Lenda de Hiram" ter surgido há dois séculos apenas e posto que as Sagradas Escrituras não especifiquem com exatidão essa divisão, tudo leva a crer que, na realidade, para construir o "milagre" do Grande Templo, não teriam bastado apenas duas espécies de operários.

Se formos mais além, sentiremos a necessidade de dirigentes de maior capacidade para poderem controlar, disciplinar e conduzir as 153.600 pessoas referidas nas Sagradas Escrituras.

Indubitavelmente, além das três categorias a que hoje denominamos de Maçonaria Simbólica, existiram outras que nos chegaram como Maçonaria Filosófica e que no nosso Rito Escocês Antigo e Aceito formam os 33 Graus.

Os Ritos foram e são muitos. Catalogados temos 117[37], porém surgiram muitos outros de efêmera duração.

Os maçons têm sido orientados, de certo modo, com certa confusão quanto à história dos Ritos atualmente usados e sempre, quando não se apresenta uma explicação esteiada em fonte segura, lhes é dito que a origem dos trabalhos em Loúa surgiu dos Mistérios Egípcios.

Em parte, a Maçonaria absorveu o conhecimento em voga na sua época áurea, que foi a de sua organização no século XVII, adaptando os Conhecimentos filosóficos da antiguidade.

Em uma época na qual a Alquimia constituía o estudo esotérico de maior misticismo, a busca das raízes maçônicas nos mistérios da Eleusis, nos conceitos de Pitágoras, nas lendas de Ísis, na mitologia greco-romana, enfim, naquilo que constituía a base de qualquer estudo filosófico, em um misto de paganismo e cristianismo, a Maçonaria foi envolvida de tal forma que a sua origem permanece até hoje um tanto obscura.

O estudo maçônico aceita a amplitude de todo conhecimento, seja autêntico, seja místico ou fantástico.

Na atualidade, temos uma Maçonaria composta de conceitos filosóficos hebraico-cristãos.

Nos séculos XV e XVI, a Maçonaria Europeia, a única conhecida, alimentava-se do cristianismo; somente depois que os Templários penetraram na Terra Santa e, vasculhando as ruínas do Templo de Salomão, encontraram elementos que reservaram e mantiveram em sigilo, dizendo terem encontrado a "Palavra Perdida", é que recebeu os conceitos cabalísticos.

No século passado, a Maçonaria enriqueceu-se com a evolução da Arqueologia e muitos conceitos foram ampliados, com a descoberta dos túmulos egípcios e dos Essênios.

---

37. Vide obra do mesmo autor — *Introdução à Maçonaria*.

Porém, a Maçonaria não poderia prosseguir no seu trabalho, apenas com base no passado, passado dos monumentos, das ruínas, dos templos, das catacumbas, enfim dos "restos" das civilizações.

E forçosamente teve de sair da sua fase operativa para acompanhar a evolução geral, penetrando no filosofismo.

Como corrente filosófica, foi alterando seus conceitos de conformidade com a evolução da Universidade.

Hoje, a Maçonaria, conservando como relíquia a tradição, aplicando os conceitos básicos, alia-se ao pensamento moderno e cogita, também, analisar campos experimentais, como a Parapsicologia.

Não sendo religião, no sentido de culto litúrgico, aceita e amplia todos os conceitos religiosos, extraindo deles lição de que necessita para orientar seus filiados.

É feito com bastante facilidade porque na arregimentação consegue elementos que participam das mais diversas correntes filosóficas e deles se serve para a permuta das ideias e dos conceitos, enriquecendo-se cada vez mais e evoluindo.

A Maçonaria possui princípios e tradições imutáveis, entretanto seus conceitos são alterados, porque deve acompanhar a evolução da ciência, em todos os campos e sentidos.

Seus fins também são mutáveis, porque a felicidade do homem de hoje difere da felicidade do homem de ontem.

A seleção maçônica decorre de fatores múltiplos; o candidato não é escolhido pela Direção, mas proposto por um Membro da Loja que possui critério e sabe a quem escolher.

Essa seleção é natural e acredita que a Ordem inspirada pelo Grande Arquiteto do Universo, partindo de uma base de que toda a criatura, em princípio, pode pertencer à Maçonaria, porque é criada com perfeição pelo seu Criador.

A seleção individual, eis que não são chamados grupos, depende de um certo "toque" espiritual, sentindo-se os candidatos "atraídos" ao seio da Ordem, porque, quando cogitados os seus nomes, há um trabalho de "atração" a ser iniciado, um "chamamento" espiritual.

Os predestinados vêm e permanecem; aqueles, porém, que não estão "preparados", autoeliminam-se.

Nenhuma Loja elimina qualquer de seus membros; estes, ou não aceitam a rigidez da disciplina ou se perdem no "mundo profano", conduzindo-se inconvenientemente e, por si só, se afastam.

São certos "mistérios" que ocorrem e que todo maçom estende, posto que o "profano", aquele de fora, não pode perceber e compreender a razão de certos acontecimentos.

O candidato apresentado, selecionado, é aceito, por meio de votação por "escrutínio secreto", operação feita pelas esferas brancas e negras.

A esfera é uma figura geométrica; mais uma figura que compõe o intrincado sistema filosófico simbólico.

A esfera representa o indivíduo na condição de candidato; elemento desconhecido, de superfície instável, sem se encontrarem nele, fixas, as virtudes.

A esfera representa o indivíduo na condição de candidato no Cosmos; sem polos, sem rotação, sem que o Sol nele tenha o seu curso definido.

Nessas condições, colocam-se no recipiente, em número igual, esferas brancas e negras; as negras representam o indivíduo negativo que além de indefinido não possui luz e cores.

Sabemos que o branco não é cor, mas a polarização das cores por meio da Luz solar; o negro é ausência dessa Luz, portanto um aspecto negativo que não serve para a Maçonaria.

Na votação, o candidato que recebe esferas negras é rejeitado.

Uma vez aceito, passa pela Iniciação.

A Iniciação constitui a reminiscência do passado; em todo grupo religioso, sempre houve a Iniciação, porém com cerimônias diferentes.

No Cristianismo, a Iniciação é procedida pelo Batismo, cerimônia simplificada mas de conteúdo místico profundo.

Nas correntes filosóficas, a Iniciação constitui uma série de atos simbólicos, representações, sacrifícios e juramentos.

Na Maçonaria, o primeiro passo permitido ao Candidato é a representação simbólica de sua morte e ressurreição.

Na Ordem, só entraram os que ressuscitaram, isto é, em novidade de vida, elementos com roupagem nova.

Não só na forma externa, mas espiritualmente, o Candidato penetra no Templo, como recém-nascido e lhe é exigido, embora sua tenra idade, o cumprimento de um cerimonial, para recordar-lhe a "vida anterior" em um mundo de escuridão.

Recebendo a Luz, presta juramento e coloca-se em lugar seguro, onde passa a receber o "leite materno"; paulatinamente, o alimento é enriquecido até que possa suportar alimentos sólidos.

Preparado, usando apenas de poucos sentidos, especialmente o da audição, vai ilustrando-se e pela mão dos Mestres atinge a época de sua "elevação" para o segundo Grau, o de Companheiro.

Deve, porém, antes de tudo, demonstrar capacidade para a sua elevação, o que fará por meio de trabalhos literários.

O aprendizado é longo: a Loja, que funciona dentro de um Templo, é escola e Oficina e se encontra repleta de símbolos.

Instrumentos, joias, materiais, vestimentas, enfim, os mais variados elementos, o Aprendiz "aprende" a conhecer e discernir seu significado.

As figuras geométricas, a Régua, o Esquadro, o Compasso, são os instrumentos que contempla; Maço, Cinzel, Pedras, Corda, Prancheta são elementos que usa e analisa.

Um Livro da Lei, Luzes, Círios,[38] Estandarte, Espadas, Planetas, Astros, Satélites.

Triângulos, Esferas, Círculos, Quadrados, Ângulos, Retas.

Pavimentos, Abóbadas, Mosaicos, Malhetes, Tímpanos.

Luzes, Sons, Perfumes.

Água e Fogo.

Esses elementos constituem o material do aprendizado: cada um deles tem sua explicação simbólica, seu conteúdo filosófico.

A hierarquia maçônica, no sentido administrativo e filosófico, apresenta-se ao Aprendiz como organização perfeita, dando-lhe a oportunidade de capacitar-se a enfrentar, com maior facilidade, as tarefas quotidianas no seu mundo de trabalho e lazer.

O Livro Sagrado representa sua Divindade, seu Deus, a quem aprende a venerar com maior intensidade.

As vibrações, os fluidos através da "sonoridade" do desenvolvimento do Ritual dão ao Aprendiz o equilíbrio, o conforto e o preparo para conhecer-se sob uma perspectiva diferente, que não havia, ainda, conhecido. Os "Sons" diversos de que participa vibram com suas células.

---

38. Vela

O Incenso místico põe em função seu sentido olfativo, que passa a perceber "odores" que lhe proporcionam manifestações diferentes.

Unindo-se a todos os presentes por meio de uma "Cadeia de União", passa a permutar todas suas energias, saindo da Loja com forças renovadas.

Suas posturas em Loja lhe dão energia ao corpo, descanso, equilíbrio do sistema nervoso e do metabolismo.

O uso de um Avental lhe dá o preparo para desempenhar seu trabalho de "pedreiro", evoluindo em sua Arte.

Seu trabalho tem um objetivo principal: a edificação de seu "próprio Templo"; passa a ser um "lugar consagrado" para "receber" a presença de seu Deus.

O "não sabeis vós que sois Templo de Deus", frase contida no Livro Sagrado, torna-se realidade.

Esse Templo que se avoluma sempre mais acolhe cada um como o seu "próximo", em um culto de fraternidade, em uma permuta constante que é a razão de ser da presença do homem no Universo.

O Maçom não só cultiva o amor fraterno, mas dentro desse conceito há lugar para o amor à Família, aos Concidadãos, à Humanidade.

O Mundo do Aprendiz é um conjunto de ideias novas, de conhecimentos novos, de surpresas agradáveis, de participação.

Para os Membros mais antigos da Loja, o ingresso de um Aprendiz constitui, também, uma certeza de fortalecimento, o reinício de uma atividade agradável, a de orientar, superar e participar.

Quando em uma Loja parece surgir a monotonia devido ao fato de os Aprendizes terem recebido a quase totalidade dos conhecimentos, o ânimo é renovado pela presença de "novos receptores", e os Mestres reiniciam sua longa jornada de orientação.

Inacreditavelmente, porém, o ensino não se repete, porque os conceitos evoluem dado que os Mestres, ao ensinarem, muito aprenderam de seus discípulos, pela permuta.

Qual a tarefa dos Companheiros dentro da Loja? Colocarem-se na expectativa? Prosseguirem no aprendizado?

Isso veremos, adiante.

O Segundo Grau
Companheiro

Os Aprendizes, cumprido seu tempo de aprendizado, com consentimento unânime da Loja, passam, pelo cerimonial da Elevação, para o segundo Grau, o de Companheiro.

O Companheiro coloca-se entre o Aprendizado e o Mestrado; no trato com os Aprendizes há mais intimidade, porque são conhecedores do simbolismo de todos os elementos que ornam a Loja; com amor fraterno, alimentam a amizade na condição de companheiros, isto é, consideram os neófitos como iguais a quem devem proporcionar um meio ambiente acolhedor, sem a rigidez do Mestre.

O trato entre o Aprendiz e o Mestre é o mesmo entre o Discípulo e seu Mestre, de respeito, veneração, humildade.

Entre o Companheiro e o Aprendiz há a quebra da rigidez, a manifestação da compreensão; o Aprendiz busca, junto ao Companheiro, o auxílio para o estudo e o entendimento.

O Companheiro é a voz do Aprendiz; quem luta por ele, quem o defende dos fracassos, das caídas, das dificuldades.

Dentro da Maçonaria não há tarefa maior a ser executada, a não ser aquela necessária para um perfeito desempenho administrativo e a colaboração espontânea geral dedicada ao auxílio a todos os Maçons, como cumprimento de um princípio.

Porém, dentro da Loja, ocorrem muitas tarefas no plano "superior", no qual o misticismo e a liturgia participam; é a evolução mental e espiritual, onde as "quedas" e os momentos "difíceis" devem ser vencidos, com o auxílio dos Companheiros.

O Companheiro situa-se como fator de equilíbrio, porque, dirigindo-se aos Aprendizes, lhes estende a mão; pendendo para os

Mestres, recebe consideração maior, prosseguimento do estudo e permuta de conhecimentos.

Para o Mestre, o Companheiro é o Aprendiz no prosseguimento de sua jornada, mas capacitado ao diálogo.

Só há diálogo possível entre o Companheiro e o Mestre; nem todo Aprendiz consegue ter o "seu Mestre", mas todo Companheiro possui o "seu Mestre".

É uma questão lógica de aproximação face ao nível quase igual de conhecimentos.

O Companheiro analisa o comportamento dos Aprendizes neófitos – por meio de sua própria experiência, porque se sente ainda um pouco aprendiz.

Dentro de uma Loja de Aprendizes, os elementos simbólicos continuam servindo para os Companheiros; apenas alguns símbolos que permaneceram "ocultos" aos Aprendizes surgem como materiais de uso dos Companheiros; assim temos a Estrela Flamígera, de Cinco Pontas; e o uso do Esquadro como instrumento quase que exclusivo aos seus trabalhos, que não serão mais efetuados na Pedra Bruta, mas na Pedra Polida.

O Aprendiz passa da Coluna do Norte para a Coluna do Sul; a abeta do seu Avental é abaixada; é "iniciado em Vênus", simbolizando encontrar-se apto a "procriar", isto é, a garantir o prosseguimento da "espécie" Maçônica, vista como geração.

O Aprendiz, portanto, seu Avental com a Abeta erguida, comprova não ter atingido a puberdade; representa a idade da inocência, da infância.

Sob a proteção do "pai" Hércules, o Aprendiz não se preocupa com certos aspectos da Natureza.

Como Companheiro, penetra nos mistérios da Criação, porque já é adulto, posto sem a experiência da maturidade.

A idade real não importa; o menino entre 7 e 14 anos, cujo pai seja membro da Loja, participa da cerimônia da "adoção de Lowton", preparando-se para ser futuro maçom, sem contudo haver nenhuma obrigatoriedade ou compromisso.

Quando o ser é gerado e até o ato do nascimento, suas células provêm da Mãe e levará sete anos para substituí-las por células próprias; eis por que é exigida a idade de 7 anos para a adoção, que não é batismo como o vulgo confunde.

Entre 7 e 14 anos, as células passam novamente pelo processo da renovação, daí o limite de 14 anos, porque é a idade da puberdade.

Essa idade é variável; nos países tropicais, pode acontecer aos 11, 12 ou 13 anos; os Israelitas a contam aos 13 anos.

Porém, o limite para a cerimônia da adoção é simbólico e foi fixado, pelos Regulamentos da Loja, em 14 anos.

O "Lowton" terá certos privilégios para o ingresso na Maçonaria e poderá ser iniciado aos 21 anos, em vez de 25 como é de praxe e lei.

Não se há de confundir, assim, a "puberdade" real com a "puberdade maçônica".

É evidente que, encontrando-se o Companheiro "capacitado" a consumar o ato sexual, este será simbólico; sua função máscula diz respeito à sua capacidade de provar as hostes maçônicas com profanos que passaram pelo renascimento, pois, uma vez na "Câmara das Reflexões", retornaram ao "'ventre materno", dentro do conceito espiritual que Jesus Cristo apresentou a Nicodemus.

O Companheiro fará silenciosamente, com muita reserva, do Aprendiz o seu filho dileto que encaminhará em direção certa até que ele, por sua vez, atinja a puberdade.

O Companheiro, porém, tem passagem rápida pela Coluna do Sul, e ingressa na Câmara do Meio, que é seu lugar definitivo, pois, mesmo penetrando nos Graus Filosóficos, estará sempre em Câmaras.

O Companheiro penetra nos mistérios antigos, a saber: Mistérios Persas ou dos Magos; dos Indus Braamanes; Egípcios ou de Ísis; Gregos, Cabiris de Samotrácia, Orfeu em Eleusis; Judaicos de Salomão; Cristianismo e Essênicos; Francos da Cavalaria; Ordem do Templo — Templários; Britânicos ou das Corporações de Arquitetos; Britânicos da Franco-Maçonaria.

Esses mistérios estão contidos no Ritual por meio de lições sábias que nossos maçons do passado nos transmitiram.

O Grau de Companheiro é o Grau de Ciência que para ser compreendido deve a inteligência ser cultivada.

A grande obra regeneradora da Natureza constitui o Compêndio escolar do Companheirismo.

Fixa-se o estudo na ciência dos números, escolhendo o Cinco para sua base, assim, o Companheiro adquire totais conhecimentos dos seus cinco sentidos que penetra e, insatisfeito com o que a Natureza lhe desvenda, vai em busca do significado espiritual.

Cada sentido tem função dupla, e para que o sentido da visão possa "ver" além do horizonte de seu cristalino, é descoberta a função de uma "terceira visão", penetrando com agudeza os mistérios do Infinito e vendo para poder também ouvir as "mensagem das Estrelas".

O sentido do tato, tão profanizado e relegado a um lugar-comum, no Companheirismo é exercido de modo a capacitá-lo a "perceber" vibrações até então desconhecidas, recebendo e transmitindo fluidos que o vulgo profano jamais pôde conceber.

A cerimônia de elevação é constituída de Cinco Viagens simbólicas.

Essas viagens são realizadas para jamais serem abandonadas, porque, uma vez descoberto o caminho, o Companheiro o trilhará para sempre.

As viagens se referem a uma jornada pela ciência por meio de filósofos que marcaram época e que constituem, ainda hoje, o alicerce seguro para o complexo filosofismo hodierno.

A Primeira Viagem é feita através dos cinco sentidos, na interpretação já apresentada.

A Segunda Viagem tem como objetivo o estudo da Arquitetura e das ordens que a caracterizam: Toscana, Jônica, Dórica, Coríntia e Compósita.

A Terceira Viagem apresenta para um contato permanente as Artes Liberais: Gramática, Retórica, Lógica, Aritmética, Geometria, Música e Astronomia.

Hoje temos novas denominações, porém o centro de interesses continua o mesmo.

A Quarta Viagem apresenta os filósofos: Solon, Sócrates, Licurgo, Pitágoras e Jesus Cristo.

Os Filósofos simbolizam e expressam a Inteligência, a Retidão, o Valor, a Prudência, o Amor à Humanidade.

A última Viagem é dedicada à glorificação do Trabalho, não como castigo bíblico mas como conquista da Liberdade.

O trabalho altruísta na conquista dos meios para a sobrevivência do Companheiro e da Humanidade; um trabalho ciência, conhecimento e amor fraterno.

Liberdade, Igualdade e Fraternidade, o lema maçônico por excelência, a tríplice expressão do Companheiro.

O objetivo precípuo do Companheiro é o estudo da Ciência pelo trabalho; seus compêndios, os homens, a Natureza e o Grande Arquiteto do Universo.

Seus elementos, os Aprendizes, que burilam, transformam, especificam em sua análise, classificam e determinam os locais onde deverão ser colocados, como reserva para a futura elevação.

A Maçonaria é Escola no seu amplo conceito.

Jardim de infância para os Aprendizes recém-iniciados; Curso do primeiro grau, quando passado o primário o estudante penetra no mundo misterioso e atraente do conhecimento; Curso do segundo grau, que prepara o adolescente para a Universidade.

Finalmente, a Universidade, que constitui os Graus Filosóficos, ou seja, a coroação da obra, final do esforço, a Verdade.

O Companheiro, sem alarde, amparando o Aprendiz, segue o caminho do Mestre, observando seu viver, ampliando conhecimentos, porque sua inteligência evolui e seu esforço aumenta.

No momento da Exaltação, quando passa da Coluna do Sul para a Câmara do Meio, do Companheirismo para o Mestrado, não cessa sua preocupação e seu trabalho.

Chegando a Mestre, não estanca, pois tem longo período para completar-se.

Será conduzido pelos Mestres como um igual, mas dentro do Mestrado, com conhecimentos incompletos.

Nivelado ao conhecimento do Mestre, deve prosseguir, por isso os Graus Filosóficos são denominados Superiores.

Nunca devemos esquecer que o Rito Escocês Antigo e Aceito se compõe de 33 Graus.

É o ingresso na Universidade da Vida, vida material e vida espiritual, quando sentiremos prazer no prosseguimento dos estudos.

Mas, então, perguntarão os interessados: Jamais terminaremos a jornada?

É verdade; a jornada não tem fim, mas é um caminhar agradável e o cumprimento de um Destino, porque a Porta Final, que conduz ao que nós julgamos ser o fim, será o verdadeiro e real "princípio" de uma nova Vida, em harmonia com o Grande Arquiteto do Universo.

O trabalho maçônico, com seu esforço, dedicação e estudo, não é tarefa de sacrifício, mas de prazer.

O cultivo do amor fraterno é a dádiva que o Senhor dos Mundos, o Grande Geômetra, reservou para aqueles que o amam.

Preliminares

A Trilogia Simbólica é um todo. O Aprendiz dedica-se ao trabalho MATERIAL, porque tem como base a moral que lhe dita normas para sua conduta.

Inicialmente, ele permanece estático porque tem muito que observar, mas, paulatinamente, com os ensinamentos que recebe, desperta seu interesse para o trabalho.

Os ensinamentos que o Aprendiz recebe dentro da Loja, que para ele deve ser OFICINA, não lhe são ministrados diretamente.

As cinco lições que ouve lhe chegam na forma de peça teatral, porque muitos oficiais da Loja tomam parte na leitura.

Finda a lição, sempre surgem comentaristas que a completam com pensamentos de improviso, surgidos no momento, por meio de uma inspiração e fruto de uma observação mais aguda.

Findas as lições "dialogadas", o Aprendiz tenta apresentar suas observações, produzindo peças de arquitetura, que para ele são obras-primas, mas que não passam de observações superficiais, plenas de entusiasmo.

É por intermédio dos Aprendizes que os candidatos surgem, pois o entusiasmo é de tal monta que o Aprendiz, imprudente, transmite aos seus amigos suas impressões, canalizando, então, aos Mestres, os nomes dos candidatos que são apresentados.

A Oficina tem nos Aprendizes o material mais precioso, pois serão os futuros bons Mestres e os futuros dirigentes.

A Oficina que não possui nos bancos da Coluna Norte um punhado de Aprendizes é oficina que marca passo, que não evolui e que não proporciona aos Mestres a tarefa gloriosa do mestrado.

É por isso que se diz que o Aprendiz executa um trabalho material; o fato de "desbastar" a Pedra Bruta não significa que essa Pedra simbolize, exclusivamente, a pessoa do Aprendiz: "desbastar" é o verbo que se aplica a qualquer situação, mesmo fora das Oficinas; a influência dos Aprendizes no Mundo Profano é muito relevante, porque o entusiasmo é calor, segurança, incentivo.

Vencido o período de aprendizagem, temos a pessoa do Companheiro; na Loja, o Companheiro ocupa os bancos da Coluna do Sul; além disso, uma Loja que não possua um bom número de Companheiros será considerada "espiritualmente" pobre.

O Companheiro, vencida a fase inicial, desperta para a intelectualidade; busca literatura, critica os trabalhos apresentados pelos Aprendizes e procura ilustrar-se, na busca do Mestrado.

Quando em sessão de Companheiros, vê a ausência dos Aprendizes, os Companheiros "crescem" no seu "status" e buscam burilar-se, para se apresentarem como pertencentes a uma gama intermediária, entre o aprendizado e a sublimação.

Cônscios de suas responsabilidades, os Companheiros ousam enfrentar os problemas sociais da Loja, visando ao aperfeiçoamento da Família, orientando suas próprias famílias a se manterem nas tradições pátrias, da Indissolubilidade e elevada moral.

Sente a necessidade de melhorar seu meio ambiente social e frutifica, assim, os conceitos vindos dos nossos avoengos maçons.

Eis que, repentinamente, penetra no umbral misterioso do Mestrado, conhecendo a "Lenda de Hiram", identificando-se com o "ressurrecto" e sentindo que a Vida tem um novo sentido, mais real, mais sublime: o sentido espiritual.

Assim, as fases material, intelectual e espiritual vêm completar a personalidade maçônica e dar ao "novo indivíduo" a concepção realística e sublime de uma "técnica de vida", mas vida espiritual.

A Moral, que não se pode confundir com bom comportamento, terá verdadeiro sentido; são os novos costumes e hábitos na esfera do Espírito.

O programa real da Maçonaria completa-se na Trilogia Simbólica.

A "Arte Real"

A denominação Arte Real, tão referida indevidamente nos dois primeiros graus, é de uso exclusivo do Mestrado porque faz do exaltado um rei, de si mesmo e da própria Natureza.

A Maçonaria operativa servia aos príncipes da Igreja, com a construção das catedrais, e aos reis, para a construção de seus palácios.

Erroneamente, foi atribuída a denominação em decorrência do trabalho da Franco-Maçonaria na restauração do trono dos Stuart, colocando como rei Carlos II.

O uso da abreviatura R.: L.:, hoje interpretada por "Respeitável Loja", na realidade fora a designação de "Real Loja", como comprova um documento encontrado, em 1786, na França.

"Arte Real", hoje, simboliza um "segredo religioso", transmitido pelos primeiros construtores do Templo de Salomão.

Esse "segredo" foi revelado após o surgimento do Cristianismo, com a construção do "Templo Espiritual", ou seja, o "Homem".

A tradição nos trouxe a denominação "Arte Real" do fato de ter sido o rei Salomão o construtor do Templo idealizado por seu pai, Davi.

No século XVIII o termo "Arte Real" passou a ser sinônimo da Franco-Maçonaria. O Templo de Salomão, afora ter servido para glorificar a Jeová, simboliza a existência eterna de um Templo material da futura humanidade.

Não se confunda "Templo Material" com "Templo Espiritual"; este diz respeito ao indivíduo e aquele, à Humanidade.

A construção do Templo de Salomão estava quase concluída, quando ocorreu o drama Hiramítico. A morte e ressurreição de Hiram Abiff constituem-se no desenvolvimento do drama, simbólica e espiritualmente, um ritual dirigido por um rei: Salomão. Não se poderá esquecer que a "Lenda de Hiram" envolveu dois reis: o de Tiro e o de Israel; que a "Lenda de Hiram" contém a presença e a atuação do rei Salomão, rei e sacerdote, a serviço de seu povo e de Jeová, cumpridor da promessa de seu pai Davi.

A "Arte Real" poderia confundir-se com a "Arte Sacerdotal" e a "Arte Arquitetônica".

A preferência do nome "Arte Real" decorre justamente da época em que surgiu o Rito Escocês Antigo e Aceito.

Permaneceu mais por tradição que por essência.

Sobretudo, após a Revolução Francesa, com o início da derrota da Monarquia, e hoje da libertação total a qualquer privilégio de nascimento, a "Arte Real" constitui um "símbolo" mais que um marco inicial da Maçonaria.

Davi, Salomão e Hiram Abiff não foram maçons como hoje os conceberíamos nas Pedras fundamentais de um Edifício Social que comporta atividades intelectuais e espirituais. "Arte Real", "Arte Sagrada" ou "Arte Divina" fundiram-se permanecendo a "Arte Real" como comprovação de uma época de fausto e esplendor, em que o ouro e as luzes refletiam uma época fantástica, posto que à margem grande parcela do povo sofria fome e vivia na dor e na escravidão.

No sentido da evolução, o Aprendiz busca alcançar o Mestrado, como um plebeu buscava nos séculos passados atingir o privilégio da realeza; como os indus buscavam fugir das castas inferiores para alcançarem as posições mais elevadas: como os homens hoje buscam na instrução sair do anonimato de sua pobreza para alcançar, com a conquista de um diploma, a posição social e econômica dos melhores aquinhoados pela sorte.

"Arte Real", dentro da Maçonaria simbólica, é o cimo, a glorificação e a meta de todo Aprendiz. Por isso que a expressão "Arte Real" é de uso exclusivo do 3º Grau.

Dos Títulos no Mestrado

Na Loja de Mestre, o Venerável Mestre tem o título de Respeitabilíssimo Mestre; os Vigilantes, o de Venerabilíssimo Irmão e os outros Mestres, quer ocupantes de cargos ou não, o de Venerável Irmão.

A origem desse tratamento especial é bastante remota.

Com a morte de Carausius, no ano de 293, seu sucessor Constante Chloro, estabeleceu sua residência em York (antigamente com o nome de Eboracum), onde passaram a encontrar-se as mais importantes sociedades de Maçons Construtores.

Esses Maçons, segundo o uso antigo dos "Collegia Fabrorum", celebravam as festas pagãs dos Solstícios a "Janua Inferni" e a "Janua Coeli".

No século VI, porém, os Monges Beneditinos converteram os anglo-saxões ao Cristianismo.

Os Maçons também são envolvidos pela religião. Suas assembleias passam a ser presididas por Abades, aos quais, por respeito e deferência, davam o título de "VENERÁVEIS MESTRES", conservado, depois, o uso até os nossos dias.

Com a elaboração do Grau de Mestre,[39] o tratamento de "Venerável" foi constituído no superlativo, para Venerabilíssimo, e para destacar o Venerável Mestre o tratamento mais cerimonioso ainda é o de "Respeitabilíssimo", também no superlativo.

Considerando o fato de todos os presentes serem Mestres, não haveria a necessidade de um tratamento tão cerimonioso; sucede, porém, que na assembleia existem os Mestres antigos e os novos; aqueles são os venerandos, os que merecem todo respeito pela idade e pela sabedoria.

---

39. Criado por Anderson e Désaguilliers em 1717.

Supõe-se também que os Mestres antigos possuíam graus superiores; há a esse respeito um tabu incompreensível, pois não há motivo algum para ignorar que dentro do Rito Escocês Antigo e Aceito existam 33 Graus.

O Mestre antigo, aquele portador de graus filosóficos superiores, há de comprovar sua sabedoria, com os ensinamentos que administra; conceitos incomuns que os Mestres novos não conseguiram ainda alcançar, mas que, ao seu devido tempo, compreenderão o porquê da venerabilidade que dirige a um determinado grupo de Irmãos.

A "Câmara do Meio"

A "Câmara do Meio" é a imagem do grande laboratório onde se operam as transformações infinitas.

Nada começa sem a morte. O grão perece para que o vegetal se desenvolva.

A morte é a vida profana com que o futuro maçom começa sua iniciação por meio da "Câmara das Reflexões", que é a segunda morte simbólica: a morte de Hiram Abiff.

A "Câmara do Meio" é a perda das ilusões por meio de práticas herméticas, que transforma o centro dos conhecimentos que passam do cérebro ao coração.

O conhecimento do coração é a comunicação direta sem intermediários, mais ou menos opaca, em direção ao manancial de toda a vida. Um caminho para a luz, o eco da palavra perdida.

"Câmara do Meio" seria a corruptela de "piso do meio", mencionada no Livro de Reis, capítulo VI, 8.

A expressão "Câmara do Meio" consta nos mais antigos Rituais.

"No meio do Esquadro e Compasso" seria o seu exato significado.

"Entre a Terra e o Céu."

O "meio" é o centro ideal.

Ascender à "Câmara do Meio" é dirigir-se ao centro da "Roda", ao eixo imóvel. É escapar à agitação do mundo profano. Os iniciados em marcha sobre os raios da Roda em direção ao centro.

A "Câmara do Meio" é a quinta essência dos alquimistas, o ponto de interseção dos dois braços da Cruz, o cume da "Pedra Cúbica Pontiaguda".

*
* *

Nós ascendemos por 15 marchas divididas em três grupos: 3, 5 e 7.

Esses números correspondem ao Aprendiz, Companheiro e Mestre.

Três (3) é o Triângulo; Cinco (5), a Estrela Flamígera; Sete (7), o Selo de Salomão com o ponto central.

Esse homem consegue realizar o equilíbrio perfeito entre a matéria e o espírito.

O Selo de Salomão é o hieróglifo da Pedra Filosofal, entendendo-se que a Estrela Flamígera é a "matéria primária".

O Triângulo ou Delta Luminoso é o fogo espiritual que atua sobre o Pentagrama ou Estrela Flamígera. A matéria primária conduz ao Hexagrama ou Selo de Salomão, Pedra Filosofal.

A união do Selo de Salomão com a Estrela Flamígera simboliza a união do Microcosmo com o Macrocosmo.

A soma do Pentagrama (5) com o Hexagrama (6) = 11, que é o comprimento do Cordão do Mestre — 11 centímetros. Ou seja, os 10 Sefirot e En Soph. Os 33 degraus do escocismo divididos em 3 séries de 11.

*
* *

Encontramos nos Vedas (Adhyay, II, Anuwaka, XX; Sukta IV, II): "O Deus, que é o nome 11 nos Céus; que é o 11 sobre a Terra, e que, ao nome de 11, habita com glória no meio dos ares, pois nosso sacrifício vos é agradável".

A "Câmara do Meio" pode ser comparada ao hexágono. (A Casa do Sábio possui a forma hexagonal.) Comprimido no interior do hexagrama. Nessa Câmara, o homem, o iniciado, transforma-se em adepto.

*
* *

A Loja de Mestre denomina-se "Câmara do Meio" e comporta duas partes: a primeira para o Solstício de Verão e a outra para o Solstício de Inverno; a 1ª para o nascimento do Sol; a 2ª para o seu ocaso.

Pode a sala ser separada por um cortinado e o 1º recinto será o "Hikal" e o 2º o "Debhir".

O "Hikal" é a Câmara Mortuária de Hiram Abiff; o "Debhir", a Câmara onde Hiram Abiff ressuscita.

O "Hikal" está decorado com pintura negra ornada com lágrimas brancas; negro, ausência de cor; branco, composição das cores. O Debhir pintado de azul semeado de ouro.

"Hikal" = "Hic Imperat Kristós, abominatio Luciferi." (Aqui triunfa Cristo, abominação aos filhos de Lúcifer.):

"Debhir" = "Diaboli Ecclesia Beata Hiram Invocat Reverenter". (A Igreja Bem-aventurada de Lúcifer invoca religiosamente Hiram.), escreve Jean Kotska.

Hiram ressuscita.

Nos antigos rituais, 9 mestres, em grupos de 3, partem em busca do cadáver de Hiram.

Somente três participam da ressurreição.

Os três Companheiros assassinos estão julgados como representando a Ignorância, o Fanatismo e a Inveja.

Os três mestres ressuscitadores representam: o Saber, a Tolerância e desapego ou desprendimento. É o esoterismo da Lenda.

O número 9 representa uma germinação "para baixo", logo, material. O 6 representa, ao contrário, uma germinação "para o alto", logo, espiritual.

Hiram ressuscita, é o Mestre, individualizado, é o Verdadeiro Homem. De um lado, a Franco-Maçonaria é uma "comunhão". (Com + união) reunindo os homens por uma mesma liturgia, ou rito comum.

De outro lado, tende a criar homens, como indivíduos (indivis = indivisível), cada qual com consciência de seu próprio valor.

A individualização é própria da Maçonaria — cada obediência tem sua característica peculiar.

Cada Loja possui seu espírito especial; cada Maçom deve conservar e desenvolver suas qualidades inatas. A Loja é para o maçom uma Escola onde poderá exprimir livremente diante de um auditório atento e benevolente.

O Aprendiz, após uma fase de silêncio, enquanto se desbasta, transforma-se em Companheiro.

O mestre na plenitude de seus direitos maçônicos e de seus deveres, verdadeiramente individualizado, será dentro da Loja um elemento, uma Pedra Perfeita, indispensável à existência da Loja.

Hiram Abiff

Este personagem histórico, real, cuja existência vem afirmada pelos relatos bíblicos, era artífice de Tiro.

Quando o rei Salomão ratificou ao rei de Tiro, também com o nome de Hiram, mas que, para evitar confusões, o denominaremos de Hirão (apenas uma forma arcaica de escrever o nome). O compromisso existente entre seu falecido pai Davi e o "amigo de Israel", e após uma longa troca de mensagens escritas e orais, por meio de mensageiros e obviamente, em contato pessoal, o rei Hirão enviou uma leva de operários selecionados e materiais para a construção do Grande Templo, chefiados pelo artífice de nomeada, HIRAM ABIFF.

Torna-se compreensível a atitude do rei Hirão, porque não poderia dispensar milhares de operários, todos conhecedores da arte da construção, sem uma chefia.

Em torno da personalidade de Hiram Abiff, construiu-se para a Maçonaria um verdadeiro monumento, criando-se mitos e alegorias, representação de divindades, substituições de mártires, heróis e adaptações, através do tempo, à guisa de concepções evolucionistas.

As Sagradas Escrituras dizem a seu respeito:

Um homem dotado de habilidade e compreensão; o filho de uma mulher das filhas de Dã, e seu pai era um homem de Tiro, hábil para trabalhar em ouro e prata, em latão, em ferro, em pedra e em madeira, em púrpura, em azul, e em fino linho e em carmesim. Também, em esculpir qualquer forma de escultura e manejar todo invento (engenho) que lhe for apresentado. — (II Crônicas 2: 13 e 14).

A denominação de artífice foi acertada; Hiram Abiff era, sobretudo, um artista dedicado à escultura; um hábil manejador de panos, ou seja, um mestre costureiro, se considerarmos que a "púrpura", o "azul", o "carmesim" e o "linho" eram tecidos destinados à confecção das vestes dos reis e sacerdotes.

Maçonicamente, vislumbramos nas cores "púrpura", "carmesim", "azul" e "branco" o colorido contido no Ritual Escocês Antigo e Aceito. Podemos até pensar que a "púrpura" e o "azul" são os precursores da "Maçonaria Vermelha" e da "Maçonaria Azul".

O relato bíblico dá duas origens de nascimento, dizendo ser Hiram Abiff, um "filho de uma viúva" da tribo de Naftali, casada com um homem de Tiro.

A mãe de Hiram Abiff seria, ora uma viúva da tribo de Naftali, ora da tribo de Dã.

A contradição fica esclarecida, se considerarmos que a mãe de Hiram Abiff era viúva de um homem da tribo de Naftali, mas que de nascimento era da tribo de Dã.

O homem de Tiro, que casou com a mãe de Hiram Abiff, sendo esse órfão, criou e educou Hiram Abiff com esmero, devendo-se a ele ter sido Hiram Abiff um homem "com muita sabedoria e compreensão e hábil artífice". Esse homem, contudo, não aparece na história e tampouco na lenda.

O padrasto de Hiram Abiff sem dúvida fora, também, um artífice que transmitira ao filho adotivo toda arte da "mecânica"; isso nós podemos compreender bem, se levarmos em consideração que os "segredos" do artesão eram transmitidos de pai para filho, com muito mistério, sigilo e segurança.

Por que Davi buscara junto ao rei Hirão os recursos totais para a construção do Templo que não chegara a iniciar?

Tiro era um dos principais lugares da Fraternidade Dionisíaca de Artífices, que se dedicava exclusivamente à construção de edifícios — templos, monumentos e palácios —, cercada de uma organização secreta, como mais tarde ocorreria com os Franco-Maçons.

Daquela Fraternidade, evidentemente, tanto o padrasto de Hiram Abiff como ele próprio deveriam fazer parte.

Não poderia Hiram Abiff criar o sistema perfeito adotado para o controle dos 150 mil operários. Trazia a organização de Tiro.

Alguns relatos afirmam que Hiram Abiff organizou o operariado judeu, o que não condiz com o relato bíblico, como já aludimos no capítulo que narra a organização da construção propriamente dita.

O rei Salomão não utilizou na grande obra nenhum de seu povo, mas exclusivamente estrangeiros; a maioria já domiciliados em Israel e muitos trazidos por Hiram Abiff, ou seja, homens de Tiro e de lugares circunvizinhos.

No Livro das Constituições, editado por Entick em 1756, assim se refere sobre Hiram Abiff:

Este inspirado Mestre foi, sem dúvida, o trabalhador mais arguto, hábil e singular que já viveu.

Suas habilitações não eram, apenas, confinadas a construir, mas abrangiam todas as formas de trabalho, quer em ouro, prata, latão ou ferro; quer em linho, tapeçaria ou bordado; quer considerado como arquiteto, escultura, fundição ou desenho, separadamente ou em conjunto ele igualmente se destacava.

De seu projeto e sob sua direção todo o rico e esplêndido mobiliário do Templo e seus vários suplementos.

Acabado o Templo, o rei Salomão o designou para que, em sua ausência, preenchesse a cadeira de Deputado do Grão-Mestre e em sua presença Senhor Grande Mestre; Mestre de Obras e supervisor geral de todos os artistas, bem como daqueles que Davi havia, anteriormente, procurado em Tiro e Sidon.

Lendo-se, superficialmente, o relato bíblico e ouvindo-se a lenda de Hiram Abiff, temos a impressão de que o Artífice abarcava, em suas mãos, toda a responsabilidade da construção do Grande Templo, executando os planos, elaborando os desenhos, fazendo as fundições e as esculturas, administrando os trabalhadores, efetuando o pagamento e ainda atendendo a toda sorte de dificuldades que surgiam.

A tarefa que se atribui a um só homem teria sido impossível de realizar; como impossível o seu sacrifício em meio à construção.

Ora, o relato bíblico nos faz crer que Hiram Abiff preparara desde as pedras de alicerce até a escultura dos Querubins revestidos com folheado de ouro, ora que o rei Salomão incumbira a Hiram Abiff exclusivamente da ornamentação do Grande Templo, com as atribuições de uma espécie de decorador.

O rei Hirão apresentou ao rei Salomão Hiram Abiff como um artífice completo, acrescentando ser homem de sabedoria.

Poderia, claro, ter sido Hiram Abiff o Supervisor da obra, participando das reuniões com o rei Salomão e dando sua orientação técnica, porém sempre servindo-se da equipe vinda de Tiro.

Fazendo leves reparos ao que consta no Livro das Constituições, anteriormente transcrito, e em conformidade com o que nos diz a tradição, haviam dirigido a construção do Grande Templo três Grão-Mestres, dos quais Hiram Abiff era um.

Nas Lojas Maçônicas, Hiram Abiff recebe sempre o título de Grão-Mestre.

Na construção, porém, poderia ter sido ele um Guardião Superior à testa, devido à sua especialização, não só da construção como da organização dos operários.

De acordo com a "Lenda de Hiram", a autoridade do rei Salomão, do rei de Tiro e de Hiram Abiff era igual.

Tanto que somente os Três possuíam a Palavra Sagrada, no entanto as atribuições eram diferentes: para o rei Salomão, evidentemente, a direção geral, eis que como rei e sacerdote lhe cabia dar a palavra final; para o rei de Tiro, como amigo e fornecedor da maioria do material e pessoal especializado, a atribuição era inferior; para Hiram Abiff, o executor da gigantesca obra, a atribuição era, na linguagem atual, técnica. As decisões em conjunto eram completas e indispensáveis.

O que chama a atenção é o fato de que apenas o rei Salomão cultuava a Jeová; a existência da Fraternidade Dionisíaca em Tiro faz crer que o rei de Tiro cultuava a outros deuses que não Jeová, que sempre foi o deus exclusivo de Israel.

Da mesma forma, quanto a Hiram Abiff que evidentemente deveria ter a mesma religião de seu rei Hirão.

O fato de o rei Salomão em sua ausência designar como substituto a Hiram Abiff, não encaixa perfeitamente, pois as decisões em conformidade com o que fora acordado com o rei de Tiro deveriam ser tomadas em conjunto; por outro lado, o relato bíblico não faz referência alguma a qualquer ausência de Salomão de Jerusalém.

Durante todos os longos anos gastos para a construção do Templo, não houve dissensões ou lutas. Foi um período pacífico e, exclusivamente, dedicado à Grande Construção, considerada como obra indispensável à glorificação de Jeová e, mesmo, por Ele desejada.

Substituir Salomão em suas funções de rei e Sacerdote, por um estrangeiro que professava outro culto, seria totalmente inadmissível!

A participação do rei de Tiro não ficou restrita a ceder ao rei seu vizinho o seu principal Artífice, mas como fornecedor pressuroso de todo e qualquer material que viesse a ser solicitado.

Tiro possuía o transporte marítimo, desconhecido do povo de Israel; como já mencionamos na presente obra, dentro do Rito Escocês Antigo e Aceito, não há referência aos mares, embarcações e sobre quaisquer elementos relacionados a eles.

De conformidade com a tradição maçônica, esteiada pelos relatos bíblicos, Hiram Abiff foi incumbido de todas as decorações arquitetônicas, embelezamentos e acabamentos finais, internos e externos.

Infelizmente, ao contrário das demais civilizações, não chegaram até nós quaisquer fragmentos dessas esculturas.

O Templo de Salomão foi destruído duas vezes e é compreensível que os invasores deveriam ter retirado todos os objetos de ouro e valor.

As esculturas eram de madeira, material que não poderia ter resistido à ação do tempo.

Os ornamentos, utensílios e as próprias Colunas de bronze não resistiram à cobiça dos invasores estrangeiros. Destruído o Templo por duas vezes, posto que tenha sido reconstruído, jamais foi conseguido sequer uma pálida reconstituição pela ausência de Hiram Abiff.

Esse fato nos faz acreditar em sua prematura morte, sem ter deixado substituto digno de sua capacidade.

A ornamentação do Grande Templo era faustosa tanto pela riqueza como pela beleza e, sobretudo, pela raridade, despertou a cobiça dos povos conquistadores.

Talvez muitos ornamentos e utensílios do Grande Templo estejam presentes nos museus mais importantes do Mundo, mas recolhidos em outras regiões, sem lhes conhecer a verdadeira origem.

Se os conquistadores furtarem os milhares de objetos raros, os teriam certamente utilizado ou nos seus palácios ou nos seus próprios templos; assim, o que se acredita ser babilônico ou assírio quiçá seja parte do Grande Templo de Jerusalém!

Dentro da distribuição maçônica de poderes, vemos nas Lojas de Aprendizes a representação do rei Salomão como a de uma Coluna de Sabedoria.

A Sabedoria aplicada na concepção do Grande Templo.

O rei de Tiro, Hirão, vem representado pela Coluna da Força.

O fornecedor da matéria; quem possibilitou a construção.

Finalmente, a Coluna da Beleza: Hiram Abiff.

Essa interpretação não é muito comum, mas é completa, pois a alegoria das Lojas Maçônicas faz seu ponto central na construção do Grande Templo.

Atribui-se a Hiram Abiff a direção dos operários, calculados pelos autores em torno de 200 mil homens, enquanto o relato bíblico dá o número exato: 150 mil estrangeiros, mais 3.600 supervisores.

Logo, eram 153.600 homens.

Ignora-se se no decorrer dos 37 anos de construção tivessem sido contratados mais homens.

Ignora-se se mulheres foram aproveitadas no trabalho.

Sabe-se, porém, que todos os trabalhadores eram estrangeiros, radicados em Israel ou trazidos sob contrato dos povos vizinhos.

Davi fora encarregado por Jeová de fazer um recenseamento para somar a mão de obra estrangeira, o que fez antes de morrer.

Como já foi mencionado nesta obra, Jeová não achou nenhum israelita digno de participar da construção do Grande Templo, nem mesmo o próprio Davi!

Adoniram, que muitos confundem com o próprio Hiram Abiff, chegando a conter alguns rituais[40] o esclarecimento de que seriam uma só pessoa e no Rito Adoniramita, o autor da construção do Templo teve a incumbência do rei Salomão de dirigir 20 mil homens para cortarem a madeira dos bosques de Israel.

Logo, Adoniram, também estrangeiro, para dirigir 20 mil homens, pagá-los e zelar pelas suas famílias, teve de organizar o trabalho, distribuindo as tarefas e procedendo à fiscalização.

Houve então dois sistemas de trabalho, obviamente diferentes, daí, quiçá, a diversidade dos Ritos, até hoje usados.

Por outro lado, a tarefa de Adoniram cessaria rapidamente, pois a coleta da madeira era trabalho para pouco tempo.

Em que foram aplicados aqueles 20 mil homens, posteriormente, uma vez que o relato bíblico não se refere a nenhuma dispensa?

Devemos, outrossim, nos preocupar com os homens que morriam, como eram substituídos, bem como os filhos dos operários, que pela demora da construção já podiam, atingida a idade de 12 anos, empregar-se na grandiosa obra, que certamente ocupava todos os interesses da comunidade.

As substituições do pessoal que adoecia, que morria e que envelhecia eram trabalho de relevante importância.

Nos primeiros anos, havia a preocupação do revezamento, pois uma terça parte dos trabalhadores descansava, permanecendo junto às suas famílias por um período intercalado entre 30 e 60 dias.

A organização mostrava-se perfeita, se atribuirmos à tradição maçônica, inspiradora dos Ritos, a divisão em Graus.

Hoje, uma construção que envolvesse tamanho número de trabalhadores somente seria possível por meio do trabalho de computadores.

A organização de inspiração de Hiram Abiff teve os seus alicerces no aspecto religioso; a mística, o temor ao castigo, a liturgia, o fato de estarem servindo a Jeová faziam aqueles estrangeiros obedecerem cegamente as atribuições e ordem recebidas.

---

40. Em poder do autor.

A insidiosa conjura, inicialmente dos 15 Companheiros e a final dos três assassinos, faz supor não ter sido essa a única e primeira manifestação de desobediência.

Aqueles estrangeiros estavam, quiçá a contragosto, servindo a Jeová, que não era seu deus.

De outro lado, a sabedoria do rei Salomão aplacaria qualquer resistência, desobediência e revolta, já que pagava religiosamente os trabalhadores, com ouro e mantimentos, cuidando de suas famílias.

Não foi empregado na obra nenhum braço escravo.

Não há notícia no relato bíblico de nenhuma perturbação provocada pelos operários, pois nem sequer há menção sobre a morte de Hiram Abiff.

Segundo Mackey, analisando a personalidade de Hiram Abiff:

Era seu hábito nunca transferir para outro dia o trabalho que poderia ser realizado hoje, pois era ele tão extraordinário pela sua pontualidade na execução dos deveres mais insignificantes como era pela sua habilidade em realizar os mais importantes.

Era seu constante hábito diário fornecer aos artífices uma cópia dos projetos que ele havia elaborado na tarde anterior para seu trabalho durante o dia seguinte.

Como novos projetos eram desta maneira fornecidos diariamente por ele, qualquer descuido de suprir os operários com os mesmos teria necessariamente paralisado os trabalhos de toda uma equipe para aquele dia; uma circunstância que em número tão grande teria provocado a maior desordem e confusão.

Consequentemente, a prática da pontualidade era nele um dever da mais alta obrigação e que nunca, nem por um momento sequer, poderia ter sido negligenciado sem levar à observação imediata.

A substituição daqueles que, obviamente, dada a experiência adquirida no aprendizado ou no companheirismo, atingiam escalões superiores, deveria constituir tarefa ingente, se levarmos em conta que um grande grupo, cerca de 30 mil, era destinado ao transporte dos materiais.

Como é sabido, no local da construção, que já era sagrado, na eira adquirida por Davi a Araúna, em uma elevação de Jerusalém, onde construíra o Holocausto, não se poderia provocar nenhum ruído; o trabalho era executado em silêncio reverente, místico e cerimonioso.

Havia então três grupos distintos: aquele que preparava os materiais; o que os transportava e o que o aplicava na construção.

Portanto, as dificuldades eram grandes, até estranhas ao próprio Hiram Abiff, certamente, não habituado àquelas normas exigidas por Jeová por meio dos seus Sacerdotes.

Poderiam os transportadores, ou cortadores de madeira, ingressar como aprendizes na construção? Por certo que sim, dado que deveriam existir mestres encarregados exclusivamente da formação de mão de obra especializada.

Prossegue Mackey:

Consta que o cavalete por ele usado em esboçar seus projetos era feito de madeira igual como haviam sido feitas as antigas tabuletas e coberto com uma camada de cera. Neste revestimento ele gravou seus planos com uma pena de buril de aço, que uma velha tradição, preservada por Oliver, diz que foi sobre ele encontrado quando foi erguido e, de acordo com ordens de Salomão, depositado no centro de seu monumento. A mesma tradição nos informa que a primeira vez que ele usou esse buril para qualquer uma das tarefas do Templo foi na manhã que a pedra fundamental do Templo foi colocada quando ele desenhou o famoso diagrama, conhecido como o 47° problema de Euclides e que fez jus a um prêmio que Salomão havia oferecido naquela ocasião. Mas isso é tão evidente quanto uma simples lenda, inventada por alguém que fez surgir mitos do último século, assim que foi rejeitada ou, pelo menos, esquecida pela Maçonaria.

Olivier nos transmite outra lenda, bem mais interessante, que pode traduzir um símbolo místico do fiel cumprimento do dever, e que é a seguinte:

Era o dever de Hiram Abiff supervisionar os operários e os relatórios de seus ajudantes; eram, sempre, examinados com escrupulosa exatidão.

No início do dia, quando o Sol surgia do leste, era hábito constante de Hiram Abiff, antes de iniciar o trabalho, ir ao Templo e oferecer suas orações a Jeová, implorando a graça divina para seu trabalho.*

Ele repetia suas orações ao fim do dia quando o Sol se punha, no oeste.

No fim do dia, após os operários terem deixado o Templo, ele retribuía seus agradecimentos ao Grande Arquiteto do Universo pela proteção perfeita do dia.

Não satisfeito com essa expressão devota de seus sentimentos, ele sempre se dirigia ao Templo ao meio-dia, quando os homens eram dispensados do trabalho para um rápido descanso, para inspecionar o trabalho, esboçar novos projetos sobre o cavalete, se necessário, e executar outras tarefas científicas — nunca esquecendo de consagrar os deveres pelas orações solenes.

Esses hábitos religiosos eram fielmente realizados nos primeiros seis anos nas alcovas secretas de sua Loja Maçônica e, no último ano, nos recintos do lugar mais sagrado.

Não resta dúvida de que o Holocausto erguido por Davi a Jeová permaneceu intacto, até a consagração do novo Templo.

Sabemos que o Grande Templo abrangia várias construções, além da Casa de Oração e do próprio Holocausto, onde estava a Arca da Aliança.

Nem o rei Salomão ou seus Sacerdotes iriam às novas construções para suas orações.

Mas Hiram Abiff, por não ser israelita, poderia, perfeitamente, fazer suas orações, quiçá a seu deus Dionísio, ou outra entidade; eis que não temos notícia de sua conversão ao judaísmo, dentro do novo recinto.

---

* É duvidoso que Hiram Abif orasse a Jeová, que não era seu deus.

O culto a Dionísio era praticado à noite, o que também nos cria certa confusão e embaraço.

Diz a lenda que justamente na véspera da colocação da última pedra, que significaria o término da obra, é que Hiram Abiff foi morto.

A lenda enfrenta certas contradições, como o fato de seu corpo ter sido, pelos três assassinos, ocultado sobre escombros que se encontravam dentro do Templo.

Isso teria sido impossível, pois não havia nenhuma possibilidade da existência de escombros, em face do fato já conhecido de que os materiais de alvenaria eram colocados devidamente acabados, ou seja, sobrepostos, pois o Templo de Salomão foi "armado" no local sagrado e não construído.

A personalidade de Hiram Abiff deve ser desvendada considerando o relato bíblico; portanto, o fato histórico deve ser comprovado; a lenda maçônica é, sobretudo, o significado esotérico ou espiritual.

A "Lenda de Hiram"

Em face da semelhança de nomes, originaram-se várias confusões, entre Hirao, rei de Tiro, Hiram Abiff e simplesmente Hiram, este filho de Hiram Abiff.

Com a finalidade de simplificar o assunto, adotamos para o rei de Tiro o nome de Hirão, eis que o nome vem escrito, consoante as diversas traduções, de modo diferente[*].

Segundo o relato bíblico, Hiram Abiff viveu até o ano 1003 a.C.

Embora o presente estudo fale, exclusivamente, sobre o Terceiro Grau, ou seja, sobre o Grau de Mestre do Rito Escocês Antigo e Aceito, lançaremos mão das referências sobre Hiram Abiff, contidas nos Rituais dos Graus Filosóficos.

A tradução do nome de Hiram Abiff, em hebraico, significa "pai de vida muito elevada".

A apresentação que o rei de Tiro fez a Salomão, a respeito de Hiram Abiff, o torna um célebre arquiteto, escultor, artífice exímio em toda a obra em ouro, prata, cobre, bronze e ferro; escultor em madeiras e pedras; hábil no trabalho em linho e tecido.

Segundo o relato bíblico, era filho de um tírio chamado Ur, casado com uma das filhas da tribo de Dã.

Há, também, dentro do próprio relato bíblico, referência de que seria da tribo de Naftali e que seria "filho de uma viúva", expressão, mais tarde, vastamente usada pelos maçons para no mundo profano designar a um maçom.

Pelas mensagens que Salomão enviou ao rei de Tiro, depreende-se que Hiram Abiff acompanhou a construção do Grande Templo,

---

[*] Como já foi dito anteriormente.

desde os seus alicerces e que a planta seria de sua inspiração, eis que sempre é denominado de arquiteto.

A adaptação do fato histórico à lenda deixa omissões muito duvidosas.

Pela descrição do evento trágico, quando Hiram Abiff foi assassinado, o Templo ainda não estava concluído, porém no relato bíblico Hiram Abiff entregou a Salomão a obra concluída.

A versão mais comum a respeito da lenda de Hiram Abiff é a seguinte:

Após organizados os obreiros em número de 153.600, Hiram Abiff, quando necessitava reuni-los em assembleia, batia com o malhete que portava em uma pedra apropriada e toda multidão silenciava. O Mestre fazia um gesto, traçando com o braço no ar um sinal e todos se agrupavam separados em quatro partes: Aprendizes, Companheiros, Mestres e os Chefes dos Oficiais.

A organização dos trabalhadores, portanto, abrangia também pessoal que hoje denominaríamos de membros de Graus Filosóficos.

As duas Colunas "J" e "B" eram destinadas a guardar as ferramentas, os instrumentos, as plantas da construção e o pagamento aos trabalhadores.

Devemos, aqui, fazer um parênteses e, usando do raciocínio, verificarmos que as Colunas "J" e "B" inicialmente eram simbólicas; somente mais tarde é que foram fundidas e colocadas no átrio do Templo.

Eram simbólicas porque não se poderia conceber uma Coluna que pudesse comportar as ferramentas e os instrumentos para 150 mil pessoas!

Quanto ao soldado, ou seja, ao pagamento, não era feita em moeda, ou em ouro, em forma equivalente, mas em espécies.

A Coluna destinada ao pagamento devia ser, logicamente, um "armazém", ou seja, um recinto muito espaçoso para comportar o trigo, o azeite e outros alimentos.

Por outro lado, o interior do Templo, em face das medidas conhecidas, não comportaria sequer a presença de todos os trabalhadores, quanto mais as ferramentas, os instrumentos e os pagamentos.

Ao término dos trabalhos, 15 Companheiros urdiam um plano para descobrir quais as ferramentas, os instrumentos, os sinais e os toques de reconhecimento do Grau de Mestre, porque, então, não só aufeririam maior pagamento passariam a pertencer à classe dos Mestres especializados, que tinham sob suas ordens os Companheiros e os Aprendizes.

Mesmo que a obra estivesse prestes a ser concluída, a vantagem do aumento do Grau lhes seria altamente favorável, pois, ao retornarem aos países de origem — eis que todos os trabalhadores eram estrangeiros —, seriam recebidos com deferência e obteriam a direção de trabalhos, eis que a fama da obra monumental do Grande Templo espalhara-se por toda a parte.

Dos 15 Companheiros, 12 desistiram do plano, porém três persistiram e arquitetaram seu maléfico intento, sem contudo preverem a possibilidade da morte de Hiram Abiff.

O nome dos três Companheiros não é uniforme nos Ritos que admitem a "Lenda de Hiram" e os autores não dão informações seguras dos motivos da diversidade.

Assim, temos: Sebal, Oterlut e Stolkin; Abiram, Romvel e Gravelot; Giblon, Giblas e Giblos; Hobbhen, Sterké e Austerflut; finalmente, JUBELAS, JUBELOS e JUBELUM.

Esses três últimos que adotamos dentro do Rito Escocês Antigo e Aceito seriam, também, irmãos de sangue.

Ao meio-dia, seja por tratar-se de hora de descanso, seja porque o Sol está no seu zênite, seja porque é considerada hora neutra e considerando que Hiram Abiff tinha o hábito de percorrer a Câmara do Meio para fiscalizar os trabalhos e para meditar sobre a responsabilidade que recaía em suas mãos, os três Companheiros postaram-se à entrada das três portas existentes.

Informam alguns autores e comentaristas que Hiram Abiff ao meio-dia recolhia-se ao Templo para fazer suas orações; isso obviamente não poderia acontecer, eis que o recinto ainda não havia sido consagrado como Templo, posto recinto sagrado, se considerarmos ter existido ali o Altar para holocaustos construído por Davi.

Jubelas colocou-se na porta Meridional, Sul ou meio-dia; Jubelos, na Ocidental, Oeste ou Ocidente; e Jubelum, na Oriental, Este ou Oriente.

Terminado seu mister, Hiram Abiff dirigiu-se à porta de saída Meridional, onde Jubelas lhe embargou os passos e tratou de convencer o Mestre a lhe proporcionar os meios para sua elevação ao Mestrado.

Hiram Abiff, porém, lhe respondeu que não poderia satisfazer o desejo de Jubelas, primeiramente, porque não havia ainda cumprido o seu tempo e depois porque só poderia dar-lhe sinais, toques e palavras de passe na presença dos reis de Israel e Tiro.

Aqui notamos que a organização do trabalho fora obra conjunta entre Hiram Abiff, o rei de Tiro e o rei Salomão e que, naturalmente, demandara muito tempo até ser posta em execução; também é possível que cada possuidor do segredo retivesse a terça parte das combinações de reconhecimento.

A importância da organização era tal que os três participantes haviam jurado jamais revelar o segredo, a não ser estando todos presentes.

Hoje, simbolicamente, temos as iniciações, as elevações e a exaltação, quando são ministrados os conhecimentos tidos como sigilosos aos maçons que passam de um grau para outro.

No tempo da construção do Grande Templo, após os longos anos de aprendizado, não só eram fornecidos aos trabalhadores as palavras, os toques e os sinais para recebimento de salário, mas, especialmente, os "segredos" do artesanato.

Artesanato porque não era permitido ruído na "montagem" do Grande Templo.

Jubelas, irritado, descontente, munido da régua de 24 polegadas, que de antemão se apossara, deu com ela uma pancada violenta na garganta do Mestre.

Existem objeto e motivo de encontrar Jubelas "armado" com a Régua de 24 polegadas, estudo que será oportunamente mencionado em um outro capítulo.

Jubelas, praticada a agressão, afastou-se evitando reação de parte de Hiram Abiff que, por sua vez, temendo a presença de algum companheiro de Jubelas, mudou de direção para sair pela porta ocidental.

Lá, foi surpreendido com a presença de Jubelos, que procedeu da mesma forma como o havia feito Jubelas e recebendo de Hiram

Abiff as mesmas ponderações e respostas, agora mais enérgicas; Hiram Abiff sentindo que seria agredido pela segunda vez esboçou um gesto de reação e pediu por socorro, usando de uma frase convencional; porém, Jubelos, desesperado, temendo ser preso, aplicou ao Mestre, com o Esquadro que segurava, um golpe, atingindo-o violentamente no peito na altura do coração.

Hiram Abiff, sentindo os efeitos dos dois golpes, já sem forças para gritar, cambaleante, em face da fuga de Jubelos, retrocedeu e dirigiu-se à porta Oriental na esperança de salvar-se.

Aterrorizado, encontrou Jubelum; este, notando o estado do Mestre, tratou de auxiliá-lo e maneirosamente obter o que desejava.

Hiram Abiff, notando que Jubelum manejava um Maço, o que era vedado introduzir dentro do Templo porque era instrumento ruidoso, percebeu que enfrentava outro agressor, impedido de fugir, tentou afastar o Companheiro, mas em vão, porque nada obtendo, aplicou-lhe um forte golpe na testa, prostrando-o morto aos seus pés.

Os três irmãos, reunidos imediatamente, em uma parte escolhida, verificaram seu fracasso e o funesto resultado de sua trama.

Cônscios de que o crime seria imediatamente descoberto, pois os trabalhadores poderiam, de um momento para outro, penetrar no recinto, ergueram o corpo do Mestre e o esconderam.

Aqui, a descrição diz que os assassinos esconderam o corpo de Hiram Abiff sob escombros; escombros que estariam dentro do recinto, o que não poderia acontecer, seja porque a obra se encontrava concluída, seja porque não seria admissível a existência de escombros no recinto sagrado.

O Templo, como dissemos anteriormente, fora "montado", eis que todo material fora, previamente, preparado fora do espaço da construção.

O que se pode supor é que os assassinos, simplesmente, esconderam o corpo até à noite, quando ninguém mais poderia surpreendê-los.

À noite, os assassinos envolveram o corpo de Hiram Abiff em um pano negro e o carregaram para fora de Jerusalém, para o Monte Moria, onde o enterraram. Para marcar o local, plantaram aos pés do improvisado túmulo um grosso ramo de acácia, arrancado das proximidades.

Na manhã seguinte, a ausência do Mestre foi notada; os 12 Companheiros que desistiram da trama começaram a comentar a possível morte de Hiram Abiff.

A notícia chegou de imediato aos ouvidos do rei Salomão, que determinou buscas rigorosas e a presença dos 12 Companheiros; estes, calçando suas luvas e aventais, como prova de inocência, confessaram o que sabiam, dando os nomes dos culpados.

Como prova de arrependimento e lealdade, o rei Salomão, incumbiu os 12 Companheiros de descobrirem o corpo de Hiram Abiff, os quais após cinco dias de infrutíferas buscas retornaram desolados.

Fez, então, o rei Salomão partir 9 Mestres, que se dividiram em grupos, seguindo diversas direções, omitindo a região Norte.

No segundo dia de busca, no alto do Monte Moria, extenuados pela fadiga depois de longa caminhada, o mestre de nome Stolkin sentou-se para descansar, encostando-se em um arbusto, o qual, não resistindo ao seu peso, inclinou-se. Verificou Stolkin que naquele local a terra parecia recém-revolvida.

Imediatamente, chamou a atenção dos seus companheiros e juntos escavaram o local, encontrando o cadáver que presumiram, imediatamente, ser do mestre Hiram Abiff.

Aflitos, repuseram a terra no lugar e às pressas foram comunicar a descoberta ao rei Salomão.

*
* *

Aqui, apresentaram-se duas versões: uma é a descrita anteriormente, quando os próprios assassinos marcaram o local com um ramo de acácia; a segunda, porém, diz que foram os Mestres que descobriram o túmulo e marcaram o local com um ramo de acácia, para não perderem a localização quando de seu retorno.

Diz a lenda que o cadáver de Hiram Abiff fora enterrado no cume do Monte Moria, local sem vegetação em face do solo apresentar-se rochoso, sem muita terra.

Difícil seria a descoberta de uma pequena porção de terra removida com a primeira versão, aproveitando o mesmo Stolkin a sombra do ramo de acácia, para descansar, apresenta-se o quadro mais verossímil.

O ramo de acácia, considerando-se a morte de Hiram Abiff como um sacrifício, como veremos mais adiante, poderia significar uma crucifixação; logo, simbolicamente, os assassinos, ao colocarem o ramo de acácia aos pés do túmulo, estariam colocando o símbolo da Cruz.

Os Mestres não poderiam fazê-lo, porque não fora pelas suas mãos consumado o sacrifício.

*
* *

O rei Salomão, que já sentia em seu coração a dor pelo infausto acontecimento, não teve nenhuma dúvida de que o achado macabro seria efetivamente de seu grande amigo e colaborador Hiram Abiff.

O rei Salomão, perfeitamente a par do plano dos assassinos, temeroso de que Hiram Abiff pudesse ter revelado, antes de morrer, a Palavra Sagrada, os Sinais e os Toques, os considerou perdidos e determinou aos Mestres, que foram remover o cadáver para trazê-lo a Jerusalém, que anotassem as primeiras palavras a serem pronunciadas, as quais passariam a ser, daquele momento em diante, em homenagem a Hiram Abiff, os novos, palavras de passe, sinais e toques.

Foram todos os Mestres disponíveis ao Monte Moria, revestidos com suas insígnias e muito emocionados para cumprir as ordens do rei Salomão.

Calçadas as mãos com luvas brancas e todos munidos de avental — as luvas obviamente em face do estado de decomposição de Hiram Abiff, após nove dias de morte —, os Mestres afastaram a terra e retiraram o pano que envolvia o corpo.

Vendo o estado em que se encontrava o corpo de Hiram Abiff, com o ferimento em sua testa, os Mestres não deixaram de fazer um gesto de horror!

Todos exclamaram, ao tentarem erguer o corpo: "A carne se desprende dos ossos", que em sua linguagem hebraica foi: M.:A.:.

Um dos Mestres procurou levantar o corpo, segurando o índice da mão direita do cadáver pronunciando a palavra B.: sem conseguir o seu intento, pois o braço caiu inerte ao longo do corpo.

Um segundo Mestre, segurando o polegar da mesma mão, pronunciou a palavra J.: — sem conseguir resultado algum.

Então, um terceiro Mestre, segurando o punho da mesma mão, formando uma garra com a mão do cadáver, colocando sua mão esquerda por cima da espádua direita do corpo de Hiram Abiff, o ergue do solo pelos "cinco pontos de Mestre", dizendo aflito: M.: M.:.

Conseguiu assim erguer o cadáver que foi pelos demais colocado em um esquife e conduzido para Jerusalém.

O rei Salomão tributou faustosas pompas fúnebres fazendo inumar o cadáver no próprio recinto do Templo.

*

* *

O sociólogo francês E. Martin Saint León[41] apresenta assim a Lenda de Hiram:

"Três aprendizes, Holem, Sterkin e Horterfut, alimentando ciúmes contra Hiram Abiff e revoltados porque o Mestre os havia repelido na pretensão de atingir o Mestrado, decidiram obrigá-lo a lhes revelar a Palavra de Passe daquele grau, ou a assassiná-lo.

Esperaram-no na saída do Templo, onde ele trabalhava até a noite; Holem, armado com um Martelo, ocultou-se ao lado da porta do Sul; Sterkin com uma Régua nas mãos escondeu-se próximo à porta do Ocidente; Horterfut, com uma Alavanca, aguardou o Mestre junto à porta do Oriente.

Hiram apresentou-se, como era de seu hábito, à porta do Ocidente, onde Sterkin, assassino infame, quis constrangê-lo a lhe revelar seu segredo.

Hiram negou-se dizendo: "Recebi meu segredo através da minha sabedoria e do meu talento; esforçai-vos de proceder igualmente e vos asseguro que alcançareis". Sterkin golpeou o Mestre nas costas com a Régua.

---

41. E. Martin Saint Léon, Le Compagnonnage, Paris, 1901, *in Revista Massônica*, vol. LVIII. Órguo do Grande Orieste de Itália — Roma.

Hiram fugiu em direção à porta do Sul, onde Holem lhe dirigiu a mesma exigência e em face da negativa lhe aplicou um golpe com o Maço.

Hiram Abiff esperava encontrar passagem livre através da porta do Oriente, mas encontrou Horterfut, que o esperava e, não tendo podido lhe arrancar a Palavra de Passe, qual traidor, matou a Hiram Abiff com um golpe de alavanca.

Os três assassinos esconderam o cadáver de Hiram Abiff sob os escombros existentes no local.

À noite retornaram ao local e transportaram o cadáver até um lugar ermo, onde cavaram três sepulturas: uma para o cadáver, a segunda, para as vestes e a terceira para o bastão que Hiram Abiff sempre carregava consigo; era um junco marinho.

Um ramo de Acácia foi plantado sobre a primeira cova.

Os subalternos de Hiram Abiff, de imediato, notaram sua insólita ausência. Nove Companheiros iniciaram as buscas e guiados por um "fluido" encontram o ramo de Acácia, a terra removida e, sob esta, o corpo.

A Palavra de Passe foi trocada e informado o rei Salomão, que deu ordem a todos os Companheiros para que raspassem as barbas, cortassem os cabelos e se colocassem aventais brancos, feitos com peles de cordeiros em sinal de luto e que pusessem luvas brancas para indicar sua inocência pelo assassinato.

Hiram Abiff foi sepultado em um túmulo de cobre, largo três pés, com a profundidade de cinco pés e de sete pés de comprimento; foi colocado um triângulo de ouro e nele a inscrição: A.: G.: D.: G.: A.: D.: U.:

Colocaram uma medalha triangular onde fora inscrito o nome de Jeová.

Sobre um terceiro triângulo foram gravadas as letras "S.: U.: e G.:", que significam Sabedoria, União e Gomes.

"Gomes" seria a primeira palavra que o primeiro homem (Adão) teria pronunciado.

Sobre a orla do túmulo, liam-se estas palavras: "Noria", "Sterkin", "Hiram" e mais: "Mac-Benac".

O local foi denominado de Campo "Cros", ou Campo "Larmes".

Faltava, porém, descobrir os assassinos, que se haviam denunciado pela própria fuga.

O primeiro assassino, Holem, foi entregue por Perpingnan, onde fora buscar refúgio; foi decapitado e seu cadáver embalsamado e exposto ao público.

Seis meses depois, Bengabel, intendente do rei Salomão, descobriu que os restantes assassinos haviam se refugiado junto ao rei de Gepts, de nome Maaco.

Foram enviados cinco companheiros para prendê-los, porém os assassinos conseguiram fugir, pouco depois, descobertos no local denominado Bendicar.

Presos, com cadeias, foram reconduzidos para Jerusalém, onde foram amarrados a dois troncos, pelos pés e pescoços e com as mãos amarradas nas costas.

Foram-lhe abertos os corpos e expostos durante oito horas ao Sol.

Finalmente, à noite, o rei Salomão mandou decapitá-los e colocar suas cabeças junto a de Holem. Os restos foram atirados para pasto dos animais selvagens.

Os "Assassinos"

Para o Rito Escocês Antigo e Aceito, os "assassinos" de Hiram Abiff foram Jubelas, Jubelos e Jubelum.

Aparentemente, os nomes sugerem uma declinação de nome latino, mas a raiz desse nome em hebraico é "YUBEL", que significa "rio" ou "sinal", que pode ser traduzido literalmente como "corrente da Vida e dos interesses materiais".

Os três "assassinos" constituem, obviamente, um símbolo, pois, tratando-se de uma lenda, os personagens também são mitológicos.

A diferenciação dos nomes, terminados em "as", "os" e "um", é apenas empregada como individualização das ações, porque o crime foi cometido apenas por uma entidade: a destruição.

Cada "assassino" isolado representa um estado de espírito, obviamente, negativo.

A Ignorância, o Fanatismo e a Ambição.

São os Filhos da Putrefação, oriundos de um mesmo "ventre", tendo por pai uma mesma origem.

Simbolicamente, as "forças do mal" ficaram reduzidas a três estágios.

Inicialmente, temos 12 participantes de um *complot*; a retirada, por desistência, dos primeiros nove não lhes tolhe a responsabilidade, eis que cometeram o crime de "omissão"; seu dever era o de abortar a conjura e revelar a trama para que o sacrifício fosse evitado.

Para melhor entendimento, assim sucedeu com os 12 Discípulos de Jesus; todos sabiam que um deles haveria de ser o traidor, pois, durante a Santa Ceia, Jesus dissera que quem o haveria de trair tinha as mãos sobre o prato.

Todos advertidos, porém, ninguém tomou a iniciativa de subjugar a traição.

Foram todos, portanto, participantes do sacrifício.

Os 12 Companheiros "arrependidos" simbolizam todos os que permanecem inertes diante do descaso, do comodismo, da rotina, tolerância abusiva, insensíveis sobre o que pode advir de seu marasmo e indiferença.

Jubelas representa a Ignorância; para o ignorante, o grande desperdício é a cultura; sempre encontra palavras para menosprezar aqueles que julga pedantes e sofisticados.

Jubelos representa o Fanatismo, que é o exagero de uma qualidade estimulativa; segue cegamente o que, por ignorância, julga acertado; o fanatismo é cego.

Jubelum representa a Ambição; sem meios e qualificações para subir e elevar-se qualquer meio é justificado para a obtenção do almejado.

Os Irmãos Jubelos representam os inimigos "de dentro" da Instituição. Não são estranhos, e sim os mais próximos.

Em uma autocrítica encontraram-se capacitados e "dignos" a receberem o Mestrado. É o desejo de atingirem a meta por meio do esforço alheio.

Os Instrumentos usados para a destruição, por ironia da sorte, foram os mesmos destinados à construção.

Muitos possuem esse dom negativo, o de, através dos meios para construir, destruir.

O crime cometido tem sentido astronômico.

Devemos nos deter que o evento ocorreu no Oriente, três meses antes do advento do Solstício de Inverno.

Os 12 Companheiros participantes do *complot* representam as 12 horas do dia, bem como os 12 meses do ano.

Cada um dos 12 cumpre a sua parte, por predestinação; parte preparatória, de recuo e de concretização.

Enquanto os primeiros nove Companheiros retrocedem, os três últimos prosseguem no seu trágico propósito; ao terceiro golpe, o Mestre sucumbe, simboliza o dia agonizante, sobrevindo a noite.

Também é simbólica a busca que nove Irmãos empreendem para a localização do corpo do Mestre; seu trabalho é realizado à noite, mas só os três últimos, ao raiar do dia, descobrem a tumba.

Sucumbindo o ano, iniciado o Solstício do Inverno, a morte do Verão simbolizava as dificuldades que sobrevirão, antes do surgimento da Ressurreição.

Nove meses durou a perseguição aos três "assassinos"; estes se ocultam ao Sol; encontram-se no inverno de suas vidas, na fase mais difícil.

Sua fuga é do Oriente para o Ocidente, obedecendo o caminho da Elíptica; regressam para o Oriente em busca do Sol desaparecido, sua vã esperança de salvação.

Na busca, por sua vez, os três Mestres, que se dirigiram para o Ocidente, foram os que encontraram o Sol, ou seja, o Mestre.

As "armas" usadas pelos "assassinos" simbolizam, por sua vez, astronomicamente, a diminuição das horas, simbolizada pela Régua das 24 Polegadas; o Esquadro representa a "Linha Solsticial"; a rigidez fria, destruidora da temperatura com a ausência do Sol é simbolizada pelo Maço.

Assim, morre, junto a Hiram Abiff, simbolicamente, o Ano; e o Inverno que dificulta e torna mais penosa a busca.

A busca, envolta em luto e tristeza, é fria e escura; a Aleluia da Ressurreição será o início da Primavera.

O Sepulcro

Dentro da Lenda de Hiram Abiff nos defrontamos com três Sepulcros: o primeiro quando os assassinos esconderam o corpo do Mestre sob escombros; o segundo quando transportaram seu corpo e o enterraram no Monte Moria, assinalando o local com um ramo de Acácia; o terceiro, quando Salomão determinou a exumação e exéquias pomposas, colocando o corpo dentro do Templo em túmulo condigno.

A primeira fase simboliza a tragédia imprevista, desorganizada e provisória; a segunda, a fase oculta, do mistério e trevas; a terceira, a exteriorização da Morte, a liturgia e a glorificação.

A reação do homem diante da morte é confusa, imobilizando-o e aterrorizando-o.

A confusão, a paralisação e o terror são os atributos externos da Morte.

Os três assassinos não desejavam a morte do Mestre; queriam apenas extorquir-lhe o segredo.

Este foi o motivo vital de sua funesta ação.

Sempre o desconhecido é atração; o homem deseja saber e não se detém diante de nenhum obstáculo até atingir a satisfação de seu desejo.

O segredo da Vida, obviamente, está na Morte. A Morte, disse o Poeta, não é o fim, mas o princípio de tudo. O homem, e isso é genérico, não escapando nem o Maçom, não sabe reagir à Morte.

Devemos, para compreender seu aspecto, distinguir entre o evento fatal por nós presenciado e quando esse evento nos atinge.

A presença da Morte de um ente querido com toda a sua gama triste de separação e desorganização familiar e social nos atinge profundamente; porém, com o passar do tempo, reagimos e aceitamos o fato como condição da Natureza. As reações são diversas, porém o tempo ameniza a dor; há o conforto recebido dos amigos e a mútua consolação.

Qual, porém, a reação individual quando a Morte nos atinge na própria carne?

Pondo de lado o discutível esclarecimento que nos fornece o "espírita" dentro de suas concepções metafísicas e mesmo do que as Religiões nos informam, mormente, a Cristã, o assunto, ainda e sempre está envolto, em mistério.

Não conseguimos um contato real e convincente com pessoas "desencarnadas", isto é, com os que morreram.

O que sabemos nos chega pela tradição, pelo testemunho de terceiros; resume-se, pois, o nó górdio da questão na capacidade que cada um de nós possa ter de aceitar ou rejeitar tais notícias.

Sobre as reações diante da Morte alheia, não há nenhum mistério ou segredo para perscrutar.

Porém, sobre a nossa própria morte, muito se há ainda de dizer.

Experiências recentes, não tanto científicas, mas muito jornalísticas, nos informam que entrevistadas dezenas de pessoas que passaram por uma "morte cardíaca" e "ressuscitadas" por meio de massagens no coração ou outros meios médicos, todas, sem exceção, relatam os mesmos fenômenos: certos estados de fantasia, com situações estranhas, porém, sempre, dentro de um conceito humano, do que já sabiam; repetições a respeito de viagens por lugares desconhecidos, mas terrenos.

Ninguém teve "encontros" com seres "angelicais" ou foram transportados para locais "extraterrenos".

Essas pessoas que tiveram uma Morte clínica, se não atendidas com urgência, obviamente, não retornariam a si e os seus corpos se decomporiam.

Que pensar e dizer sobre os futuros descongelamentos de pessoas que aguardarão um tempo indeterminado, na espera da cura de suas enfermidades fatais?

Quando acordadas, reavivadas, o que nos dirão? Terá sido uma suspensão de suas atividades volitivas ou os seus pensamentos terão buscado outras zonas desconhecidas?

Por mais que os filósofos sonhem em definir essas questões, a prudência nos determina a aceitarmos a Morte como fator real, fatal e definitivo.

Todos nós nos perguntamos o que faríamos diante da Morte; em um sentido geral, cada um de nós passou por perigos tais que a Morte esteve bem próxima; estas são experiências preliminares que suscitam profundas meditações; pessoas que não levavam a Vida a sério, após a passagem de um grande perigo, transformaram-se e passaram à Grande Busca!

A Maçonaria, por crer, e isso é um dos seus princípios imutáveis, em uma Vida Futura, preocupa-se no preparo de seus filiados diante do que todos afirmam ser o imprevisível, mas que é justamente o que deve ser previsto.

O que dá insegurança, fugas, depressões é o avançar dos anos, a sedimentação, velhice e fragilidade do organismo, porque a Morte, realmente, se aproxima.

O consolo do desenlace permanente é buscado nas religiões, mas estas, hoje, se apresentam vazias de realidade; são promessas de um severo castigo para aqueles que não souberam manter um comportamento social, pelo menos, na aparência.

É o farisaísmo externo; é a arte de ocultar os próprios desvios e "pecados"; a encenação exterior da criação boníssima, caritativa que semeia ao seu redor, com palavras belas, um ambiente santificado.

A grande maioria busca fora de si a resposta de sua curiosidade.

Enterra, apressadamente, sob os escombros do que foi a sua Vida, o seu próprio corpo e sai em busca de auxílio, na calada da noite, porque ainda tudo é trevas para si.

Esse é o sepulcro da ignorância, do medo e do desespero.

Aparece, então, o segundo momento.

Faz-se necessário entregar o que é considerado sagrado, o seu corpo, a um Sepulcro definitivo.

A convicção da Morte já não é um pecado mas uma realidade; mais tranquilo, o "indivíduo", porque ainda não houve a harmonização com o Ser Supremo, trata de seu corpo físico com respeito e veneração; há então o traslado de seus restos, para um lugar elevado, e os deposita dentro de uma cavidade, junto à Natureza: devolve-o à Terra, que em seu seio saberá cumprir e completar sua missão.

Um ramo de Acácia, porém, é colocado sobre o Sepulcro.

A Acácia é um anúncio; é o substituto da lápide, onde deveria estar escrito: "aqui jaz...", na longa jornada fria do inverno espiritual, quando o Sol já não brilha, encontra-se o local devidamente marcado, para que no dia da "libertação" atue como Luz e indique: "aqui estou Eu, não esqueçam!"

O Maçom aguarda a chegada do rei Salomão que, com sua "garra", o erguerá do sepulcro.

O rei Salomão está incessantemente chamando por nós, embora não o ouçamos.

No Cristianismo é a voz do Bom Pastor que chama o seu rebanho; nós fazemos ouvidos de surdo; não queremos ouvir.

O sepulcro, todavia, não é definitivo, e o ramo de Acácia é a prova; ninguém esqueceu o local onde o Maçom jaz inerte; ele não o percebe, mas a Corrente da Fraternidade, que é Universal, mantém-se coesa e alerta.

O erro dessa insegurança, do desconhecido, do terror está na concepção que o indivíduo tem da Morte e na relativa pouca importância que dá a si próprio.

Já é vulgar que o homem é constituído de duas partes: a exterior, física e sensitiva, e a interna, que é mística e espiritual.

Se, enquanto vivos, nós "sentimos" a existência dessa parte interna, é claro que após a "desencarnação", ou a perda da parte exterior, continuaremos sentindo, da mesma forma, a existência de nossa parte interior.

Aqui está a mecânica a que devemos nos ater e desenvolver, para que possamos nos conscientizar de que somos "imortais"; portanto, é a imortalidade o segredo de nossa existência.

Vamos esperar a Morte para nos dedicarmos à busca da Imortalidade?

Devemos saber que, embora nos creiamos "vivos", nos encontramos sob "os escombros" da ignorância; todos aqueles que "não têm tempo", por muito ocupados e preocupados em juntar valores materiais e conservar uma aparência faustosa social, já se encontram há muito tempo "assassinados" e soterrados sob "escombros", dentro do primeiro Sepulcro de sua Vida.

Do primeiro Sepulcro, precisamos ser livrados; não será o esforço físico individual, porque este já não atua, mas será com o auxílio das forças "internas", do que é Imortal em nós, que nos conduzirá para o segundo Sepulcro, onde o ramo de Acácia marca o local.

Nesse segundo Sepulcro, nosso corpo material está preservado; a vida vegetativa prossegue, porque o corpo ainda não está putrefato.

Inexplicavelmente, então, nossa Tumba é descoberta; o ramo da Acácia conduziu até o local aqueles que nos procuravam.

Ninguém é só; o Maçom não é elo isolado da Corrente; todos os seus Irmãos participam da busca e não descansam enquanto não nos encontram.

É preciso crer na força da União, no amor da Fraternidade, no cultivo da espiritualidade.

Este trabalho que aqui é descrito com palavras comuns é silencioso e místico.

Toda liturgia do descobrimento do segundo Sepulcro e da difícil retirada do corpo, já em princípio de decomposição, ou seja, em "putrefação", faz parte da "Lenda de Hiram Abiff", que é a lenda de cada um de nós.

Essa ressurreição misteriosa e incompreensível simboliza que o Homem, no caso, o Maçom, penetrou, finalmente, dentro de si mesmo e descobriu que é um Ser Imortal!

A ressurreição é de "dentro" para "fora", assim como é a retirada do corpo: de dentro do Sepulcro para fora.

O mergulho que o indivíduo dá dentro de si mesmo constitui em um banho de Luz, onde encontrará todas as "parcelas crísticas" e "divinas" de seus Irmãos; encontrará uma multidão, uma comunidade coesa e organizada.

É a Comunidade dos Escolhidos, daqueles que cultivam a Imortalidade e que se aproximaram, realmente, do Grande Arquiteto do Universo.

O indivíduo que penetra em si mesmo não se isola jamais, mas encontra sua Família.

E pensar que há homens que fazem de suas vidas uma mera rotina e que se sentem isolados, sós, deprimidos e em tédio.

Homens que buscam o consolo para suas aparentes mágoas fora de si, porque não "enxergam" que dentro de si lhe espera ansiosamente a multidão de Irmãos que tentam, por todos os meios, um contato real com o Filho Pródigo!

O Pródigo que fugiu da casa paterna e não encontra coragem para regressar e conscientizar-se de que na casa de seu Pai, que está dentro de si mesmo, há muitas moradas...

Logo que o Mestre sai do segundo Sepulcro é colocado com toda pompa no terceiro e definitivo Sepulcro.

Ali será depositada sua Vida, o resultado de suas ações, sua participação na Sociedade. Os frutos de seu trabalho e ele, liberto, imortal, encontrará o verdadeiro significado da Vida na harmonia do convívio com seu Arquiteto, que é Grande e Supremo.

O terceiro Sepulcro é a moldura de uma Vida realizada, de alguém que deixou seu nome evidenciado pelas obras que efetuou; passou pela Vida e a aproveitou para beneficiar os que dela participaram; aquele que foi bom pai, filho exemplar, marido fiel; o amigo que deixou saudades e foi pranteado. Nome que não se esquece e que foi um marco em toda trajetória.

"Salomão", o poder da mente, é quem propicia o terceiro Sepulcro, pois se trata de uma posição mental; a sabedoria, coroando a Vida daquele indivíduo que foi centro de atração.

"Hiram Abiff" que foi o exemplo de sua Vida, qual Cristo a sacrificar-se para a Redenção do Maçom, com seu simbolismo trágico e ao mesmo tempo glorioso.

"Hirão de Tiro", quem proporcionou os meios materiais para a construção do Templo, externa e internamente.

São os três reis, ou melhor, os três "canais" através dos quais a Vida se manifesta.

Cada um de nós se preocupa com a satisfação dos desejos primários de seu corpo, sem cuidar que existe o poder latente e terno, uma Verdade desconhecida.

Desconhecida, porém real.

O caminho que o Filho Pródigo deve percorrer, em seu retorno, é sempre de sacrifício e pela estrada que se chama Morte.

Quando julga que vagou longos anos pela estrada larga do prazer e da satisfação na realidade encontrava-se em uma região de sombras; ao bater à Porta, que o deixa entrar dentro de sua Alma, é recebido pelo Pai que se rejubila e promove festejos junto à Família porque seu filho predileto retornou.

E o caminho desse retorno é um só: o da Morte.

Ao abrir a Porta de seu próprio Ser, o Filho Pródigo passa a espargir Luz; é o seu "postmortem".

Quando o Mestre descobre que a jornada terminou e que a construção acabou, porque ela era a última "Pedra" que faltava, passa a descobrir que penetrou na Realidade e que aquilo significa a Vida Verdadeira e sente-se liberto.

O ciclo da vida terrena terminou; as pontas do Compasso encontram-se sobre o Esquadro.

Seus cinco sentidos que cultivava durante longos anos começam uma nova função; passam a participar do convívio de uma Família real; é a Vida Celestial.

Alguém, então, toma o Neófito pela mão e o conduz a um Altar onde, sobre uma placa triangular do mais fino metal, está escrita a Palavra Perdida.

Para colocá-la em algum lugar, que em nossa linguagem seja acessível, a Palavra Perdida está dentro do coração de cada um de nós.

Essa "imersão" para dentro de si mesmo, paradoxalmente, não constitui um enclausuramento limitado pela matéria, mas um mergulho dentro do Infinito.

Entrar para poder voar com os seus sentidos do tato a páramos jamais imaginados, sem limitações; distâncias inenarráveis que não separam, mas unem os Mundos Ignotos e as Verdadeiras Criaturas; sons musicais percebidos através de seus ouvidos espirituais; belezas que são compostas de equilibradas vibrações do belo e da graça; banquetes espirituais; néctares que seus sentidos do olfato e gosto passam a perceber e a usufruir.

A era da libertação; a "Grande Libertação", concluída a longa busca!

Esta é a concepção filosófica do Terceiro Grau para a Morte e a Vida.

Os homens visitam os Sepulcros, alguns denominados de Santos Sepulcros que contêm a matéria inerte de sábios e deuses.

Para melhor compreensão, o Santo Sepulcro Cristão, onde a tradição indica ter sido depositado o corpo de Jesus, o Nazareno.

Os lugares santos, da Gruta de Belém, do Jardim das Oliveiras, do Monte Gólgota, são de peregrinação; corações contritos, para o contato com a mística; o ambiente sagrado, pleno de superstições, na busca ansiosa do encontro com a Verdade.

Passam-se os séculos e os Santos Sepulcros permanecem como marcos desse fracasso dos Vivos; aparentemente vivos.

A sábia lição da "Lenda de Hiram Abiff" é ponto central dos ensinamentos do Rito Escocês Antigo e Aceito.

Ultrapassados os Graus Simbólicos, teremos, ainda, muita novidade nos Graus sucessivos; a complementação para uma exata compreensão.

Infelizmente, nem todo Maçom dispõe de ânimo suficiente para penetrar nos mistérios da Iniciação. São os portadores das lâmpadas das Viagens Imprudentes mencionadas na Parábola Evangélica, que aguardavam a vinda de seu Senhor, sem a preocupação do reabastecimento periódico de suas lamparinas.

Chega o Senhor, é gasto o azeite, e na escuridão não são percebidas e perde-se a oportunidade.

Existirá uma segunda oportunidade?

A metempsicose, ou reencarnação, existirá? Será uma discussão acadêmica ou real?

A verdade, que às vezes surpreende, é que a prudência ensina a não se perder a oportunidade, já que nas Lojas Maçônicas o ensino é gratuito, liberal, insistente, na busca de conceitos acessíveis, observem os maçons as lições sábias dos Rituais.

Sejamos, portanto, dentro do simbolismo da Trilogia Sepulcral, o Neófito a ocupar o Sepulcro triunfal, e não como é apresentado na linguagem bíblica: um sepulcro negro, caiado de branco...

A Igreja das Catacumbas

Na cidade Eterna, Roma, vamos encontrar, ainda hoje, o testemunho vivo e arqueológico das Catacumbas, onde os cristãos primitivos buscavam às ocultas glorificar a Deus, reavivando os ensinamentos de Jesus, o Cristo, a quem aceitavam ser Filho de Deus.

Aparentemente, hoje, as Catacumbas são o depósito de corpos e ossos dos cristãos e meramente um elemento a mais dentro da ciência arqueológica, esquecendo-se muitos que as Catacumbas, inicialmente, não foram cemitérios mas Igrejas.

Em um museu, em Roma, existem duas lápides toscamente esculpidas onde foram gravados símbolos cristãos: um barco navegando em direção a um farol.

Une os dois símbolos uma palavra: "AOPATA", que significa "as coisas invisíveis", e que podemos interpretar como o mistério da morte, para aqueles que acreditam em uma vida futura.

A partida sacrificada de Jesus, prevista por Ele próprio com antecedência, pôde preparar os que o seguiam: "Não se perturbe o vosso coração. Tende fé em Deus e tende fé em mim. Em casa de meu Pai há muitas moradas. Se assim não fosse, vô-lo teria dito. Eu vou para vos preparar um lugar. Depois de partir e preparar-vos um lugar, voltarei e vos levarei comigo, para que vós estejais onde eu estou. Aonde vou? Conheceis o caminho".[42]

"AOPATA", "as coisas invisíveis" no sentido físico, com a Igreja nas Catacumbas, escondidas no ventre da Terra, nos sepulcros; no sentido espiritual, os corpos ressurrectos em direção a um "lugar", o "Logos", no mistério mais profundo de todos os tempos, na valorização da morte.

"Aonde vou?", "vós conheceis o caminho".

---

42. Evangelho de São João 14: 2-4.

O caminho que conduz ao "lugar", caminho "AOPATA", é aquele através do sacrifício.

"O que de Deus se pode conhecer, bem o conhecem eles; Deus lho manifestou. Com efeito, desde a criação do mundo, pode a inteligência contemplar-lhe visivelmente nas obras o ser invisível: o seu eterno poder como a sua divindade."

O "Ser Invisível" faz parte das "Coisas Invisíveis" "AOPATA", o vocábulo grego por excelência.[43]

"Por isso é que não desfalecemos. Embora se destrua em nós o homem exterior, o interior se renova, de dia para dia. Porquanto a ligeira tribulação que de presente sofremos merece-nos um tesouro eterno de glória incomparável, contanto que cravemos o olhar, não nas coisas visíveis, mas nas invisíveis, pois o visível dura pouco tempo, ao passo que o invisível é eterno.[44]"

Os sentidos comuns, incluído o da visão, só podem contemplar as coisas visíveis.

Tomamos, aqui, o termo "visível" no sentido material comum, profano.

O termo "invisível" nos diz de perto com a Vida Permanente; o sentido da visão "espiritual", ou seja, a denominada "terceira visão", aquela que "enxerga além do comum", do visível; a Igreja das Catacumbas tem um sentido místico, pois o "culto" era praticado dentro de um complexo de símbolos mortuários. Câmara de Reflexões seria apenas para melhor compreensão dos maçons.

A segunda lápide desse museu mostra a figura de uma mulher morta entre dois candelabros, colocada defronte do limiar do Reinado Celestial.

"Uma lâmpada tu me colocaste à direita e à esquerda, assim que nada há em mim que não seja Luz.[45]"

A Vida Eterna é em Luz, posto que o caminho que a ela conduza seja de trevas.

O mistério da Luz e da ausência da Luz, ou seja, o dualismo da Luz e Trevas, tem sido pouco compreendido, porque todos nós queremos a Luz, mas todos fogem das Trevas, por temor e por ignorância.

---
43. Romanos 1: 20.
44. II Coríntios 4: 18.
45. "Odes de Salomão". L. Ondelli — 1914.

A Igreja das Catacumbas, embora subterrânea, no ventre da Terra, às escuras, era iluminada por essa Luz "AOPATA".

Os restos mortais daqueles "santos"[46] ficaram como relíquia; comprovação de que a matéria pode permanecer nas trevas porque não representa nenhuma importância; torna-se irrelevante, diante da "promessa" de uma vida "iluminada" permanentemente.

Temos uma frágil ideia da Igreja das Catacumbas, pois a interpretação genérica é de que assim providenciariam em face das perseguições do Estado Romano; porém, penetrando mais a fundo, sentiremos a necessidade de um comportamento mais real, mais próximo da pregação evangélica.

A segunda fase, com a participação do imperador Constantino, é a da Igreja das Basílicas, com o seu culto externo e visível.

Assim, a Igreja Invisível fenecia enquanto a Igreja da opulência iniciava sua jornada materialista e repleta de vaidades!

Na Maçonaria ocorreu quase posição igual, pois, nos tempos idos, a Ordem mantinha-se "invisível", enquanto hoje temos festividades públicas a que compareçem Irmãos paramentados!

A Igreja visível não pôde deixar de se preocupar com o aperfeiçoamento da vida dos seus membros.

A moral substituiu a "palavra de fé"; o viver em sociedade harmonicamente substituiu a "vida comunitária" primitiva.

Roma contribuiu de forma definitiva para a conservação de uma Igreja que se intitulou Cristã.

Com Constantino, Tertuliano e todos os demais imperadores "cristãos", com vários recessos, por exemplo, o perseguidor Valeriano, a Igreja saiu das Catacumbas e, sob a proteção do Estado, evoluiu; posteriormente, com o prestígio dos Papas, continuou a Igreja a ser sustentada, sempre por Roma; por isso Roma dos Papas.

As Catacumbas, com o beneplácito dos Imperadores cristãos, transformaram-se em cemitérios cristãos; essa medida visava a "isolar" os mortos cristãos dos pagãos, por dupla finalidade; os pagãos não desejavam ser enterrados ao lado dos cristãos e vice-versa, era uma política de casta, como hoje, aliás, ainda ocorre com o povo judeu que possui seus próprios cemitérios.

---

46. Os participantes da Primeira Igreja.

A segunda lápide, portanto, se referia a uma "Luz invisível" e não àquela que ilumina através da chama de uma vela.

A Igreja "perdeu", desde que saiu das Catacumbas, seu primitivo sentido e significado.

Esse trabalho não diz respeito à história das Catacumbas, mas apenas uma dissertação em torno de aspectos comuns, para que possamos compreender o significado de um "túmulo", para o Grau de Mestre.

Hiram Abiff passou a ser a "relíquia" maçônica, dentro da mesma concepção cristã, porque o "mistério cristão" perdera-se ao surgir a Igreja visivelmente.

O culto da "ideia" é original, porque traz em si o mesmo conceito hebraico de um Jeová invisível, cuja invisibilidade constitui o jogo sempre misterioso entre a Vida e a Morte.

O "corpo" de Hiram Abiff, para o Mestre Maçom, tem o significado arqueológico do "corpo preservado", como símbolo da existência do visível, para valorizar, cada vez mais, o Invisível.

A Igreja fez do fato arqueológico que constitui o "corpo" de São Pedro o mito visível de um culto necessário para robustecer a "fé cristã".

Duas grandes estradas conduziam, na Idade Média, os peregrinos ao sepulcro de São Pedro. Uma seguia o traçado da "Via Triunphalis", surgia da parte externa de Roma e desembocava na praça defronte à Basílica; a mesma avenida que os franceses percorriam e que por tal fato recebera o nome de "Ruga Francisca"; a segunda surgia dentro da própria cidade, atravessava o Tibre sobre a ponte "Neroniano" e desembocava, também, defronte à Basílica.

Os dois caminhos, comprovando que, também, naquela época havia o aspecto dualístico.

Se a Igreja manteve o fato arqueológico como motivo de unidade cristã, obviamente, a Maçonaria fez de Hiram Abiff seu "fato arqueológico".

Essa comparação não poderá escandalizar a ninguém, pois, além de não ser a nossa preocupação, qualquer comparação entre os dois personagens, temos a tranquilidade de que não iremos ferir nenhuma suscetibilidade, porque a Igreja das Catacumbas não é a mesma Igreja das Basílicas, e estas foram obras dos franco-maçons!

Há uma misteriosa ligação entre Igreja e Maçonaria, mas ainda não perfeitamente delineada.

Muitos dos símbolos usados pelos cristãos primitivos da Igreja das Catacumbas são idênticos aos símbolos maçônicos, como os há muitos divergentes, como o do "peixe" e, em sentido geral, de todo símbolo aquático.[47]

A Lenda de Hiram Abiff diz que o rei Salomão mandou construir um túmulo digno de sua amizade, dor e apreço ao seu amigo provindo de Tiro, e que o túmulo era sob a Câmara do Meio do seu Grande Templo, onde, também, fora colocado um triângulo em ouro tendo gravada a "Palavra Perdida".

Salomão poderia, perfeitamente, mandar gravar aquela "palavra" porque a conhecia; prometer não revelá-la não importava em impedir que fosse depositada junto ao corpo de Hiram Abiff.

O túmulo de São Pedro permaneceu "perdido" durante vários séculos e só foi reencontrado no presente século. Por que não iríamos os maçons, no seu devido tempo, também reencontrar o túmulo de seu "santo"?

Infelizmente, faltam à Maçonaria Irmãos capacitados a dedicar-se ao estudo e à pesquisa, evidentemente, nos locais onde os fatos principais ocorreram. Trata-se de uma tarefa ingente e impossível, pois nada há, até agora, feito. A Maçonaria contenta-se em manter as tradições.

Somente poderemos compreender a "Lenda de Hiram Abiff" e dar-lhe "aplicação" às nossas vidas maçônicas se compreendermos o significado da Morte, como o entendiam perfeitamente os da Igreja das Catacumbas.

A Morte não é o fim da Vida; é o princípio da Vida, concebida da forma apresentada pelo Cristianismo Primitivo. Quem quiser viver, deverá, antes, morrer, assim esclareceu Cristo.

A Morte, as trevas, o sacrifício, o luto, o túmulo não são elementos negativos, mas necessários degraus que devem existir para formar uma escada; seria a interpretação da Escada de Jacó, dentro dos conceitos do 3º Grau.

---

47. A Maçonaria não possui símbolos que signifiquem Oceanos, Mares, Barcos, Peixes, Conchas.

A cerimônia da "exaltação" é desenvolvida na Câmara do Meio às escuras; é a liturgia do sepulcro; é a Igreia das Catacumbas.

A Vida é sobretudo um "germe" que existe no coração de todos; é um sagrado "prisioneiro", na cela do corpo humano; a Vida é o "Mestre Construtor" que jaz no "sepulcro" da matéria.

Já o Nazareno denominara a alguns de "sepulcros caiados de branco", usando a linguagem, para nós, maçônica.

A Lenda do Santo Sepulcro faz parte de toda filosofia mística; cada um de nós possui seu "Santo Sepulcro", como possui também seu "Templo".

Hiram Abiff, enquanto se preocupava em construir o Templo para o rei Salomão, deixava de preocupar-se com o seu próprio Sepulcro e eis que foi surpreendido pelo ataque dos agressores.

Os Irmãos Jubelos existem sempre, são justamente os veículos necessários, como Pedro e Judas o foram para Jesus.

Um o traiu antes da morte; o outro, negando-o.

O Sepulcro é a matéria. A matéria é o muro que separa o visível do invisível; é a muralha letal que não desperta, porque foi criada, apenas, para "abrigar" o Espírito.

Indubitavelmente, nem todos os túmulos se igualam; existem aqueles que se constróem para abrigar um Espírito Gigantesco; outros querem conter o próprio Deus; há os mesquinhos que preparam apenas uma modesta cova.

Há sepulcros construídos dentro de um Templo; há os que o constróem fora das muralhas da Cidade.

A matéria que surge do ventre materno deve ser cultivada de tal forma que ao comprovar ser um túmulo para quem nele vive, deve aos poucos "construir-se" como Santo Sepulcro!

Há quem constrói o seu túmulo para receber a si próprio; há os que o constróem, porque sabem que irão abrigar o Cristo.

Cada um de nós, e isso aprendemos desde que passamos pela Câmara das Reflexões, procura construir o próprio Templo; sempre alertamos isso e sempre procuramos nos conscientizar de que realmente somos Templo de um Grande Arquiteto do Universo, de Deus.

O Aprendiz busca polir as pedras brutas que possui para edificar o Templo; o Companheiro o dimensiona e o adorna, porém o Mestre, surpreso, encontra um Templo espiritual que deve completar e ao mesmo tempo — dualismo — um túmulo que, também, deverá construir.

Distinguir entre "Templo" e "Túmulo" é tarefa ingente e demanda "sacrifício".

O Poder Latente é a presença do Espírito Invisível.

Há muita diferença ao sermos colocados em um túmulo tosco e sermos trasladados para um Santo Sepulcro.

Os Santos, ou seja, os "sancionados", são aqueles selecionados pela Grande Sabedoria para ocuparem os Santos Sepulcros.

Na Câmara do Meio, vamos encontrar um Sepulcro Santo, porque é o nosso próprio sepulcro, onde conscientemente contemplamos o destino de nossa parte visível, porque "conhecemos" o destino de nosso corpo invisível, santo e amparado pelo Braço Forte do Grande Arquiteto do Universo que construiu, para nós, o local permanente da glorificação.

No Santo Sepulcro temos depositado nosso corpo que viveu com dignidade, dentro dos preceitos da moral e iluminado pela Luz do Senhor dos Mundos.

Chegará, para cada um de nós, o tempo em que o Sepulcro se esvaziará e se desintegrará; pela força atômica da explosão da Verdade.

Não seremos mais um fato arqueológico, mas um corpo ressurrecto — eis que o Maçom acredita na Vida além-túmulo, além-sepulcro.

Hiram Abiff não está no Grande Templo de Salomão como o Nazareno não foi encontrado no túmulo de José de Arimateia.

O símbolo do Sepulcro é uma lição necessária para nossa autorredenção, por intermédio da inteligência e do conhecimento, proporcionado pelo Grande Geômetra.

O valor da matéria está na crença que cada um de nós tem do valor do Espírito.

A matéria é a parte visível da criação, que é temporal; mas a parte invisível, que é eterna, nós a conheceremos tão bem, como tão bem somos conhecidos de Deus.

Dizemos, nós, os maçons: a Loja somos nós, a Maçonaria somos nós e o Templo somos nós.

E por que não clamamos com sinceridade: o túmulo somos nós!?
Cada Mestre representa o Santo Sepulcro da mística "Lenda de Hiram Abiff".

Não devemos, porém, esquecer que antes do Santo Sepulcro houve um túmulo provisório, onde mãos "assassinas" colocaram, despido, o corpo de Hiram Abiff, com o intuito de o esconder.

Posteriormente, surge Salomão, o Grande rei, que retira Hiram Abiff da cova degradante e o coloca, vestido de púrpura e azul, dentro de um Sepulcro régio e o considera Santo Sepulcro porque, com ele, encerrou a "Palavra Sagrada"!

Nós somos Hiram Abiff.

O trágico da "Lenda de Hiram Abiff" é o trágico de nossa própria vida.

Construímos um mundo e nele nos sentimos rei. Porém, as vicissitudes fizeram os assassinos nos encontrar e nos ferir de morte.

Sepultados sob a terra crua, sob a mesma matéria de que somos formados, de pós e cinzas.

Procuraram-nos aflitos, buscaram-nos e encontraram-nos, marcando o local com um ramo de Acácia.

Tudo fizeram para nos dar um local condigno, mas nem todos ressuscitaram; alguns permaneceram como parte arqueológica.

Nós, os construtores do mundo, fomos golpeados com as ferramentas que usávamos; simbolizam os três assassinos as expressões da nossa natureza material, os que fazem oposição aos nossos bons sentimentos; os assassinos podem ter outros nomes: Ignorância, Fanatismo e Ambição.

Essas fases negativas poderão ser, com o auxílio de nossos Mestres, transformadas em Sabedoria, Tolerância e Amor.

Isoladamente, permaneceríamos sempre, em nossos túmulos, porém, unidos em Cadeia, constituímos conjuntamente a Loja Universal.

Os três assassinos pretenderam "destruir" nossos poderes e nossas virtudes, com a morte; porém, o Grande Arquiteto do Universo nos criou com "poderes latentes", com "reserva" espiritual poderosa para subsistir.

O "Demônio"

O Grau de Mestre envolve a Vida e a Morte e, diante das "trevas", do "hades", do "sepulcro", um personagem surge como opositor à Luz, e ao Senhor Deus, ou Grande Arquiteto do Universo.

A Igreja, retirando também do Velho Testamento o símbolo da negatividade, "construiu" o Demônio que passou a tomar vários nomes: Satanás, Diabo, Belzebu, Príncipe das Trevas, Desobediente, Opositor.

A religião não compreendeu a existência do dualismo em todas as coisas, sejam materiais, sejam espirituais e, para poder transmitir aos seus adeptos o significado da desobediência, criou um personagem com atributos iguais ao próprio Deus, criando, assim, um poder igual a outro Poder, como se pudessem existir dois poderes ou dois Senhores.

O Demônio, hoje tema controvertido, inspirador de muita literatura, tornou-se para muitas religiões a "arma do medo", manejada com habilidade para conservar dentro da Igreja os fiéis.

Em vez de ser estudada a personalidade de Deus e a sua condição de Excelso Comunicador, é estudada a personalidade do Demônio como aquele que aguarda o ingresso em seu reino dos que não temeram a Deus.

Deus, o desobediente, o indiferente, o pecaminoso, entrega de mão beijada, ao Demônio, quase um "rival" em poder.

A "evolução" sobre o comportamento humano, dentro do quadro sexual, encontra na Igreja freio do medo, com a ameaça da intervenção do Demônio.

A Maçonaria que tem na Morte não um final decorrente de uma vida pecaminosa, mas em decorrência do quadro normal da Vida, não se preocupa com possível "castigo", colocando o maçom no "Reino das Trevas".

"O fruto do pecado é a morte", diz a máxima Evangélica, mas não como "castigo", nem "consequência", mas pelo simples fato de que o "ser vivo" surgiu pelo "pecado", compreendido este, na multiplicação da espécie, por meio da luxúria ou do gozo.

É a falsa compreensão da existência de um Opositor; este é elemento intrínseco no pensamento humano; à oposição valoriza a Verdade.

Somente aquele que conheceu a oposição dará valor à moral e à vivência em sociedade com harmonia.

Há pessoas que põem diante de tudo o "fantasma" do Demônio, como meio de atração para Deus.

Seria, em última análise, o meio encontrado para a criatura humana buscar seu Criador.

Já Salomão, em Eclesiastes, disse: "Vaidade de Vaidades, tudo é Vaidade".

Aquele que não busca, em sua mocidade, o caminho que o possa conduzir ao seu Criador para uma velhice amena, estará vivendo em "tentação", ou seja, em vaidade: será tudo em vão, sua alegria prazerosa e o gozo de seu olhar.

Nas Sagradas Escrituras, tanto no Novo como no Velho Testamento, os nomes do Opositor são desta forma enumerados: Demônio, 63 vezes; Satanás, 36 vezes; Diabo, 34 vezes e Príncipe do Mal ou das Trevas ou deste Mundo, quatro vezes, sem contar várias outras denominações, que se encontram inseridas em todos os capítulos e que somariam centenas de referências.

Já a multiplicidade de nomes e suas variações estão a comprovar que se trata de imagem figurativa, de mero simbolismo.

A Maçonaria não se preocupa com a existência de um Príncipe do Pó, da Morte, dos Túmulos, porque o Espírito retorna ao Criador, como o corpo retorna à Terra, ou seja, à Natureza, de onde se conclui que na Natureza residiria o Reino das Trevas, ou do próprio Demônio.

Não se pode admitir que Deus tenha criado um poder igual ao seu, pois ninguém poderá criar a si próprio, tanto que Deus é também denominado de o "Incriado", Aquele que É.

Nos demais Livros Sagrados há referência ao Opositor com denominações diferentes, mas, com iguais características, mas sempre, seja na Mitologia ou na literatura Indu, Persa ou Egípcia, em linguagem figurativa.

Não cabe, aqui, um estudo a respeito do Demônio, mas remetemos os leitores às diversas obras já existentes em vernáculo, onde são analisados com minúcias e estudo profundo os aspectos, tanto folclóricos como científicos, da existência do terrífico personagem, inspirador de óperas, peças teatrais, filmes e abundante literatura.

Não se faz necessário, para valorizar a Deus, manter ao seu lado a imagem de um rival e opositor. Ou se dá a Deus o entendimento de Poder, ou nosso conhecimento a seu respeito será aquém do desejado.

Poderia, alguém, obstar com o episódio dos "possessos de Gérasa"[48].

Chegou a outra margem, país dos gerasenos. Nisto lhe correram ao encontro dois endemoniados, que saíram dos sepulcros. Eram tão furiosos que ninguém podia transitar por aquele caminho. Puseram-se a gritar: — Que temos nós contigo, Filho de Deus? Vieste aqui para nos atormentar antes do tempo?

Ora, a alguma distância deles pastava uma grande manada de porcos. Pediram, pois, os demônios a Jesus: — Se nos expulsares daqui, manda-nos entrar na manada de porcos.

Entrai — disse-lhes Jesus.

Saíram, e entraram nos porcos; e eis que toda a manada se precipitou monte abaixo, para dentro do lago perecendo nas águas. Os pastores, porém, fugiram, foram à cidade e contaram tudo, também o caso com os endemoniados. Então a cidade toda saiu ao encontro de Jesus e, quando o viram, lhe suplicaram que se retirasse das terras.

---

48. Mateus 8: 28-34.

Essa descrição, contida em São Mateus, não é tão completa como a descreve Marcos[49]. Os "demônios" estavam possuindo um homem e foram interpelados por Jesus que os expulsou do homem que vivia no cemitério sem que pudesse ser "curado", posto as tentativas de mantê-lo prisioneiro até com cadeias.

Os "demônios" intitularam-se "Legião" e, a seu pedido, Jesus lhes concedeu transferirem-se do homem, para uma manada de porcos, cerca de 2 mil, os quais, em desabalada corrida, precipitaram-se dentro do lago.

Lucas[50] narra o mesmo episódio esclarecendo, todavia, que o homem "possesso" se encontrava nu e habitava nos sepulcros.

Não desacreditamos do poder de Jesus, porém certos episódios, como suas parábolas, devem ser compreendidos pela mensagem que contêm e não somente pelo fato ocorrido que, diante da grandiosidade do Evangelho, pouco significado tem.

Hoje o "endemoniado" seria submetido a controle imediato por meio de tranquilizantes ou de uma cirurgia no cérebro. Os hospitais, as clínicas psiquiátricas, os hospícios estão repletos de pacientes.

Nos hospícios são colocados os que não possuem meios econômicos para buscar a cura; é uma questão de justiça social, amor fraterno.

No tempo de Jesus, há 2 mil anos, não havia recurso algum para o controle daquelas situações; o poder de milagres de Jesus "curava" as denominadas "possessões", mas daí aceitar-se a existência de "demônios" seria crer na letra morta e desprezar todo simbolismo da filosofia cristã.

A história daquele episódio não está completa e não se pode aceitar que, após os porcos se afogarem, os "demônios" com o "poder" que se lhe desejou dar perecessem também!

Não se tiveram mais notícias daquela "Legião"; como não se tiveram, por meio dos relatos bíblicos, notícias de todos os "demônios" que são mencionados. O Demônio jamais se afogaria na água!

---

49. Marcos 5: 1-20.
50. Lucas 8: 26-39.

Há, também, o episódio altamente espiritual da situação daquele homem que, após "curado", quis seguir a Jesus, mas foi por Ele impedido, porque repudiava, na época, a companhia de quem fora "possesso".

O homem estava nu e habitava os sepulcros, em uma comprovação de uma morte física, resultado da existência do "pecado", cujo prêmio é a morte.

Há muito simbolismo para ser estudado e muita filosofia maçônica, na compreensão moderna, para explicar o episódio.

De outra feita, Jesus teve, no início de seu Mestrado, o primeiro encontro com o "Diabo"[51]:

Em seguida, foi Jesus levado pelo Espírito ao deserto, a fim de ser tentado pelo Diabo, jejuou 40 dias e 40 noites. Depois, teve fome. Então se aproximou Dele o tentador e disse-lhe: "Se és Filho de Deus, manda que estas pedras se convertam em pão".

Respondeu-lhe Jesus: "Nem só de pão vive o homem, mas de toda a palavra que sai da boca de Deus".

Ao que o Diabo o levou à Cidade Santa, colocou-o sobre o pináculo do Templo e disse-lhe: "Se és Filho de Deus, lança-te daqui abaixo; porque está escrito: Recomendou-te a seus Anjos que Te levem nas palmas das mãos, para que não pises teu pé em alguma pedra".

Replicou-lhe Jesus: "Também está escrito: Não tentarás o Senhor, teu Deus".

Ainda, o Diabo, o transportou a um monte muito elevado, mostrou-lhe todos os reinos do mundo e sua glória, e disse-lhe: "Todas estas coisas te darei se, prostrando-te em terra, me adorares".

Ordenou-lhe Jesus: "Vai para trás, Satan, porque está escrito: Ao Senhor, teu Deus, adorarás e só a ele servirás".

Então, o Diabo o deixou e eis que vieram os Anjos e o Serviram.

---

51. Mateus 4: 1-11.

Pode-se traçar um paralelo entre o "homem material", Adão, e o "Homem espiritual", Cristo: Adão fora "tentado" pela Serpente (Inteligência); Jesus fora tentado pelo Diabo (Pensamento).

Bastariam as citações que Jesus fizera, contidas em Deuteronômio e Salmos,[52] para identificar a "luta" que se tratava, de sacrifício e amor ao próximo; amor aos inimigos e muito mais aos seus seguidores.

Toda luta mental, antes de tomar uma decisão, dentro de um ideal traçado, constitui enfrentar o Opositor, o Diabo, Satanás.

O Filho de Deus manteve o diálogo consigo mesmo; o seu Eu, enfrentando o Ego, para conscientizar-se de que o caminho encetado era de amargura, dor e morte.

O estudo aprofundado do Cristianismo não se limita em "crer" ou "descrer", dos episódios narrados pelos Discípulos que com Ele conviveram e de Lucas que lhe foi posterior.

Enquanto nós tivermos do "Demônio" uma visão falsa, da existência como "personalidade", pronto a nos tentar, causador de temor necessário para nos dedicar ao culto divino e nos afastar de tudo o que constitui "pecado", não encontraremos paz.

O "Diabo" está dentro de nós, como se encontra também o "Cristo" — não Jesus. É a luta dentro do dualismo que faz o homem, erroneamente, assumir o poder do "livre-arbítrio", ou seja, escolher entre os conselhos do "Diabo" e os de "Cristo", como se, na realidade, pudesse haver um segundo poder além do Grande Arquiteto do Universo!

A concepção, de difícil erradicação, verdadeira "sugestão" que nos foi colocada pela Igreja, de que o mal sempre surge das mãos do "Demônio" e que o "castigo" vem de Deus, porque "escutamos" ao "Demônio", já é tempo de ser alterada dentro da realidade da filosofia maçônica, uma "abertura" que conduz, em completa harmonização, ao "seio" de Deus, onde a Paz, tão almejada, nos dá o Reino dos Céus!

---

52. Deuteronômio 8: 3. Idem 6: 13-16. Salmo 90.

A Acácia

A Acácia é símbolo característico do 3º Grau, posto o uso e o conhecimento de todos os maçons, até dos Aprendizes e Companheiros.

No Brasil, floresce a Acácia no mês de junho e por ocasião das festividades do "solstício do inverno", com a adoção de "Lowtons" no dia 24 de junho, a flor passa a adornar os Templos.

Por ocasião da cerimônia de "Pompa Fúnebre", seja quando presente o féretro ou nas comemorações do 33º dia, os Maçons, presentes em seu giro em torno do ataúde ou da herma, depositam um "ramo de Acácia", isso, mesmo sendo o morto, apenas, Aprendiz.

É, porém, na simbolística do 3º Grau, quando o "recipiendário" é deitado no ataúde e coberto por um pano negro, que surge o Ramo de Acácia.

O Ramo é depositado sobre o corpo de quem representa Hiram Abiff e relembra que, quando os Assassinos do Mestre o enterraram, marcaram o local para, mais tarde, dar-lhe sepultura definitiva.

"Extenuados, os Mestres que buscavam o corpo de Hiram Abiff pararam para descansar quando um deles encostou-se em um arbusto de Acácia que, por encontrar-se apenas enterrado em terra solta, não suportou o peso e inclinou-se."[53]

Evidentemente, os Assassinos marcaram o local com um "grande ramo de Acácia", pois caso contrário não teria servido para suportar, na condição de encosto, o peso do Mestre.

A Acácia é uma planta abundante em Jerusalém, e por crescer em qualquer parte do mundo, suas características diferem de região

---

53. O. Wirth.

a região: a Acácia oriental produz a denominada "goma arábica", que entre nós não vinga; no Sul do Brasil, temos múltiplas variedades de Acácia, entre elas, a denominação "Acácia Negra", de onde se extrai o Tanino.

Há cerca de 300 variedades de Acácia, assim se torna difícil definir qual precisamente constitui a planta maçônica.

Acácia deriva do grego: "Akè", com o significado de "Ponta", de um instrumento de metal.

Existem variações no nome, a saber: AKAKIA, KASIA ou KASSIA; AKANTHA seria a própria planta sustendo os espinhos; AKAKIA significa inocência, ingenuidade.

A Acácia é uma planta da família das leguminosas mimosas; um arbusto com folhas leves e elegantes, das regiões tropicais ou subtropicais; possui flores miúdas, ordinariamente amarelas, perfumadas e agrupadas.

Os antigos egípcios tinham a Acácia como uma planta sagrada; os árabes a adoravam: Maomé destruiu o mito da Acácia, que os árabes denominavam de "Al-uzza".

A aclamação "Huzzé" pode ter raízes no vocábulo "Al-uzza".

Para os antigos, a Acácia era um emblema solar, como as folhas do Lotus e do Heliotrópio, porque as folhas acompanham a evolução do Sol e param quando este desce no ocaso. A flor imita o disco radioso do Sol, com sua espécie de plumagem.

"Al-uzza" que Maomé baniu por considerá-lo um ídolo era venerado pelas tribos árabes de Gragtanm, de Koreisch, de Kenânah e de Saken, a quem denominavam de "Pinheiro do Egito".

Portanto, não vamos encontrar a Acácia apenas evocada na literatura hebraica. Se Moisés recomendara que o Tabernáculo, a Arca da Aliança, a Mesa dos Pães da Propiciação e demais Adornos Sagrados fossem construídos com madeira de Acácia, isso não significa que seu uso fosse originário daquela época, como vimos anteriormente, pois nos mistérios egípcios seu uso era conhecido. Moisés que estivera no cativeiro, certamente, colheu dos egípcios o uso da Acácia sagrada.

Nas Escrituras, o nome da Acácia vem como Shittah e Shittuin, com a tradução: "Setim".

Hiram Abiff esculpiu os Querubins e todos os demais ornamentos em Acácia, que posteriormente os recobriu com ouro.

Todas as religiões místicas antigas tinham uma árvore simbólica para venerar; na Maçonaria antiga, vamos encontrar o Lotus, no Egito; o Mirto, na Grécia; o Carvalho, na Druída.

Os antigos rituais maçônicos não mencionam a Acácia e foi só com o surgimento do 3º Grau que aparece.

Os Templários, ao levarem as cinzas de Jacques de Molay, as cobriram com ramos de Acácia, evidentemente já cônscios do paralelismo que existia com Hiram Abiff.

Em uma obra maçônica antiga, diz-se que a Acácia é invocada nas cerimônias do 3º Grau, em memória da Cruz do Salvador, porque esta foi feita nos bosques da Palestina, onde abundava a Acácia, e que a própria coroa de espinhos foi formada por ramos de Acácia que é espinheira.[54]

Porém, a adoção da Acácia, no sentido místico e simbólico, tem o significado de "indestrutível", "imperecível", porque se trata de uma madeira imputrecível, devido às suas resinas.

Não estamos capacitados a informar se toda madeira de Acácia possui as mesmas qualidades da "Acácia Vera" e da "Mimosa nilófica", que são originárias da Península Arábica.

Os primeiros maçons organizados retiraram da história de Israel os principais conceitos e assim a Acácia, por simbolizar a "imortalidade da Alma", foi aceita como símbolo sagrado.

Quando o Mestre diz "A∴ M∴ E∴ C∴", quer dizer que esteve no "Túmulo", portanto, que se encontra "ressurrecto".

O significado místico da imortalidade que equivale à "indestrutibilidade" e que o Ser é "imperecível" é o ponto culminante da filosofia maçônica.

Saindo o Mestre do Túmulo, do círculo, como iniciado final e que permaneceu soterrado no silêncio e na escuridão, qual crisálide, surge borboleta que se lança ao espaço em direção ao Sol e à Luz. O Sol, esse luminar misterioso, é anunciado pela "Mimosa" flor amarela de ouro, símbolo da magnitude e do poder.

---

54. "Reccell Précioux de la Maçonnerie Adonhiramite"— 1787.

Alerta o homem que, posto revestido de elementos materiais, portanto, perecíveis, possui um Elemento mais valioso, permanente e eterno, que jamais pode perecer.

É a lição mestra da Maçonaria: "A Vida ergue-se do Túmulo, para jamais tornar a morrer".

Na cerimônia da iniciação, a planta simboliza a presença da Natureza; Natureza que difere do Homem, por pertencer a um outro reino.

A cerimônia não pode prescindir da presença de uma planta, por isso sempre houve plantas em todos os ritos da antiguidade.

Nas cerimônias fúnebres orientais, quando os corpos são incinerados, as fogueiras são formadas com madeiras odoríferas consideradas sagradas.

Por ironia, na Idade Média, os mártires eram sacrificados em fogueiras.

Para o maçom, a Acácia, além do mais, constitui-se em um chamamento nostálgico, pois de imediato traz à lembrança o sacrifício de Hiram Abiff.

Na cerimônia de Pompa Fúnebre, o fato de todos depositarem um ramo de Acácia (de pequenas dimensões) sobre o esquife simboliza a crença de que a morte é provisória.

Hiram Abiff foi sepultado, como já aludimos, por três vezes; a primeira, sob os "escombros" dos materiais de construção; a segunda vez, na "cova" aberta na terra; a terceira, com honrarias dentro do Templo.

Porém, o sepultamento foi simplesmente o do corpo; pela primeira e segunda vez, o corpo foi removido; na última, permaneceu definitivamente, eis que a crença de Salomão era de que o Templo jamais poderia ser destruído.

A história provou que nada é definitivo na Terra, pois o que é matéria perece.

Assim, ao depositarem-se ramos de Acácia sobre o esquife, há a manifestação da crença de que alguma coisa é imperecível no Homem, como o é, simbolicamente, a Acácia.

Portanto, a Acácia está ligada à crença da "Vida além-túmulo".

Uma parcela expressiva do Cristianismo crê piamente que, ao final dos tempos, os "escolhidos" ressuscitarão em "carne", daí repelirem a cremação.

A ressurreição da carne, posto tratar-se de um mito, faz parte do conhecimento esotérico maçônico; o cuidado e a veneração que o Maçom dispensa ao "corpo inerte" de seu irmão falecido e as homenagens que lhe rende no 33º dia de seu passamento constituem prática usual, porém nem de todos compreendida.

Durante as cerimônias são dadas três pancadas sobre os trinos, com som urdo e lúgubre; essas pancadas simbolizam as três fases "post-mortem", ou seja, como já mencionamos, as três sepulturas.

Durante a cerimônia é formada a Cadeia de União e, ao ser transmitida a Palavra, recebendo-a o Mestre de Cerimônias anuncia que a corrente se encontra "quebrada" e a "Palavra" perdida.

Todo o cerimonial se desenvolve em uma evocação à "Lenda de Hiram Abiff" e evidentemente com o mesmo significado esotérico.[55]

Assim, a Acácia representa sempre e primordialmente um duplo símbolo: o da mortalidade e o da imortalidade.

O do luto e o do júbilo.

O Sagrado e o profano.

Quando o Mestre afirma: A A∴ L∴ E∴ C∴ equivale informar ter ele atingido o 3º Grau e conhecer com profundidade o simbolismo da "Lenda de Hiram Abiff".

---

55. Nota do Autor: O estudo sobre a Acácia não pode ser divorciado dos demais estudos porque se entrelaça de tal modo com toda liturgia, simbolismo e ritualística que se tornaria muito extenso o trabalho. Outrossim, não comporta o trabalho o estudo dos Rituais especiais, como o são o de "Adoção de Lowton", "Confirmação de núpcias", "Instalação deTemplo", "Pompa Fúnebre" e outros que serão assunto de outro livro.

Preparação do Candidato

O Candidato à exaltação, ou seja, o Companheiro que será admitido ao Terceiro Grau, o de Mestre, ingressará pela mão do Experto no Templo, trajado de preto e sem metais, a manga do braço esquerdo erguida, deixando o braço esquerdo e o peito nus.

Em torno da cintura, uma corda branca, dando três voltas; o Avental será o do Grau 2.

Assim preparado, estando entre Colunas, o Experto dirá:

Meu Irmão,[56]

Ao seres recebido Maçom, fostes encerrado em uma Câmara, onde o símbolo da Morte se vos manifestou, por formas várias, como a de vos dizer que era morrendo para os vícios, preconceitos e obscurantismos que poderíeis alcançar a iniciação maçônica.

Hoje, teu trabalho acurado, teu zelo pela Ordem e o devotamente que mostrastes por teus Irmãos permitem-nos que te admitamos a participar de mistérios mais profundos e que te iniciemos no Grau de Mestre, talvez entre todos, o que representa, com mais propriedade e mais perfeição, os antigos Mistérios do Egito.

Outrora, o Iniciado nos Mistérios de Osiris aprendia que, além da existência das forças misteriosas que te foram reveladas no grau de Companheiro, havia a possibilidade para o homem de viver uma vida diferente da vida física.

Ensinava-se-lhe que a entrada e a saída da existência são guardadas pelo terrível mistério da morte; para exprimir,

---

56. O texto pode sofrer variações.

simbolicamente, esse mistério, o iniciado era envolvido em faixas e colocado em um ataúde, onde ouvia cânticos fúnebres que se elevavam em sua honra; depois dessa cerimônia triste e majestosa, o iniciado renascia, uma nova Luz era-lhe, então, revelada e seu cérebro, fortalecido pela vitória sobre os terrores da Morte, abria-se à compreensão de ideias mais elevadas e devotamentos mais puros e mais fraternais.

Hoje, graças à dedicação dos Irmãos que te precederam, as ciências profanas transformaram a vida social.

O domínio das forças morais sobre as físicas saiu das antigas Universidades, dos Templos fechados para entrar nos laboratórios, como o Pelicano que dá seu sangue para alimentar sua progênie.[57]

O sábio contemporâneo, o verdadeiro vidente da Humanidade ainda cega, dispensa aos profanos sua ciência e sua dedicação.

A tradição dos Símbolos é uma Ciência Viva.

Ela permite àquele que a possui adaptar seus conhecimentos às necessidades de seus irmãos, soerguer uma sociedade que naufraga, amparar e reanimar um coração sem coragem e projetar a Luz até onde as próprias trevas parecem ter seu domínio absoluto.

Em tempos idos, narrava-se ao iniciado a história de Osiris, seu esquartejamento, sua reconstituição por Ísis e as danças simbólicas dos iniciadores revelavam os mistérios que a palavra era incapaz de traduzir.

Cada centro de ensinamento possuía uma história simbólica, lenda frívola na aparência, mas profunda de analogia, que servia de base a toda concepção dos Mistérios.

Vamos narrar-te, meu Irmão, a "Lenda de Hiram" e, se não a fizéssemos preceder das considerações que, aqui, te faço, essa lenda pareceria um conto banal de coisas antigas e pouco

---

57. Não passa de uma lenda, pois o Pelicano comprime com o bico seu estômago para regorgitar o alimento.

interessantes, e tua atenção não seria despertada e incitada a quebrar as cascas da lenda para descobrires, em seu âmago, a semente nutritiva e libertadora de vossa intelectualidade.

A Lenda de Hiram Abiff contém a chave das maiores adaptações simbólicas que a Ordem Maçônica possa preencher.

Sob o ponto de vista social é a adaptação da inteligência aos gêneros de trabalho; a divisão das forças sociais, concorrendo para a harmonia de todo o lugar dado ao Mestre, por seu saber, e em seu completo desenvolvimento.

Sob o ponto de vista moral, ensina a lei terrível que faz que aquele que auxiliaste e instruíste se revolte contra ti e procure matar-te, segundo a fórmula da Besta Humana: "O Iniciado matará o Iniciador".

Praticamente, enfim, é a certeza de que todo sacrifício é a chave de uma satisfação futura; o ramo de Acácia que guiará os Irmãos ao Túmulo daquele que se sacrificou por eles, dando uma lição eternamente viva para o cérebro que a compreende e, além de tudo, é um ensinamento que poderá ser transmitido à Humanidade, qualquer que seja a evolução da Sociedade Profana.

Que nossos antigos Irmãos do século XVII tenham visto, nessa Lenda, uma representação mitológica da marcha do Sol; que outros tenham descoberto nela adaptações filosóficas, isso nada importa, pois toda a história verdadeiramente simbólica é a Chave Universal de todas as manifestações físicas, morais e espirituais.

Agora, meu Irmão, compreenderás a razão de ser dos Mistérios, de que ides participar e sabereis porque a Maçonaria deve respeitar a Tradição e os Símbolos que foram confiados aos Mestres Iniciadores.

Indumentária

Os Mestres devem apresentar-se vestidos rigorosamente de preto, cobertos com chapéu de feltro com abas largas, moles, caídas no rosto.

O traje preto significa luto, pois em épocas remotas o luto era apresentado de forma diversa.

Ninguém pode ignorar que a cerimônia do Grau 3 se desenvolve dentro de uma Câmara mortuária, onde se rememora o sacrifício e posterior ressurreição de Hiram Abiff.

Como veremos adiante, toda ornamentação da Câmara do Meio recorda um ato fúnebre.

Para maior comodidade, a fim de evitarem-se os trajes negros, é costume vestirem-se "Balandraus", que são túnicas negras que cobrem o corpo todo indo até aos pés.[58]

Os sapatos também devem ser negros.

Preto é a ausência de cor; uma tonalidade que revela a ausência de luz, que é sombra.

Os Mestres devem ter luvas brancas calçadas, avental e uma fita com os símbolos do Grau.

As luvas e o avental brancos foram, segundo a lenda, recomendação do rei Salomão, após o trucidamento de Hiram Abiff, como prova de mãos limpas e inocência.

O Avental é de pele branca, quadrangular, com abeta branca triangular; é orlada de fita de seda chamalotada azul-celeste, de cinco centímetros de largura, tendo três rosetas da mesma cor azul colocadas duas no corpo e uma na abeta. É forrado de negro e preso à cintura por um cordão.

---

58. No G.O.B. o uso do balandrau restringe-se às sessões ordinárias, não Magnas.

Esse avental é usado nas reuniões dos Aprendizes e Companheiros; porém, nas reuniões do Grau 3, é usado ao avesso, por ser negro.

A Fita é também de seda chamalotada, de cor azul-celeste, nela pendente, a Joia do Grau, um esquadro com um compasso aberto.

O Avental

O Avental do Terceiro Grau é igual, no seu formato, aos aventais dos anteriores Graus, e seu material, idêntico, ou seja, de pele branca.

Torna-se evidente que, entre o Avental do Grau de Aprendiz e o Avental do Grau de Mestre, há neste simbolismos maiores, porque constitui, dentro da Maçonaria Simbólica, a última etapa.

Sabemos que, inicialmente, na época moderna, havia apenas dois Graus: Aprendiz e Companheiro, e que o dirigente, ou seja, o Venerável, era denominado de Mestre.

Posteriormente, surgiu o Grau de Mestre, a princípio pela reunião de todos os Veneráveis e posteriormente pela importância de possuir um Grau acima dos dois primeiros, dada a experiência e a evolução naturais dos trabalhos.

Em linhas gerais, o Avental tem o mesmo simbolismo já descrito nos Graus de Aprendiz e Companheiro,[59] ou seja, que surgiu na Maçonaria Operativa apenas como vestimenta de proteção, da mesma forma como surgiram as luvas, para proteger as mãos.

A verdade é que o homem nasceu nu; os povos primitivos viviam sem roupa, e estas foram surgindo, exclusivamente, como motivo de proteção contra primitivamente o frio, depois, o próprio calor.

A evolução da vestimenta, com seus requintes do tempo da Idade Média, ou do fausto dos povos orientais, ocorreu apenas por uma questão de estética; hoje temos o vocábulo "moda", que é responsável pela economia de todos os países, porque a indústria do vestuário exige um complexo infinito, desde o plantio de espécies que fornecerão o fio até a sofisticada petroquímica, responsável pela beleza e prática de certos panos.

---

59. Vide *Simbolismo do Primeiro Grau* e *Simbolismo do Segundo Grau*, deste autor.

Paralelamente, com isso, milhões de pessoas subsistem do trabalho que a "moda" proporciona e esta periodicamente é alterada, para substituírem-se estilos e materiais.

Porém, na passagem da Maçonaria Operativa para a Especulativa, os aventais adquiriram novas interpretações.

Considerando que nada existe sem uma razão e que o Grande Arquiteto do Universo tudo supervisiona, o uso dos Aventais para proteção durante as construções dos Templos na fase Operativa constituía o germe que mais tarde evoluiria e seria identificado como um dos símbolos de mais relevância para os Maçons.

Temos, então, a preocupação em analisar, com seriedade, o significado do Avental, e para isso precisamos proceder a uma divisão: a parte física e a esotérica, esta podendo ser denominada de espiritual.

A parte física diz respeito ao formato, material, cor e elementos.

O material, precisamente, deverá ser de pele de animal, preferivelmente de Cordeiro, branca e imaculada.

Hoje, por economia, facilidade e descuramento, por incompreensão, ignorância e despreocupação, os aventais são feitos de pano ou de plástico que imita, à perfeição, o couro ou a pele curtida.

Para o curtimento da "pelica" é usado um processo químico especial, com a finalidade de manter o couro branco.

O Avental de Mestre é debruado com uma fita azul-claro.

Esse debrum dá margem à discussão em torno de sua validade, pois, sendo o rito observado pelas Grandes Lojas Brasileiras, ESCOCÊS ANTIGO E ACEITO, este, no ano de 1875, na data de 15 de setembro, na Convenção de Lausanne, Suíça, estabeleceu:

Para o Aprendiz: Avental de pele branca, abeta erguida.

Para o Companheiro: Avental do Aprendiz com abeta abaixada, podendo ser debruado e forrado na cor vermelha.

Para o Mestre: Avental azul, forrado e debruado com vermelho; no centro, as letras M.:. M.:., também em vermelho.

A cor azul-claro, usada no Brasil, provém da disposição em 1875 ditada pela Grande Loja da Inglaterra, para a uniformização dos aventais, porém do Rito de York; assim, hoje, estamos usando, para o Rito Escocês Antigo e Aceito, nos Aventais, o Rito de York. Evidentemente, subsiste certa confusão que deverá ser solucionada.

Hoje, os Aventais do 3º Grau são forrados de negro.

O Avental da Grande Loja da Inglaterra é forrado e bordado em azul e sob a abeta, à direita e à esquerda, descem duas tiras terminadas cada uma por sete cordões de prata.

O Avental é "cingido" ao corpo por um cordão azul.

No quadrilátero são colocadas três "rosetas" azuis (deveriam ser vermelhas).

A interpretação simbólica, ou a parte esotérica da confecção dos Aventais, obedece a uma evolução, também, histórica.

As origens do uso de aventais não são definidas, pois autores creem que tenham surgido dos Egípcios e outros, dos Essênios; porém, sabemos que os Gregos tomaram do Avental quadrado todos os elementos do seu alfabeto, subdividindo o quadrado com duas linhas diagonais, formando quatro triângulos, após traçarem outras duas linhas, uma vertical e outra horizontal — Cruz — obtendo, assim, outros quatro triângulos, somando um total de oito. A origem dos números gregos, também, provêm do mesmo símbolo.

O Avental de Mestre é denominado "chave dos signos gregos", porque é formado por linhas, ângulos, triângulos e esquadros.

Nos mistérios Persas de Mitra, o candidato, tendo recebido a Luz, era vestido com uma "cinta", uma '"coroa" ou uma "mitra", uma "túnica" de cor púrpura e, finalmente, com um Avental branco.

Os antigos Budistas usavam Aventais brancos.

Os índios norte-americanos usavam Aventais coloridos.

Os iniciados na Índia usavam uma "cinta" chamada "a faixa sagrada", substituída em certas ocasiões por um avental.

Os sacerdotes israelitas vestem o "abnet", espécie de Avental de linho.

As Essências usavam túnica branca e, nos banhos públicos, um avental protetor.

As estátuas dos deuses pagãos, em Creta, eram esculpidas com aventais, duplos, para a frente e para a parte posterior.

Adão passou a usar, após o pecado original, uma folha de parreira, à guisa de Avental.

O rei Tut-Ankn-Amon, no sarcófago descoberto em 3 de janeiro de 1924, estava com um Avental, e seu descobridor, Dr. O. J.

Kinnamon, diz em seu relato: "Não há base para a afirmação de que o Avental fosse maçônico".

O Avental do 3º Grau é branco; o branco não é cor, mas a polarização das cores, através do espectro solar.*

O branco é símbolo da pureza: a pele de cordeiro chama à lembrança o Cordeiro Imaculado, símbolo de Jesus, o Cristo.

A Abeta é fixa e abaixada, porque simboliza a "cobertura" do órgão reprodutor, no sentido de "proteção" e "reserva"; a multiplicação das espécies passou a ser considerada, não mais como um ato fisiológico normal e comum, mas um ato sagrado, eis que a procriação é determinada por Vontade do Grande Arquiteto do Universo e obedece a preceitos da moral, ciosamente cultivada pela Maçonaria.

A inseminação artificial humana, já em prática, e a cirurgia do desligamento do canal condutor do sêmen, para controle da natalidade, por parte do homem, tumultuaram os conceitos tradicionais e as interpretações simbólicas do Avental, que perdeu grande parte do seu efeito.

O "Lowton" recebe seu avental como símbolo de um preparo educacional-moral até o dia de sua iniciação, quando deverá usá-lo com a abeta erguida, simbolizando a pré-puberdade maçônica; o Aprendiz aguarda na Coluna do Norte a época de seu "cio", que simboliza o conhecimento dos mistérios sexuais, relacionados com o enriquecimento que obtém pelo entendimento da Beleza, que é o lado feminino da Maçonaria, necessário para sua complementação.

O Avental do 3º Grau passa a ter um significado acima da moral, porque o Mestre já superou suas dúvidas e já sedimentou seu comportamento criativo.

Em épocas passadas, dava-se muito realce aos símbolos e funções sexuais, com a transformação do órgão sexual "Phalus" em objeto de adoração.

O homem possuía destaque na sociedade e na família pelo seu poder procriador; a mulher era considerada em posição secundária, porém, com a evolução social e intelectual, esses aspectos fisiológicos

---

* Como já foi dito.

passaram a ter menor realce, considerados parte normal e orientados pelo freio da moral.

Os excessos sexuais, com suas orgias e bacanais, foram os responsáveis pela decadência dos povos.

Hoje, a "libertação" do sexo, embora com alguns aspectos negativos, contribuiu para que o ato sexual constituísse, apenas, um ato de prazer.

A Maçonaria, contudo, conserva, por crer necessário, o respeito à procriação.

Em suas Oficinas, pouco se diz sobre o problema sexual, porque os estudos, as práticas e o desenvolvimento dos Rituais restringem-se à filosofia.

O Avental é seguro ao corpo por uma "cinta", ou seja, um cordão; o avental é "cingido" ao corpo, isto é, divide o corpo em duas partes.

No simbolismo cristão, o "cinto de ouro" constitui um símbolo de pureza.

Os monjes usam o "cingulum" ou cinto de castidade.

O Cordão, que deve ser azul, simboliza o Infinito, completo no Avental pelas figuras geométricas.

O quadrado, corpo do Avental, diz respeito à matéria, a coisa criada; o Triângulo, que é a Abeta, evoca a Trilogia, ou as coisas espirituais; o Círculo, que é o coração, representa o Universo, a Cadeia de União espiritual.

O Avental cobre, protege e isola, mas também separa a parte inferior do corpo com a superior, eis que só as partes superiores devem participar dos trabalhos maçônicos.

O Maçom sentado mantém as partes inferiores submissas; de pé, o Avental as domina e subjuga.

O Avental representa o trabalho constante que o Maçom deve exercer e nele vêm colocados os símbolos, para demonstrar que esse trabalho não é superficial.

A Abeta do Avental do Aprendiz protege o "epigastro", que é ligado ao "plexo solar"; este corresponde ao "chakra" umbilical de onde dependem os sentimentos e as emoções.

O Aprendiz deve condicionar-se para vir a ser um iniciado real, por intermédio da "serenidade" de espírito.

As radiações — fluidos — assim controladas não interromperão a harmonia reinante no Templo, porque o Aprendiz ainda não sabe usar seu controle, pela inexperiência do noviciado.

O Cordão do Avental constitui o "círculo magnético" que separa as forças naturais emanadas do organismo, equilibrando-as quando necessário e seccionando-as quando as "inferiores" quiserem surgir para predomínio sobre as partes "nobres" do organismo. É a Corda dos 81 nós.

Dentro do Círculo Magnético encontramos o homem. Esse Círculo é elástico, dilatando-se uniformemente para o Infinito e retornando, trazendo consigo as forças colhidas, para enriquecer o homem.

Nos Aventais, estão inseridas as letras M∴ e B∴, iniciais da Palavra Sagrada do 3º Grau.

As três "rosetas" azuis simbolizam o "ponto" dentro de um círculo, portanto são três Círculos entrelaçando-se; simbolizam o Sol, em suas três fases: Oriente, Meio-dia e Ocidente, que são também as posições das Luzes dentro da Loja.

Na interpretação astronômica da "Lenda de Hiram", vimos que o Sol está ligado aos três primeiros Oficiais da Loja que ocupam as posições por onde o Sol passa em seu percurso diurno.

O 1º Grau representa o Inverno, o mundo das trevas que vai do Solstício do Inverno ao Equinócio da Primavera, no Hemisfério Boreal.

O 2º Grau representa o período que vai do Equinócio da Primavera ao do Outono, quando o Sol brilha mais quente e duradouro, beneficiando a Natureza.

O 3º Grau representa o Sol descendo à região das Trevas.

As três portas do Templo de Salomão representam os três pontos do Firmamento em que o Sol é visível: Oriente, Meio-dia e Poente.

A Régua de 24 Polegadas que atinge a Hiram Abiff na garganta representa o dia de 24 horas, diminuindo de tempo e de luminosidade; o Sol recebe o primeiro "golpe".

O Esquadro dá o segundo golpe ao Sol; é a estação que equivale a uma quarta parte zodiacal.

O Maço dá o golpe mortal; o formato cilíndrico do Maço simboliza o ano que finda; "a vida anual".
Esse simbolismo é aplicado às Rosetas.

O Tau é a representação da "acha" de dois cortes, o Malhete do Venerável Mestre simboliza o mando, o poder e a criatividade; o equilíbrio resultante do "ativo" e do "passivo".

O Tau invertido substituindo as Rosetas nos Aventais dos Veneráveis Mestres e dos Past-veneráveis simboliza a ligação entre o mundo da matéria e o mundo imaterial — invisível, espiritual.

O Venerável Mestre é o instrumento de ligação entre todos os elementos que constituem sua Loja.

O trabalho do Venerável Mestre, detendo o poder, é essencialmente "criador".

O Avental é símbolo, é mensagem, é herança do passado, é distintivo, emblema do trabalho, é símbolo do sacrifício, da moral, da inocência.

O Maçom sentado horizontaliza o Avental em uma demonstração abarcadora do Mundo; de pé, verticaliza o Avental para comprovar a presença de sua "vontade" dentro do Cosmos, onde há lugar para o trabalho, dentro da conceituação já mencionada anteriormente.

O "Tau"

O "TAU" é uma Cruz de três braços e, consequentemente, se apresenta com o formato de um "T", originário do grego; em hebraico, é a última letra do alfabeto.

O "TAU" é um símbolo maçônico, porque desde tempos, os mais remotos, significava uma distinção; houve época em que os homens virtuosos traziam na fronte esse sinal; com o advento do Cristianismo, teve o significado espiritual da "Salvação".

Na época em que os Israelitas se preparavam para fugir do Egito, para que o Anjo Exterminador poupasse os primogênitos, as casas dos Israelitas eram marcadas com um "Tau" feito com sangue dos sacrifícios.

Moisés o usou várias vezes durante a longa jornada, após a fuga do Egito e, quando ungiu seu irmão Arão, lhe fez na fronte um sinal em forma de "TAU".

Entre os Druidas, simbolizava o Deus Supremo, ou Júpiter; entre os Caldeus, era o símbolo místico.

Maçonicamente, simboliza a imortalidade, assegurando à Instituição a continuidade através dos séculos.

Na Maçonaria Simbólica, é o símbolo do Terceiro Grau, evidenciando no formato do Malhete.

O "TAU" é formado por dois Esquadros, postos lado a lado, de forma invertida, um para a direita e outro para a esquerda.

O Malhete empunhado pelo Venerável simboliza mando e poder; é um resquício do poder que os reis egípcios tinham, eis que vemos nos afrescos dos Templos os Faraós sentados, empunhando o "Tau".

Esotericamente, o "TAU" é o fiel da balança, que simboliza o ativo e o passivo; o equilíbrio entre essas duas ações.

Além do Malhete, vamos encontrar o "TAU" no Avental do Venerável Mestre, porém em forma invertida, isto é, com o braço servindo de base à haste.

A linha vertical representa o Pai; a linha horizontal, a Mãe; ou seja, o Grande Arquiteto do Universo, por meio de seus traçados, se manifesta como Mãe e Pai.

É a ligação entre a "verticalidade" espiritual e a "horizontalidade" material; a união entre Espírito e Matéria, em uma fusão do invisível com o Visível; do Místico com o Profano.

Assim, o Venerável Mestre é representado pela linha Vertical e os demais Membros da Loja, pela linha Horizontal; o Venerável Mestre passa a "fecundar" a Loja para que produza frutos.

A força de atração da Terra atrai em seu Centro, com seu Ímã oculto, que é a Alma Crística, a Partícula Divina, a presença do Grande Arquiteto do Universo.

Formando a Cruz invertida (Deus suporta as partes negativas, o sacrifício e o mal da Humanidade, aliviando nesta Aliança o Grande Sacrifício, Imposto pelo Pecado original).

No Cristianismo, o "TAU" simboliza o Filho de Deus equilibrando estaticamente a Perfeição do Criador, com a rebeldia da Criatura: sem a presença estática do Salvador. "TAU" significa Salvação — a Criatura seria destruída, porque Deus não poderia permitir que parte de sua obra, talvez a mais importante, resultasse imperfeita dentro de sua Moral.

A colocação de três "Taus" invertidos no Avental do Mestre, em substituição às três rosetas, simboliza a Trindade e o alertamento de que o Maçom, nos seus três Graus Simbólicos, sempre tem a presença da Cruz, que é sacrifício e redenção ao mesmo tempo no dualismo sempre presente.

O Esquadro, o símbolo por excelência de todos os Graus Simbólicos, é retirado do Quadrado, porém, após o surgimento do Cristianismo, passou a ser considerado como oriundo da Cruz Latina, que é formada de dois Esquadros unidos pelos seus ângulos.

Porém, unidos os Esquadros pelos seus lados mais curtos, apresenta o "TAU"; temos outros formados de cruzes, como a Gamada, que exige a união de quatro Esquadros.

O Esquadro não é joia ou instrumento estático, pois para "produzir" deve ser "usado" para uma medição exata, a fim de que a construção "vertical" e a "horizontal" sejam perfeitas.

Assim, o "TAU" deve ser usado. A Cruz que ele representa não é um símbolo que se deva contemplar, mas manusear; a Salvação é o trilhar de um Caminho e o desempenho de uma jornada: o sacrifício que pode representar deve ser efetivamente consumado.

Desenvolvimento do Ritual
1ª Parte

Inicialmente, deve-se fazer um esclarecimento muito compreensível, entre nós, brasileiros, dentro de nossa pobreza econômica e considerando o relativamente pequeno número de Templos que possuímos.

Os três Graus simbólicos trabalham dentro de um só recinto; apenas se fazem ligeiras adaptações.

Em suma, os Graus de Companheiro e Mestre são desenvolvidos dentro das Lojas de Aprendizes.

Já esclarecemos que o Grau de Mestre simboliza um ato fúnebre, e a Câmara do Meio, recinto onde deveriam os Mestres trabalhar; como bem define o próprio vocábulo, é o espaço intermediário entre o Oriente e o Ocidente.

Não são obedecidas as "marchas" dos Graus anteriores nem a colocação dos Oficiais, apenas, como descrevemos com maiores detalhes, adiante, encontraremos três tronos ocupados, respectivamente, pelo Venerável Mestre e pelos Primeiro e Segundo Vigilantes.

Porém, para enfrentarmos as necessidades dos trabalhos, foi criada a sessão econômica, quando são tratados os assuntos administrativos; em que os Mestres novatos apresentam seus trabalhos; e os Mestres antigos administram suas instruções e orientam a todos na busca do mais amplo e universal conhecimento.

Assim, o Ritual se divide em duas partes: a sessão comum, ordinária, econômica e administrativa; e a iniciação, denominada de exaltação. Portanto, comentaremos sua primeira parte.

*
* *

Nos três Rituais dos 3 Graus simbólicos há uma tônica: quem não prestar atenção, poderá julgar tratar-se de um único Ritual; poucas são, em verdade, as alterações.

Posto tenhamos já comentado sobre isso nas duas obras anteriores: "Simbolismo do 1º Grau" e "Simbolismo do 2º Grau", nunca é demais retomarmos às explicações.

*

* *

O Venerável Mestre, aqui com o tratamento de "Respeitabilíssimo", proclama com um golpe de seu malhete que os presentes se encontram "em Loja".

As pancadas dadas com os Malhetes não fazem soar os tímpanos, porque são dados sobre os próprios Tronos; o som será profundo, cavo e surdo.

Isso porque não há som alegre; um sinal de respeito e dor, porque a Loja simboliza a Câmara Mortuária. No recinto, deve haver pouca luz, pois os trabalhos se executam na penumbra.

A seguir, o Respeitabilíssimo Mestre pergunta ao Primeiro Vigilante qual é o seu primeiro dever a cumprir.

Este será o de verificar a cobertura do Templo.

Cobertura não é sinônimo de segurança ou clausura, mas de "proteção", ou seja, se há sinais da presença do Grande Geômetra que com suas Asas cobre e protege a todos.

A verificação é feita, simbolicamente, pelo Guarda do Templo; este que não compreende o alto significado da missão do Primeiro Vigilante, único que tem Deveres a cumprir dentro de uma Loja, informa que a Loja se encontra a coberto "das indiscrições profanas".

A "indiscrição profana" não significa a espreita de quem não é maçom, mas sim da influência dos preconceitos mundanos que tolhem ao Maçom o ato de obediência ao Grande Arquiteto do Universo.

Depois, o Primeiro Vigilante, por meio de sua faculdade espiritual e verificando qual é o "ambiente espiritual" reinante, dirá que o Templo se encontra "a coberto".

O segundo e último dos deveres do Primeiro Vigilante será verificar se todos os presentes são Mestres Maçons.

Para essa verificação, o Primeiro Vigilante solicita o auxílio do Segundo Vigilante e ambos deslocam-se de seus Tronos, percorrem as fileiras formadas pelos presentes, com os quais praticam os Toques, solicitam as Palavras Sagradas e de Passe e, desejando, fazem o "Trolhamento".

"Trolhamento", vocábulo derivado de "trolha", que é a pá de pedreiro, significa um diálogo sussurrado de ouvido a ouvido; são perguntas pertinentes ao Grau.

Os presentes dão as costas à porta de entrada e viram-se para o Trono do Respeitabilíssimo Mestre, para não verem os Irmãos que estão colocados à sua retaguarda.

Os vigilantes anunciaram que todos os Irmãos das suas Colunas são Mestres.

À direita do Respeitabilíssimo Mestre, posta-se o Primeiro Diácono com a missão de transmitir as ordens que porventura o Venerável Mestre tem a dar a qualquer um dos presentes; ordens de ouvido a ouvido.

À direita do Primeiro Vigilante, posta-se o Segundo Diácono com idêntica missão, partida da Vigilância; também, o Segundo Diácono deve fiscalizar sobre o comportamento dos presentes, pois lhes é exigido respeito, ordem e disciplina.

Obviamente, os Mestres Maçons presentes, cônscios de seus deveres e responsabilidades, jamais poderão perturbar a ordem dos trabalhos.

Portanto, a fiscalização atribuída ao Segundo Diácono é mais sutil; diz a respeito do comportamento "espiritual", fácil, se supõe, verificar na penumbra por meio das "modificações" mentais que cada Irmão expele; toda irradiação faz pressupor um receptor; a recepção de uma irradiação poderá provocar perturbações, ou êxtase, tudo de conformidade com o grau de espiritualidade com que trabalha a Loja.

O benefício das permutas espirituais como sucedem dentro da "Cadeia de União" deve ser disciplinado e muito bem ordenado.

Assim deve-se compreender a missão do Segundo Diácono.

Já a verificação feita pelo Primeiro Diácono é diferente: ele verifica se os trabalhos se executam com presteza, regularidade e perfeição.

Presteza não significa celeridade, ou pressa, mas uma sistemática espiritual, regular e perfeita; perfeição aqui envolve a presença daquele que é Justo e Perfeito.

É anunciado o lugar onde se encontra o Segundo Vigilante: ao Sul.

Ele responde ao Respeitabilíssimo Mestre que lá está para melhor observar o Sol no meridiano, chamar os Obreiros para o trabalho e mandá-los à recreação, para que a construção possa ser feita com ordem e exatidão.

Embora as palavras sejam quase idênticas às que proferem os Vigilantes durante os trabalhos dos 1º e 2º Graus, o sentido é diferente.

Obviamente, não há Sol em uma Câmara Mortuária, onde impera a escuridão.

Mas o Sol no Meridiano significa a presença de Deus na Câmara do Meio. Meridiano é sinônimo de meio, metade.

A chamada para o trabalho diz respeito à Ressurreição; um trabalho espiritual necessário após qualquer morte.

É um trabalho, porque necessita de um longo período para a reunião dos materiais para a grande Constituição, que é o Templo Vivo, ressuscitado!

A reconstrução deve ser feita com ordem e exatidão.

Quando, simbolicamente, Jeová formou o Universo, o fez ordenadamente, isto é, por ordem de valores: primeiro a Luz, a separação entre água e terra, a vegetação, posteriormente os animais e finalmente o Homem.

Essa ordem deverá ser respeitada e observada, porque só assim poderá haver exatidão.

O que Deus criou o fez justo, perfeito e definitivo.

Finalmente o Segundo Vigilante tem autorização para mandar os Obreiros à recreação, ou seja, ao descanso. Indubitavelmente dentro de uma Câmara Mortuária não há lugar para recreação, no sentido de alegria, folguedo, festividade.

Deus também, completada sua obra, descansou.

O Nazareno, após ressuscitar Lázaro, foi comemorar o evento com a família.

O Primeiro Vigilante tem o seu trono no Ocidente.

Lá está com a mesma missão do Sol quando se oculta para terminar o dia, isto é, conclui os trabalhos; o Sol, percorrido seu trajeto, oculta-se simbolicamente dentro do espaço geográfico que abrange uma jornada de 24 horas; encerrados os trabalhos, os Obreiros são despedidos, contentes e satisfeitos, mesmo participando de um ato fúnebre, contentes pelo júbilo da ressurreição; satisfeitos porque também eles passaram pela fase gloriosa.

O Primeiro Vigilante proclama que o lugar do Venerável Mestre é no Oriente. Oriente, aqui, situa-se dentro da Câmara do Meio; diz-se Oriente apenas para situar o local do Trono do Venerável Mestre, porque na Câmara do Meio não há Oriente.

O Sol, todos sabemos, nasce no Oriente, mas o Sol da sabedoria, com os seus raios penetrantes, nasce da mente do Espírito do Venerável Mestre. Não há símbolo mais eloquente que o Sol para valorizar a sabedoria, embora humana, porém promanada pela inspiração junto do Senhor dos Mundos.

A Sabedoria abre a Loja e esclarece os presentes, iluminando-os; daí a desnecessidade de um ambiente claro; a penumbra é própria para destacar a Luz.

Por que os Mestres Maçons estão reunidos?

Os Mestres Maçons se reúnem para procurar a Palavra Perdida.

Para compreendermos o significado da Palavra Perdida, necessitamos remontar aos mistérios de Ísis e Osiris.

Os segredos que os iniciados recebiam não podiam ser dados ao profano, porque havia a necessidade de uma preparação completa, tanto intelectual como espiritual.

Somente atingido o Grau de Mestre é que o Maçom poderá começar a entender as profundezas da Arte Real.

O ensinamento esotérico dos mistérios egípcios dizia respeito à reencarnação.

A metempsicose ou reencarnação hoje já é assunto que os estudiosos deram mais abertura, saindo da esfera místico-religiosa para a científica.

A Parapsicologia dedica-se a fundo para desvendar o que, ainda, perdura como mistério.

Porém, no sentido maçônico, a reencarnação se apresenta, também, com foros simbólicos. Significa um "renascimento", a "ressurreição" de um indivíduo, enquanto a reencarnação seria, em um conceito muito terreno, a rematerialização de um ser em outro indivíduo recém-nascido.

Sabemos que na Maçonaria Simbólica pairam no ar, sempre e constantemente, três questões: a do Aprendiz: de onde viemos; a do Companheiro: que somos; a do Mestre: para onde vamos.

Portanto, dentro do equilíbrio da criação e da própria Natureza, sempre quem "vai", "retorna".

Para onde o Mestre Maçom "vai"? Ou seja, para onde se "dirige"?

O ponto de partida já compreendido por todos é de que, para obter a resposta, há a necessidade de percorrer um caminho considerado pelos profanos de "lúgubre", ou seja, a Morte.

A Morte será sempre o resultado de um sacrifício.

A análise de uma morte comum não se aplica no sentido Morte do Grau de Mestre que é, sobretudo, sublimação.

A morte comum apresenta-se em múltiplas formas: a de quem nem sequer nasceu; a do recém-nascido e que morre ainda quase na inconsciência; a morte trágica por acidente; a morte com agonia pela enfermidade; a morte inconsciente durante o sono; a morte da velhice pelo esgotamento de forças; enfim, toda a gama de situações por demais conhecidas.

Não basta, porém, entender a morte, aliás, fenômeno natural, porém inaceitável.

É uma imposição das leis da Natureza e dos desígnios de Deus.

Sendo a morte o primeiro passo, outros lhe sucedem; a "putrefação", a "decomposição" e o retorno ao simbólico "Pó", "cinzas ou terra", como pretendem muitos.

Não é preciso, porém, analisar com profundidade o mistério da morte e preocupar-se com o que há além da morte.

Para onde vamos? Seria pueril afirmar que para a Morte.

Nós acreditamos no além-túmulo, mas não como crença por uma fé raciocinada, ou seja, que possua bases e não ponto final.

A humanidade é infeliz porque ou acredita que a Morte seja o ponto final ou porque acredita em um Paraíso: os dois extremos.

A questão não é crer ou descrer, mas pesquisar sobre o que há além da morte.

Essa pesquisa é feita mentalmente com o raciocínio, valendo-se das experiências dos outros mais esclarecidos e avançados no conhecimento.

Nem todos possuem predicados suficientes para encontrar o que se procura há longos séculos.

O fim primitivo da Maçonaria foi libertar o Espírito de toda tirania; ao se falar em Espírito, evidentemente, nos referimos ao que não é material, portanto ao que é imperecível.

Que tirania maior existe senão a de condicionar o Espírito à matéria e crer que com a Morte também o Espírito feneça?

No mundo atual, a ciência da tecnologia, da parapsicologia e das diversas "fés" existentes, em que os conceitos orientais do Budismo e religiões correlatas inundam o mundo ocidental, o homem chega a uma triste realidade: falta-lhe tempo para meditar.

A meditação, aqui, não é a disciplina nem o exercício religioso, mas sim a "parada", frente ao sinal vermelho, para que o homem possa dar-se conta de que estanca o tempo. Se assim não fizer, ele sucumbe.

Não será isso procurar a Palavra Perdida?

O próprio Cristianismo apresenta-se muito diverso dos tempos primitivos; basta ler a história dos Santos, ler com atenção os Evangelhos e as Cartas dos Apóstolos para nos cientificarmos de quão distantes estamos do que, em épocas passadas, se denominava de a Verdade!

O Mestre Maçom procura a Palavra Perdida e nesse mister passa todo o tempo até perder-se na confusão dos conceitos e desiste.

A desistência não é um ato público, proclamado ou observado por todos. A desistência traduz-se na rotina, na presença às reuniões por hábito ou prazer social e na indolência que lhe dita a decisão de não mais pesquisar, porque tudo sabe...

A Palavra Perdida continua perdida.

Nos tempos de outrora, dos mistérios de Ísis e Osiris, havia uma preocupação de alcançar resposta à questão: para onde vamos.

A resposta vinha e constituía um dos mais zelosamente guardados mistérios.

Hoje apenas conservamos o mistério insondável, ignorado por todos e indecifrado.

A que horas os Mestres Maçons encetam seus trabalhos?

Ao meio-dia, responde o Primeiro Vigilante.

Justamente à luz mais intensa do Astro rei, o Maçom deve iniciar a busca da Palavra Perdida.

Palavra Perdida pode simbolizar o próprio homem.

O homem perdeu-se na multidão dos seus semelhantes: continua sendo o triste desconhecido de si mesmo.

A preocupação de todos os Iluminados, inclusive do Cristo, fora a que o homem pudesse encontrar a si mesmo.

Mas o homem busca-se onde, evidentemente, não está, pois somente se encontrará dentro de si mesmo, percorrendo um caminho de fora para dentro, caminho incialmente iluminado pelo Sol, claro, para vencer os obstáculos que realmente existem.

Se na claridade o homem não consegue encontrar-se, o que será na escuridão?

No entanto, iniciado o caminho sob a luz solar, atinge o crepúsculo e as sombras na noite não obstacularizarão sua jornada, porque no lugar do Sol surgirá outra Luz eterna, que é a Luz do Grande Arquiteto do Universo, da qual o Sol, para ela, será mera sombra.

O Segundo Vigilante confirma a hora: Meio-dia!

O início da busca da Palavra Perdida é solene. Todos se erguem, dentro da Câmara do Meio. O Primeiro Diácono sobe os degraus do Trono e saúda o Venerável Mestre, que se descobre.

No Grau de Mestre, todos se apresentam trajados de acordo com o que determina o Ritual: aparamentados, revestidos de suas insígnias e usando um chapéu com abas moles que tapa o rosto.

O Respeitabilíssimo Mestre, como sinal de respeito ao ato litúrgico que pratica, descobre-se e dá ao ouvido esquerdo do Primeiro Diácono a Palavra Sagrada do Grau.

O Primeiro Diácono transforma-se em portador e mensageiro da Palavra Sagrada, que é sussurrada.

Os Diáconos simbolizam nas pombas que Noé enviou para que perscrutassem o horizonte em busca de terra firme, quando apenas subsistira do Dilúvio a Arca.

Uma das pombas retornou trazendo em seu bico um pequeno ramo de oliveira.

Poderíamos objetar que, em vez de oliveira, tivesse sido um ramo de acácia.

A oliveira, também, é uma árvore sagrada, pois é símbolo de Paz: quando Jesus chorou, o fez aos pés de uma Oliveira, que o abrigou recebendo carinhosamente a alma aflita, consolando-a e dando-lhe forças.

Os Diáconos são mensageiros de Paz, porque levam aos Vigilantes a Palavra Sagrada.

Essa Palavra Sagrada, M..., não tem significado específico, pois o momento sagrado consiste na magia do sussurro, no som produzido, no calor humano transmitido.

A Palavra Sagrada significa literalmente: "O que vem do Pai", logo o Primeiro Diácono procede do Pai, ou seja, leva ao "filho", que é o Primeiro Vigilante, a certeza de sua presença.

O Segundo Diácono já possui outra função, pois parte do filho e leva a mensagem ao Segundo Vigilante, que é a terceira pessoa da Trilogia.

Já dissemos em outra obra[60] que no Trono do Respeitabilíssimo sempre são colocadas três poltronas.[61]

Esses locais são destinados a uma só Entidade, que é Trilogia, ou seja, o Respeitabilíssimo Mestre e os dois Vigilantes.

Os Vigilantes apenas se deslocam no espaço, porém permanecem junto ao Respeitabilíssimo.

A Palavra Sagrada é transmitida para que os Vigilantes sintam a presença do Pai e assim, seguros, possam desempenhar suas missões.

Há Lojas que não permitem que as poltronas laterais do Trono sejam ocupadas, destinando-as, exclusivamente, para visitantes ilustres.

Outras fazem sentar os "Past-Masters".

O certo será convidar Irmãos merecedores da honraria, sem a necessidade de serem visitantes ilustres ou "Past-Masters"[62].

Como ainda se trata de um assunto discutível, certamente, cedo ou tarde, as autoridades administrativas encontrarão solução.

---

60. *Simbolismo do Primeiro Grau.*
61. Nos rituais do G.O.B. há apenas duas palavras: uma para o Respeitabilíssimo e outra para o Grão-Mestre Geral e seu adjunto ou ao Grão-Mestre Estadual e seu adjunto.
62. Opinião do autor.

Depois que os Vigilantes receberem a Palavra Sagrada, dirão que "tudo está justo e perfeito".

Antes disso, o ambiente espiritual da Loja ainda não apresentava a necessária evolução espiritual.

"Justo e Perfeito" é sinônimo da presença do Grande Arquiteto do Universo que compôs o Universo com perfeição, por Justiça; o que fez foi perfeito, acabado e permanente.

A afirmação do "Justo e Perfeito" equivale à sanção da obra, a submissão da criatura ao seu Criador.

Nesse justo momento, o Primeiro Experto, como Oficiante, acompanhado pelos Mestres de Cerimônias e Diáconos, abre liturgicamente no Altar o Livro da Lei, lendo o versículo apropriado e armando o Esquadro e Compasso.

Essa é a prática comum de abertura de uma "Loja de Mestre", dentro de um recinto que serve para os trabalhos das Lojas de Companheiro e Aprendiz.

No entanto, na "Câmara do Meio", não há Altar; não há a liturgia da abertura do Livro Sagrado.

Este poderá existir, porém, em local apropriado.

Não devemos esquecer que a Câmara do Meio é um recinto, revestido de negro, onde as paredes, ou cortinados, são respingadas por "lágrimas" prateadas.

Não há assentos para os Mestres, agora são as poltronas nos Tronos das Luzes, ou seja, do Respeitabilíssimo Mestre e dos Venerabilíssimos Vigilantes.

Os Obreiros permanecem de pé, diante do ataúde, onde, simbolizando Hiram Abiff, jaz um "cadáver".

Em nome do Grande Arquiteto do Universo e em honra a São João e sob os auspícios do Poder Central[63], o Respeitabilíssimo Mestre abre os trabalhos.

Afirma o Respeitabilíssimo Mestre que daquele momento em diante os trabalhos tomam plena força e vigor e que tudo o que venha de ser tratado será sob os "influxos" dos sãos princípios da Moral e da Razão.

---

63. Seja de Grande Loja ou de Grande Oriente.

O Respeitabilíssimo Mestre, ao ser empossado no cargo, recebe a dupla autorização de Autoridade Superior: a de desempenhar suas funções administrativas e as funções litúrgicas.

As funções administrativas são regidas pelas Leis da Instituição, usos e costumes; as funções litúrgicas são sacerdotais.

O Respeitabilíssimo, quando pratica atos litúrgicos, é Sacerdote, como o é o Primeiro Experto.

Ao ser invocado o "nome" do Grande Arquiteto do Universo, invoca-se sua presença por representação; dentro do misticismo da Loja, porém, é notada a real presença de Deus, das emanações benéficas que todos sentem.

A Maçonaria moderna, com o denominado Rito Francês, tentou abolir a invocação inicial, alegando ser supérflua, em face da necessária presença de Deus em tudo.

Porém, a abolição de um ato de verdadeira magia foi como uma derrocada espiritual, com consequências manifestas, pois, materializando os trabalhos, as reuniões não passaram de reuniões sociais comuns sem os resultados esotéricos. A finalidade da Maçonaria deixava de existir.

O homem dentro de sua constituição mental necessita crer em um Ser Supremo.

É uma necessidade que vem comprovada desde o homem primata e se mantém através dos milênios, imutável e cada vez mais consistente.

Se a presença do Invocado traz Paz e segurança, prossigamos nesse caminho que conduz à felicidade!

Os trabalhos também são abertos em homenagem a São João.

Muito se disse sobre São João, que não distingue entre o Batista e o Evangelista.

No Terceiro Grau, São João simboliza a Hiram Abiff que, além de ser o personagem da Lenda, evoca o sacrificado.

O Batista foi degolado para que sua cabeça fosse entregue em uma bandeja a Salomé; o sacrifício obedeceu a uma vingança porque Batista criticara o comportamento luxurioso da corte.

São João representa todos os heróis anônimos que foram e continuam sendo sacrificados: Hiram Abiff, Jesus, João Batista, Jacques de Molay, Gandhi, Martin Luther King, enfim, aqueles que para receberem maior glorificação foram mortos.

São João é um símbolo e não um personagem; é o símbolo da Morte como primeiro passo para a ressurreição.

Muito se discutiu a respeito, entendendo autores que o certo seria invocar um patrono: São João de Escócia, devido à sua fama das Cruzadas.

Porém, não é pelo fato de se necessitar de um patrono que o Respeitabilíssimo abre os trabalhos em sua honra, mas apenas para recordar que o caminho da glória passa pelo sacrifício e que a porta da Vida é a Morte.

Os trabalhos, após a invocação feita, tomam plena força e vigor.

Força, por meio da presença do Primeiro Vigilante; Vigor, por meio da atuação do Segundo Vigilante: os vocábulos sugerem a exigência de sinônimos, porém há diversidade nas funções. Força masculina e vigor feminino; a união de ambos dá origem à geração.

Os sãos princípios da Moral e da Razão poderiam, para o menos avisado, constituir a afirmação de que os trabalhos obedecem aos preceitos da Moral e à força da Razão.

Dentro da Loja só podem ser aceitos os profanos de conduta moral e conduta mental sã.

Os insanos e os imorais ou amorais não são apresentados como candidatos. Trata-se de uma condição primária.

Portanto, logicamente, os vocábulos Moral e Razão devem ser entendidos com mais profundidade.

A Moral Maçônica não é a mesma Moral profana; Moral aqui não traduz comportamento comum, mas uma atitude espiritualizada, o comportamento maçônico, que cultiva a fraternidade, o amor, a tolerância, o mútuo respeito.

No Grau de Aprendiz, em certo momento, o Chanceler responde à pergunta feita pelo Venerável Mestre a respeito do que entende por Maçonaria:

"Uma Instituição que tem por objetivo tornar feliz a Humanidade pelo Amor, pelo aperfeiçoamento dos Costumes, pela Tolerância, pela Igualdade e pelo Respeito à Autoridade e à Religião.

Aqui, o Chanceler substitui o vocábulo "Moral", dizendo "Aperfeiçoamento dos Costumes".

Mas, obviamente, os costumes maçônicos são compostos pelo Amor, pela Tolerância, pela Igualdade e pelo respeito à Autoridade Maçônica e à Religião, também Maçônica, dentro de seu conceito de "religare", ou seja, a plena harmonização com Deus; não uma religião sectária e de proselitismo, de práticas exclusivamente espirituais ou litúrgicas, mas uma vivência, uma técnica de vida que aproxima a criatura ao seu Criador.

Os conceitos maçônicos não são os mesmos conceitos profanos.

Indubitavelmente, o significado dos vocábulos são os comuns, aqueles que todos nós aprendemos a distinguir diante do estudo, desde os primeiros anos de alfabetização até a Universidade.

Porém, do conceito comum, a Maçonaria parte em busca do verdadeiro sentido, fruto do que os sábios nos ensinaram e do que todos nós, aprendizes permanentes da Arte Real, desejamos.

Dissemos, anteriormente, que o Respeitabilíssimo Mestre se descobre ao entregar a palavra Sagrada ao Primeiro Diácono.

Não só o Respeitabilíssimo Mestre se descobre, mas todos os presentes, porque se encontram cobertos por chapéus.

O chapéu, ora em desuso, tem várias finalidades, entre elas a de manter preservada a fonte do saber, que é nossa cabeça.

Todos os sacerdotes em todas as épocas sempre cobriram suas cabeças.

Essa cobertura reforça a cobertura natural, que são os cabelos, usados longos em épocas remotas — longos hoje, na juventude, em sinal de protesto —, os mantos, os cabelos longos, os chapéus são mantos protetores.

O ato de descobrir-se demonstra a receptividade da mente que não deve ser bloqueada por nada.

Os maçons de hoje ainda usam reminiscências do passado; alguns costumes perduram, posto que simplificados de acordo com as exigências da época.

Neste momento, o Primeiro Vigilante levanta a Caluneta de seu Trono e o Sagrado Vigilante abaixa a sua.[64]

Na Câmara do Meio, não há Coluneta; mas, repetimos, como os trabalhos se desenvolvem dentro de um Templo ornamentado para

---

64. No G.O.B. não há tais colunetas.

os dois primeiros Graus, as Colunetas também constituem parte do Ritual, pelo menos quanto à abertura dos trabalhos.

A Coluneta do Primeiro Vigilante obedece à ordem Dórica, que se origina do Egito; da Dórica, por ser a ordem por excelência, emanam todas as outras, ou seja, Coríntia, Toscana, Compósita, Ática, Gótica, Rostrada, Abaluastrada, Ligada, Salomônica, Isolada, etc., tendo os gregos empregado essa coluna na maior parte dos seus monumentos.

A coluna Dórica, pela sua robustez, representa o próprio Primeiro Vigilante que é Força; representa Hércules e simboliza Hiram Abiff.

A Força ordena e dirige, mas obedece à orientação da Sabedoria.

A Coluneta do Segundo Vigilante é da ordem Jônica, coluna esbelta e graciosa; é a representação da beleza feminina e representa Vênus, relembrando Abiff que deu graça à construção do Templo de Salomão.

O Primeiro Vigilante, ao iniciarem-se os trabalhos após a leitura do Livro Sagrado, levanta sua Coluneta que se encontra deitada e inerte sobre seu Trono. Isso indica a supremacia de um princípio sobre outro durante os trabalhos, revelando que tomam força e vigor.

O Segundo Vigilante, ao contrário, iniciando-se os trabalhos, abaixa sua Coluneta, significando submissão, como a beleza feminina que se submete à força que é masculina.

Cabe aqui ser comentado o movimento feminista que periodicamente, quase de século em século, surge em toda a parte; as mulheres, diante de sua penetração, forçadas pela situação econômica quase crítica mundial, nos setores de trabalho, de universidade, na tecnologia e na ciência, buscam igualdade absoluta de oportunidade com os homens.

A inteligência, a capacidade, o idealismo, o esforço podem ser idênticos aos que o homem desenvolve e produz; contudo, a mulher tem uma constituição diferente da do homem; isso é primário.

Na Maçonaria, a mulher penetrou, surgindo a Maçonaria de Adoção e Mista; também, no Brasil, há muitas Lojas mistas, que adotam o Rito Escocês Antigo e Aceito, porém a Maçonaria Regular não as aceita.

A discussão não se prende ao fato de a mulher poder ou não desempenhar as atividades maçônicas, ter ou não direitos ou capacidade.

Trata-se de uma questão litúrgica e ritualística; de uma tradição que, se interrompida, obrigaria à reformulação de todo um sistema secular, alterando símbolos e, o que se tornaria mais grave, sua interpretação.

O homem difere fisiologicamente da mulher.

A diferença não se restringe apenas ao físico, mas acompanha o campo psíquico; a mente, a alma, o sentimento, o espírito da mulher não são iguais aos do homem; a diferença não é somente externa.

O produto de uma meditação, que é mística e mágica, desenvolvida entre um grupo de homens, pode ter os mesmos resultados da prática exercida por um grupo de mulheres; porém, unir homem e mulher, em meditação maçônica, não resulta em mesmos efeitos.

Nenhum maçom é contrário à participação da mulher na filosofia maçônica; tanto que existem entidades para maçônicas compostas só de esposas, mães ou filhas de maçons; como há entidades para maçônicas mistas.

Os próprios Landmarks possuem uma linguagem masculina, não dando lugar para uma interpretação dúbia, para admissão da mulher na Maçonaria.

A pretensão da mulher, lutando pela igualdade de todos os direitos e oportunidades, constitui uma atitude que vem contra a própria mulher, porque ela perde o encanto do feminismo puro da beleza preciosa e de sua sagrada missão de gerar filhos!

Os maçons não são antifeministas; ao contrário, desejam preservar o que é sagrado, precioso e belo.

A mulher deve ser tratada com carinho, respeito e colocada acima das dificuldades que a vida exige; se uma mulher se vê compelida a trabalhar em condições iguais ao homem, isso constitui uma aberração que cabe ao homem corrigir!

O absurdo é a competição do campo do trabalho entre homem e mulher, pois sempre o homem deverá inclinar-se, por respeito à criação, diante da mulher e jamais lhe barrar os passos.

O Respeitabilíssimo Mestre diz: A mim, Irmãos, pelo Sinal, pela Bateria e pela Aclamação.

O Sinal do Grau de Mestre recorda a última sentença executada no terceiro Companheiro assassino de Hiram Abiff.

Conforme a Lenda, cada assassino arrependido — pois sempre os assassinos se arrependem —, comentando o que haviam praticado, escolheu o próprio castigo, sem supor que alguém que os estava espreitando ouvisse a autossentença.

Esse Companheiro disse que melhor lhe teria sido que seu corpo fosse cortado ao meio que praticar ato tão cruel.

O símbolo da execução constitui o "sinal" do 3º Grau[65] praticado em todas as oportunidades, porém sempre dentro da Loja.

A "Bateria" maçônica é formada não por tambores, mas pelo bater das palmas das mãos.

Há também para ocasiões especiais e festivas a "Bateria incessante", produzida por golpes de malhetes; contudo, nas sessões comuns ou de exaltação, essa "Bateria" não tem aplicação.

A "Bateria" é executada com a finalidade de interromper um ambiente contrário aos interesses místicos e mágicos.

Nem todos os Irmãos ao ingressarem em Loja são portadores de fluidos benéficos; seja pelas preocupações profanas; seja por momentos de intolerância; seja por irritabilidade momentânea, quando não há entre os Irmãos perfeita harmonia, os trabalhos maçônicos ressentem-se de unidade.

O bater palmas unissonamente produz som e vibrações.

O som, além dos valores terapêuticos conhecidos, é transmissor de mensagem; no caso em tela, esse som terá o efeito de interromper bruscamente os fluidos existentes; interrompe os maléficos e os benéficos, "neutralizando" totalmente por instantes e afastando-os dos Irmãos, em face das ondas vibratórias, para dar lugar à presença dos fluidos benéficos invocados pela "exclamação": "Huzzé"![66]

"Aclamação", na linguagem do Ritual ou exclamação, o pronunciamento da expressão "Huzzé", restitui a harmonia que deve reinar na Loja que se encontra aberta sob os "auspícios" do Grande Arquiteto do Universo.[67]

---

65. Em capítulo à parte é feito o comentário sobre o "sinal".
66. No G.O.B., no 3º Grau, não há exclamação ou aclamação.
67. À parte será explicada a função da "aclamação".

A seguir, o Respeitabilíssimo determina que todos os presentes sentem-se em seus lugares.

Como já aludimos, na "Câmara do Meio" apenas deveriam existir três assentos: o do Respeitabilíssimo Mestre e os dos Venerabilíssimos Vigilantes.

Portanto, quando o Ritual determina que o Respeitabilíssimo Mestre ordene aos Irmãos que tomem assento isso gera confusões.

Então, repetimos, a adaptação dos trabalhos do 3º Grau obriga a criatividade dos autores de literatura maçônica.

O sentar constitui o relaxamento parcial dos músculos e o descanso de todo organismo; também, no Grau 3, a "postura" deverá ser observada rigorosamente, não por constituir uma "regra", mas para beneficiar o corpo.

No Grau 3, a postura, por não ser obrigatória, não é lei, mas prática salutar.

Os Yoguis mantêm a resistência de seu organismo contra as enfermidades por meio de exercícios ou posturas; uma vez "disciplinado" o corpo, a mente tem maior campo para expansão.

A mortificação do corpo, a flagelação dos antigos monges, os ferimentos cruéis[68] são necessários para submeter o corpo material à vontade e libertar, assim, o Espírito.

A experiência nos ensina que a pessoa pode permanecer sentada em postura correta, por longas horas, sem cansar.

A razão de ser das posturas maçônicas não se esteia em caprichos de alguém, mas é o resultado de longos estudos que levaram a Maçonaria a conservá-la através dos séculos.

Nas figuras, nos afrescos e nas estátuas egípcias, verificamos que as pessoas mantêm-se sentadas, conservando determinada postura.

O fato de o obreiro sentar-se também demonstra sua parcial neutralização, para deixar campo livre aos Oficiais que desenvolvem o Ritual.

O "sentar" é prática bíblico-histórica e das diversas passagens transcrevemos apenas algumas:

---

68. A crucifixação de Jesus.

Dai ao Senhor, ó filho dos poderosos, dai ao Senhor glória e força.

Dai ao Senhor a glória devida ao seu Nome; adorai o Senhor na beleza da sua santidade.

A voz do Senhor ouve-se sobre as águas; o Deus da glória troveja; o Senhor está sobre as muitas águas.

A voz do Senhor ouve-se sobre as águas; o Deus da cheia de majestade.

A voz do Senhor quebra os cedros sim, o Senhor quebra os cedros do Líbano.

Ele os faz saltar como um bezerro; ao Líbano e Siriom, como novos unicórnios.

A voz do Senhor separa as labaredas do forro.

A voz do Senhor faz tremer o deserto; o Senhor faz tremer o deserto de Cades.

A voz do Senhor faz parir as cervas, e desnuda as brenhas. E no seu Templo cada um diz: Glória!

O Senhor se ASSENTOU sobre o Dilúvio; o Senhor se ASSENTA como rei, perpetuamente.

O Senhor dará força ao seu povo; o Senhor abençoará o seu povo com paz.

(Salmo de Davi, nº 29)

*

* *

Ao vencedor fá-lo-ei sentar-se comigo em meu trono assim como também eu, vencedor, me sentei com meu Pai em seu trono.

(Apocalipse de São João, capítulo 3, versículo 21)

*

* *

O sentar é uma postura "litúrgica".

Nos tempos do primitivismo maçônico, era impedido o ingresso na Ordem de pessoas portadoras de defeitos físicos.

A explicação primária sempre dada é a de que assim era necessário, porque, nos tempos da Idade Média, a defesa individual e coletiva não podia prescindir da habilidade física; uma pessoa portadora de defeito não poderia esgrimir a contento sua espada.

Essa explicação é superficial e incompleta; tratou-se, alguns anos atrás, de permitir a entrada de candidatos portadores de defeitos físicos que não impedissem o maçom de fazer os sinais e ajoelhar-se.

Porém, devemos nos ater ao fato de que o defeito físico impossibilita a prática das posturas que devem ser corretas.

Surgirão, então, as questões comuns: então, um digno profano está impedido de ingressar na Ordem Maçônica, se portador de defeito físico?

Ou se um bom maçom sofreu um acidente e em decorrência resulta defeituoso deverá abandonar a Maçonaria?

Obviamente, esses dois aspectos são relevantes e jamais poder-se-ia cometer injustiças; contudo, em tese, quando a postura é feita com imperfeições, ela acarretaria a todos "distúrbios" psíquicos.

O Radar, sistema de captação de vibrações eletromagnéticas, "desenha" em sua tela a forma dos objetos materializados.

Assim, as "vibrações" que se formam dentro de uma Loja, quer emanadas das Luzes, quer dos "sons", atuam qual radar, captando as "formas" externas e internas do Obreiro.

Se este em sua posição se apresenta defeituoso, indubitavelmente, sua "imagem" chegará ao "radar", imperfeita.

A Maçonaria, isso nós aprendemos no 2º Grau, leva a sério os fatos científicos e põe neles não só sua "fé" como sua "razão", por meio dos conhecimentos hauridos através dos séculos.

Se algum dia, nós, os maçons, conseguirmos desenvolver uma sessão à perfeição, jamais deixaremos de repetir nosso esforço; infelizmente, conseguir a colaboração uníssona de toda uma Loja é prática, se não impossível, pelo menos dificílima.

Portanto, quando o Respeitabilíssimo Mestre determinar que os Veneráveis Irmãos tomem assento, devemos acatar a ordem superior, não como um ato de rotina, mas como um ato litúrgico, porque, dentro do desenvolvimento de um Ritual Maçônico, em primeiro lugar devemos sentir a presença do misticismo e da magia.

Nós não estamos exagerando e conduzindo a interpretação ritualística sempre para o campo exclusivamente mental e espiritual; sucede que o Ritual deve ser interpretado com a amplitude exigida e não vê-lo, na simplicidade de sua linguagem comum, como ato de rotina.

*
* *

Os Irmãos que se encontram junto ao Altar dos Juramentos, que é o ARA, onde se encontra o Livro Sagrado, saúdam o Respeitabilíssimo Mestre e voltam para os seus lugares.

Os que se encontram dentro do Quadrilátero, que é o Pavimento de Mosaico, são o Mestre de Cerimônias, os dois Diáconos e o Experto.

É de se observar que, no Grau 3, não se obedece à mesma marcha dos Graus 1 e 2; todos tomam seus lugares sem a marcha "retrógrada", que é executada nos Graus anteriores.

Nos Graus 1 e 2 todos "retroagem", pois o Experto o faz para ocupar seu lugar, os Diáconos, para retornar entre Colunas e seguir pela esquerda e o Mestre de Cerimônias, para seu lugar.

A marcha "retrógrada" tem efeito litúrgico esclarecido no Grau de Mestre; ela não tem referência nos Graus anteriores, não porque não exista mas porque é reservada para o Grau de Mestre.

Na Câmara do Meio, não há Colunas para os Mestres, de forma que o espaço é um só e a marcha apenas obedece ao sistema adotado genericamente, da esquerda para a direita, imitando o círculo do Sol.

O Primeiro Diácono de passagem, isto é, quando está retornando para o seu lugar, que é à direita do Respeitabilíssimo Mestre, "abre" o Painel da Loja de Mestre.

Esse Painel é colocado no lugar sacramentado, isto é, adiante do Altar dos Juramentos.

O Painel[69], que deveria ser "desenrolado" e não colocado, pois o vício comodista fez o Painel ser transformado em quadro emoldurado e com vidro, não tem lugar prefixado em Loja, se considerarmos a inexistência de um Altar dos Juramentos.

*

* *

Encerrada a parte litúrgica de abertura, os trabalhos transformam-se em sessão econômica, ou seja, meramente administrativa, com a leitura da ata, que, também, no 3º Grau se denomina de "Balaústre"; o Balaústre não é lido, mas sim "decifrado" porque é escrito em linguagem própria, com o uso do "estilo literário" especial e com o uso das abreviaturas por meio do "triponto".

Nesta parte, se obedecêssemos a uma lógica, a Loja deveria ser colocada em "recreação", ou seja, suspensos os trabalhos, posto que os Obreiros fossem mantidos em seus lugares e observada a disciplina.

Balaústre, diz-nos o dicionário: "Colunelo ou pequeno Pilar, sustentando, com outros intervalados, uma travessa ou corrimão".

O Balaústre compõe-se de três partes: capitel, fuste e pedestal: o fuste compreende duas partes: o bojo e o colo.

Os Balaústres devem ser de preferência em número ímpar, de cinco a 11, e a distância que os separa, igual à metade de seu maior diâmetro.

Será por meio dessa definição clássica, arquitetônica, que as atas deverão ser redigidas.

Portanto, as Atas compõem-se de três partes: a introdução, os assuntos tratados e a conclusão.

Os assuntos tratados, ou seja, o "Fuste", devem ser divididos em duas partes: os gerais e os específicos.

A divisão deve obedecer ao número ímpar, ou seja, os assuntos divididos, sempre, em número ímpar igual a cinco ou que não excedam a 11.

---

69. Ver descrição à parte.

São regras rígidas, porque o "Balaústre" da Loja constitui uma peça na construção do Templo, embora, aqui, Templo Administrativo. Verificamos que muitos autores, mormente nacionais, preocupam-se em apresentar modelos de Atas; não encontramos sequer um, que dispusesse as Atas de forma arquitetônica.

Encontramos nas obras definições curiosas e úteis; "Ata[70] é o resumo do que se escreve das sessões das Oficinas; denomina-se, também, de "Prancha dos Trabalhos"; nela devem constar, para que sejam regulares, os nomes dos Irmãos que ocupam os primeiros postos da Loja, os do Orador e Secretário; há de constar a data e a situação geográfica do local; depois, registram-se todos os assuntos e nomes dos Irmãos que intervieram, todas as discussões e conclusões; deve ser aprovada após discutida e votada e assinada pelos Secretário, Orador e Venerável Mestre".

Diz o mesmo Dicionário que a denominação de "Balaústre" está incorreta, pois "Balaústre" são todos os documentos emanados dos Soberanos Grandes Inspetores Gerais do Grau 33 do Rito Escocês Antigo e Aceito.

Temos, então, aqui uma confusão de opiniões; entre nós, porém, foi adotado o termo "Balaústre" às Atas; cremos nós acertado o termo, dada a divisão arquitetônica de um balaústre que se presta, muito mais à confusão de uma ata, que aos papéis vindos do Supremo Conselho, a não ser que este "catalogue" e defina o nome simbólico de cada papel.

O Respeitabilíssimo submete o "Balaústre" a discussões, antes de sua aprovação; a palavra obedece sempre à ordem estabelecida, iniciando pela Coluna do Sul; a palavra não retorna se alguém esqueceu de fazer qualquer observação; terá perdido a oportunidade.

Não se aplica nas sessões administrativas o costumeiro "pela ordem", usado nas reuniões do mundo profano, a não ser quando a sessão o possa comportar em defesa de teses, discussões regimentais ou estatutárias.

Reinando silêncio, o "Balaústre" passa a ser votado; todos votam erguendo o braço, contando o Mestre de Cerimônias os votos,

---

70. Dicionário Kier.

dá-se o resultado ao Respeitabilíssimo: "aprovado por unanimidade", "aprovado por maioria" ou "deixou de ser aprovado".

Essa parte administrativa é conduzida pelo Respeitabilíssimo, como se fora em reunião comum de Aprendiz ou Companheiro.

O silêncio nas reuniões é sempre anunciado; a finalidade ao anúncio é afirmar que a palavra não retornará nem nas Colunas nem no Oriente.

Poderá surgir caso em que haja necessidade de proceder a alguma emenda no "Balaústre", seja por omissão, erro, falha, enfim, motivo que obrigue qualquer alteração; a aprovação, então, será dada com a ressalva da emenda proposta; esta deverá constar, ao final do "Balaústre", antes de ser assinado pelo Respeitabilíssimo Mestre Orador e Secretário.

A seguir, o Secretário fará leitura do expediente, ou seja, da correspondência recebida durante a semana; serão lidos os Atos emanados dos Órgãos Superiores, e os Decretos assinados pelo Sereníssimo Grão-Mestre serão lidos pelo orador, pondo-se a Loja de pé e à Ordem.

Findo o expediente, o Respeitabilíssimo Mestre fará anunciar que o Mestre de Cerimônias recolherá, por meio do Saco de Propostas e Informações, quaisquer assuntos que os Obreiros desejarem apresentar por escrito.

O Saco de Propostas e Informações circulará obedecendo à absoluta ordem hierárquica, isto é, em primeiro lugar, será colocado "entre Colunas".

A postura do Mestre de Cerimônias, entre Colunas, não obedece à postura do Grau, mas ficará em posição de sentido, com os pés em esquadria e segurando a sacola com ambas as mãos, colocando-a do lado esquerdo, na altura de sua cintura.

A Sacola permanece entre Colunas para que receba o "esvaziamento" de fluidos conservados desde a sessão anterior.

Como a Sacola é um recipiente, ela destina-se à coleta precípua de propostas e informações escritas, porém a finalidade esotérica, mística, é bem outra.

O Mestre de Cerimônias, em segundo lugar, conduz a Sacola do Trono do Respeitabilíssimo que será o primeiro a colocar sua mão dentro do recipiente; terá o cuidado de penetrar a fundo com a sua destra, sucedendo-lhe o Irmão que está sentado ao seu lado.

O fato de colocar a destra dentro da Sacola, mesmo que não conduza nenhuma proposta ou informação — eis que o próprio Respeitabilíssimo poderá propor e apresentar — faz os fluidos de seu cargo, de sua personalidade e de sua mente permanecerem dentro do recipiente.

Aquele que lhe seguirá, também, colocará seus próprios fluidos, mas já receberá os que lá foram depositados; o segundo e o terceiro que colocarem a destra serão os Vigilantes.

Estes, pelos cargos que ocupam, também, fortalecidos pelo Respeitabilíssimo, depositarão — apesar da permuta — fluidos suficientes para a boa harmonia dos trabalhos; a seguir, será a vez do Orador, Secretário, Tesoureiro, Chanceler, Guarda do Templo e, por fim, os demais Mestres que não ocupam cargos.

Todos sem exceção colocam sua destra na Sacola.

Perguntar-se-á: mas o Respeitabilíssimo, que foi o primeiro a lançar os fluidos, nada recebe?

Receberá, sim, a soma de todos os fluidos, ao abrir a Sacola que lhe é entregue, pelo Mestre de Cerimônias e retirar o conteúdo, adentrando sua mão.

A ordem hierárquica certa seria apresentar a Sacola, em último lugar, ao Chanceler e não ao próprio Mestre de Cerimônias; ao Chanceler por ser quem, por força de seu cargo, "chancela" e "sela".

O Respeitabilíssimo abre a Sacola sob a fiscalização do Orador e do Secretário, previamente convidados, e "despeja" seu conteúdo sobre a mesa de seu Trono.

Aqui, como não podia deixar de ser, surge uma incongruência: as sessões de Mestre são desenvolvidas na escuridão; obviamente, nada poderá ser lido ou "decifrado", por falta de condições de luminosidade; porém, como já referimos, estamos diante de uma adaptação e então as luzes acendem-se.

Quando, porém, a Sacola nada contém, o Respeitabilíssimo não poderá dizer: "O Saco de Propostas e Informações nada produziu", eis que, na realidade, muito produziu, com a permuta dos fluidos que constitui força para o fraco, ânimo para aquele que se deixou entregar diante das vicissitudes da vida.

Acertadamente, o Respeitabilíssimo dirá: "O Saco de Propostas e Informações não recolheu nenhuma Coluna gravada".

O Saco de Propostas e Informações "circula", isto é, vai em círculos, obedecendo à trajetória que lhe dá o Mestre de Cerimônias.

O Círculo é figura geométrica formada pelo Compasso que é a joia e o instrumento do Grau 3.

Tudo na Loja caminha em Círculo.

"O Compasso[71] é uma das três grandes joias da Loja, ao lado do Livro Sagrado e do Esquadro.

Representa a Justiça que os atos dos homens devem ser medidos.

É com essa joia que se traça o Círculo e por isso tem ligação estreita com a "Cadeia de União" que é formada em Círculo.

O Círculo, fatalmente, tem um Centro que é o Ponto representado na Natureza pela linha do Equador e a Estrela Polar, lembrando o seu traçado, o Olho que tudo vê.

São os Círculos individuais que formam a "Cadeia de União", mental, unindo-se um ao outro.

Por ser o traçado mais perfeito, o Círculo representa a Criação do Universo. A Circunferência, a "alma universal".

A Humanidade usa como símbolo de união entre os sexos a aliança, que não passa de um Círculo de ouro feito anel.

O povo hebreu comemorava a Aliança entre Deus e os homens por meio da "circuncisão", que consistia na retirada do prepúcio, em forma de anel.

A "taça sagrada", o "cálice" usado em cerimônias maçônicas, está construída, simbolizando o Círculo.

O Respeitabilíssimo Mestre dará destino às propostas e informações recebidas; estas devem sempre vir assinadas pelos Irmãos proponentes, para evitarem-se anonimatos; contudo, o nome dos Irmãos não será divulgado.

---

71. Vide *A Cadeia de União*, do mesmo autor.

Geralmente, no Saco de Propostas e Informações, são propostos candidatos à iniciação, isso no Grau de Aprendiz; no 3º Grau, não há essa proposta; precipuamente, as propostas estão ligadas a assuntos filosóficos, teses, trabalhos ou solicitações para esclarecimentos sobre assuntos literários ventilados na reunião precedente.

Também, nas sessões do Grau 3, é programada uma Ordem do Dia; esta consiste na programação dos trabalhos; na apresentação das lições do Ritual, que são desenvolvidas por meio de leitura, em que participam as Luzes e os Oficiais da Loja.

Há um perigo para a ascensão aos Graus Superiores, caso isso não seja mencionado com clareza; para atingir um Grau acima, o Mestre deverá cumprir, no mínimo, seis meses de Mestrado, recebendo a ilustração necessária; porém, não é obrigatória a ascensão, pois todos a aspiram para ampliar seus conhecimentos filosóficos.

Trata-se, aqui, de uma espécie de "tabu"; enquanto ninguém comenta a respeito dos Graus Filosóficos nas reuniões desses Graus Superiores, o assunto em destaque sempre são os assuntos que concernem aos três primeiros Graus.

É uma questão de observância das Leis que dirigem a Grande Loja ou o Grande Oriente, e ninguém tem a preocupação de violar essas leis, submetendo-se ao que os tratados decidiram.

Há, contudo, plena harmonia entre os denominados Altos Corpos Filosóficos e a Maçonaria Simbólica, mesmo porque o Rito Escocês Antigo e Aceito compõe-se de 33 Graus, que abrangem os três primeiros, denominados de Simbólicos ou azuis.

Na Ordem do Dia, o Respeitabilíssimo atende exclusimente ao programado.

Antes da reunião semanal há sempre outra "preparatória", em que as Luzes e os Oficiais — a denominada Diretoria — confeccionam a pauta, ou "Ordem do Dia".

Encerrada esta, o Respeitabilíssimo determina que circule o Tronco de Beneficência.

O Tronco de Beneficência, ou de Solidariedade, é recolhido por meio de uma sacola apropriada, onde os Irmãos depositam seu óbolo, de forma discreta.

Anteriormente, o Tronco era apenas de Beneficência, exercida pelo Hospitaleiro que socorria os Irmãos necessitados, suas viúvas ou famílias e também a profanos indicados reservadamente pelos membros do Quadro.

Atualmente, o termo Beneficência foi substituído pelo de Solidariedade que se apresenta mais amplo.

O óbolo tem sido a expressão física da solidariedade em todas as religiões; a Maçonaria não necessitaria coletar óbolos, pois é dever de seus adeptos socorrer os Irmãos necessitados e fazer Caridade comum; contudo, tratando-se de um ato litúrgico, é conservado, porque significa simbolicamente as ofertas que os hebreus apresentavam a Jeová, traduzidas pelas "Primícias" do produto de seu trabalho, que serviam para o sacrifício no Altar, sendo ser vivo e para o alimento dos Sacerdotes.

Temos o exemplo contido nos Evangelhos, quando Jesus teceu elogios ao óbolo da viúva e criticou o do fariseu.

Cada Loja ou mesmo cada Grande Oriente, organiza a coleta de recursos, seja por meio de mensalidade, anuidades ou contribuições espontâneas[72].

A coleta do Tronco de Solidariedade obedece à mesma ordem como circula o Saco de Propostas e Informações.

Finda a coleta, o Respeitabilíssimo Mestre concede a Palavra "a bem da Ordem em geral e do Quadro em particular" a todos os Irmãos presentes, quer membros, quer visitantes.

A Palavra circula também pela ordem preestabelecida para todos os trabalhos, isto é, inicia pela Coluna do Sul, passa pela Coluna do Norte e finda no Oriente.

A Palavra não retorna em hipótese alguma: quando os Vigilantes anunciam que "reina silêncio" na Coluna, a oportunidade de falar cessou.

A "Ordem em geral" diz respeito aos assuntos que interessam à Instituição; todos os assuntos maçônicos, sejam da própria Loja,

---

72. A Grande Loja do Rio Grande do Sul organizou a "SOS Maçônico", que angaria, por meio de carnês bancários, recursos para atender casos urgentes de socorro a Irmãos necessitados.

locais, nacionais ou internacionais, são mencionados, discutidos, já que o Orador é que dará as conclusões finais.

Dentro dessa "Ordem em geral", são vedados os assuntos que possam envolver "política partidária", "religião na forma de proselitismo" e "raça", isto é, problemas raciais, no intuito de diferenciar uma raça da outra.

Os Irmãos poderão anunciar previamente o assunto que irão abordar, colocando no Saco das Propostas e Informações, por escrito, uma nota.

O Respeitabilíssimo tem a autoridade de "cortar" o assunto, ou a palavra, de qualquer Irmão, caso a julgue inapropriada, inconveniente ou supérflua; o fará, interrompendo com um "golpe de malhete" e dando as explicações necessárias; o Irmão que está com a palavra deverá acatar a ordem com respeito e humildade.

Os assuntos do Quadro em particular são os mais frequentes.

Além dos assuntos gerais, qualquer Irmão poderá apresentar um trabalho filosófico ou de interesse comum, comentando acontecimentos do dia, apresentando teses, organizando programas, enfim, dar vazão à sua necessidade de "comunicação"; nesse aspecto é que a Maçonaria é Escola.

Além do treino, do recebimento da crítica construtiva, do incentivo à pesquisa, dentro da Loja Maçônica, o Maçom não só troca "fluidos", "forças espirituais", mas também "conhecimentos".

Concluída a Palavra, o Orador tecerá suas considerações finais, analisando tudo o que foi mencionado, destacando tópicos mais importantes, sugerindo assuntos para a próxima reunião, cumprimentando os Irmãos que se destacam, incentivando e concluirá informando que naquela sessão "os trabalhos decorreram Justos e Perfeitos".

O Respeitabilíssimo, então, anunciará que os trabalhos serão encerrados.

Os Vigilantes repetem o anúncio.

Por que os Vigilantes devem sempre repetir os anúncios feitos pelo Respeitabilíssimo Mestre, se o recinto da Loja é pequeno e todos escutam?

É porque as Luzes são unas, isto é, o Respeitabilíssimo Mestre e os Venerabilíssimos Vigilantes constituem um "Corpo único", sendo, também, uma "Trilogia", seccionada em três partes apenas quanto ao aspecto do espaço.

No Trono estão colocadas três poltronas; as laterais são ocupadas pelos Vigilantes que, porém, se encontram deslocados no espaço até as Colunas.

A Trilogia não é representada exclusivamente pela "Cabeça", mas, também, pelos Vigilantes.

Para exemplificar, a Trilogia religioso-universal do "Pai, Filho e Espírito Santo" contém três Imagens unificadas mas autônomas; cada uma fala por si própria.

Assim, os Vigilantes repetem os anúncios vindos do Respeitabilíssimo, porque esses mesmos anúncios só produzem efeito nas Colunas se emanados deles.

A Maçonaria é um conjunto de simbolismo, e é preciso muita atenção para compreender a finalidade de cada ato, gesto ou palavra.

Depois de feito o anúncio, o Respeitabilíssimo dirige-se aos Diáconos e lhes pergunta qual o seu lugar na Loja.

Aqui, poderia ser considerada supérflua a pergunta, mas deve-se ater ao fato de que a Loja reflete simbolicamente a "criação do Mundo"; cada coisa em seu preciso lugar, para manter a harmonia da criação.

E se os Diáconos respondem que se encontram no lugar que lhes foi destinado, isso comprova que a ordem está mantida e que não há caos.

A missão dos dois Diáconos é diversa: ao Segundo cabe transmitir as ordens do Primeiro Vigilante ao Segundo Vigilante e "ver" se todos os Irmãos se conservam nas Colunas com respeito e disciplina.

"Ver" não traduz "fiscalização", mas apenas "olhar", "presenciar".

O Segundo Diácono é uma "testemunha ocular", para que na devida oportunidade possa emitir seu "parecer" quanto à observância da disciplina e do respeito nas Colunas.

Disciplina e respeito, no sentido de "Obedecer" às leis que regem a Natureza, emanadas do Grande Arquiteto do Universo.[73]

A missão do Primeiro Diácono é a de transmitir as ordens do Respeitabilíssimo Mestre ao Primeiro Vigilante e a qualquer outro Irmão, para que os trabalhos se executem com prontidão e regularidade.

---

73. Vide *O Delta Luminoso*, obra do mesmo autor.

A função, portanto, do Primeiro Diácono, decorre do impulso que o Respeitabilíssimo possa lhe dar; se durante a sessão nada receber, permanecerá estático.

O Segundo Vigilante ocupa o lugar que lhe foi destinado por três motivos: "para melhor observar o Sol no Meridiano", para "chamar os Obreiros para o trabalho" e para "mandar os Obreiros à recreação".

A observação do Sol é um ato litúrgico e místico, porque o Sol simboliza a própria divindade e é a glória da criação, sua passagem pelo Meridiano fecha um ciclo; o Sol jamais retrocede e sua marca é indelével, porque sua força energética produz os benefícios à Natureza toda.

O Segundo Vigilante, ao observar a passagem do Sol pelo Meridiano, está rendendo culto ao Grande Arquiteto do Universo; esta é a sua missão principal.

Após, o Segundo Vigilante, iniciado um novo ciclo pelo Sol, chama os Obreiros para o trabalho.

Essa chamada é esotérica, silenciosa, mística; os Obreiros que também observam o Sol na passagem pelo Meridiano "sentem" a chamada e a atendem.

Essa "chamada", contudo, atinge somente os Obreiros que se encontram no recinto?

Indubitavelmente, não. Todos os Obreiros pertencentes ao Quadro da Loja devem "sentir" a chamada e apressarem-se para o trabalho; esse trabalho não é tarefa física, mas harmonização de pensamento, emitindo fluidos tão necessários para o fortalecimento coletivo.

Mandar um Maçom à recreação constitui prática normal dentro de cada Grau; recreação aqui deve ser tomada no sentido de descanso, após duro trabalho, simboliza o descanso que Deus deu a si mesmo após os seis dias de criatividade.Trata-se de um descanso prêmio, recompensa, em júbilo e satisfação de ver que a obra foi realizada dentro do binômio: "Justo e Perfeito".

O descanso, diz o Ritual, é necessário, a fim de que todos possam, com proveito e alegria, colher os "bons" frutos dos labores.

Gozar do resultado do trabalho, ou seja, receber o "salário", só poderá causar proveito e alegria.

Na Maçonaria não há a sentença de que o homem deverá viver pelo suor de seu rosto, ou seja, um trabalho castigado, penoso e sacrificado; o trabalho do maçom é suave, benesse e produtivo.

Já a missão do Primeiro Vigilante é outra: "assinalar o ocaso do Sol"; "fechar a Loja", "pagar os Obreiros" e "certificar-se de que os Obreiros se retiram plenamente satisfeitos"; são portanto quatro tarefas que, somadas às três do Segundo Vigilante, resultam em sete, cujo número, próprio do 3º Grau, é místico e simbólico, será analisado mais adiante.

O "ocaso" do Sol sempre é um símbolo mortuário, porque, embora na realidade o Sol apenas se "esconde" devido à rotação da Terra, sua trajetória visual alerta ao homem de que o período da "ausência" da Luz se aproxima e que a noite sempre é temida; trata-se de uma linguagem figurativa mas que deve ser interpretada com muita seriedade; enquanto há Sol, consequentemente, Luz, o homem "sente" a presença de seu Deus; embora Ele jamais se oculte ao homem, a criatura frágil e pessimista não "sente" sua presença à noite.

Quando o Sol desaparece no horizonte, a Loja é fechada; o horizonte simboliza a "estreiteza" de nossa compreensão; a linha divisória entre a fé e o raciocínio.

A Loja não pode trabalhar sem a presença da Luz Solar.

Os Obreiros, ao descer o Sol, ainda na luminosidade do ocaso, recebem o salário; esse pagamento deve ser feito, ainda, dentro da luminosidade porque, surgindo as trevas, o Obreiro não terá mais direito a ele.

O Obreiro que recebe seu salário, ainda na luminosidade do Sol, sente-se satisfeito, isto é, o salário lhe é suficiente; mas essa satisfação deve ser "percebida" pelo Primeiro Vigilante; a satisfação deverá ser "plena", isto é, completa.

O lugar ocupado pelo Respeitabilíssimo Mestre situa-se no Oriente; o Respeitabilíssimo Mestre tem três tarefas a cumprir: "abrir a Loja", "guiá-la em seus trabalhos" e "esclarecer a todos os Obreiros".

O Respeitabilíssimo Mestre assiste ao nascer do Sol; ele que é Sabedoria poderá suportar as trevas, mas coloca-se justamente no Oriente para, ansiosamente, ver o nascer do Astro rei.

À luz do Sol, ele abre a Loja, guia os Obreiros para o trabalho e com seus conhecimentos esclarece todas as dúvidas: somamos, então, às sete atribuições dos Vigilantes mais as três do Respeitabilíssimo, e teremos o número dez, que representa a unidade; repetimos: o Vigilante junto com o Respeitabilíssimo forma um só conjunto harmônico, uma trilogia, que é unidade.

O Respeitabilíssimo Mestre pergunta ao Primeiro Vigilante a que horas devem os Mestres encerrar os trabalhos; a resposta é: "à meia-noite".

Não se confunda a hora de "fechar a Loja" com a hora do "encerramento dos trabalhos".

A Loja é fechada e os Obreiros são pagos, no momento em que o Sol assinala o ocaso; porém, há outros "trabalhos" que devem ser executados, não sob a Luz do Sol, mas, sob a "Luz" que emana da Cadeira de Salomão, ou seja, do Respeitabilíssimo Mestre, que é a "Luz do conhecimento", da "sabedoria", da "força mental".

São os "trabalhos mentais ou espirituais"; é a magia que atua na parte oculta da atividade mental que se move através dos fluidos emanados das mentes dos Obreiros.

Porém, à "meia-noite em ponto", isto é, quando na Régua das 24 Polegadas é marcado o último sinal, tudo deve cessar, porque a mente humana, que não dorme, necessita de um período entre a "meia-noite" e o nascer do Sol para buscar a renovação de forças; o nascer do Sol é variado, alterando-se de acordo com a posição geográfica da Loja e as estações do ano, porém, a "meia-noite" é imutável.

Ouvem-se os tímpanos que soam 27 vezes.

Estando todos de pé e à ordem, transmite-se a Palavra Sagrada, como o foi do início, por ocasião da abertura da Loja; o Livro da Lei é fechado e o Primeiro Vigilante pronunciará as palavras sacramentais para o fechamento da Loja.

Neste momento, todos se descobrem, retirando o chapéu; invocando o nome do Patrono, todos fazem sinal do Grau e dão a Bateria para interromper a corrente fluídica.

Todos se retiram em silêncio.

Desenvolvimento do Ritual
2ª Parte
Exaltação – Iniciação

Para a Passagem do Segundo ao Terceiro Grau, o Companheiro é submetido à nova iniciação.

A iniciação se processa, obedecendo à sistemática estabelecida para os dois Graus precedentes, posto com maior profundidade, eis que a cerimônia gira em torno do ato mortuário e da ressurreição.

Repetimos aqui o que afirmamos em cada capítulo, de que também a cerimônia de exaltação obedece a uma estrutura vinda do Primeiro Grau, sendo uma "adaptação", dentro de um recinto apropriado para o Grau de Aprendiz, porque assim dispõe o Ritual, assim deverá ser desenvolvido, para que os Maçons possam compreender a sistemática, dentro do que se habituaram a ver.

Exaltação é sinônimo de iniciação, porém trata de destacar a cerimônia por ser a última dentro do simbolismo.

Diz-se: iniciar ao Grau de Aprendiz; elevar ao Grau de Companheiro e exaltar ao Grau de Mestre, porém, as três cerimônias serão sempre iniciações.

O Respeitabilíssimo Mestre inicia os trabalhos, consultando os presentes sobre a concordância em exaltar ao Grau de Mestre o Companheiro, ora candidato; a concordância deverá ser unânime.

Poderá suceder, porém, que surjam motivos para vetar a cerimônia, e então a reunião transforma-se em administrativa, e o caso passa a ser discutido e votado; se rejeitada a exaltação, os trabalhos são suspensos.

Nessa fase, a Loja ainda não foi aberta e nenhum ato litúrgico foi realizado; apenas desfaz-se a reunião e o Secretário anotará a revogação que, em forma de ata, deverá ser aprovada.

Se, porém, houver ratificação para a exaltação, o Respeitabilíssimo Mestre determina ao Irmão Experto que vá preparar o Candidato.

O Experto sai e, passados alguns minutos, retorna, precedendo sua entrada a batida convencional à porta.

O Guarda do Templo, que desembainhou a espada, que porta como símbolo de força e autoridade, pergunta através da fresta que abriu na porta quem bateu.

O Mestre de Cerimônias, que saiu em companhia do Experto, responde que conduz o Companheiro que "terminou o tempo de estudos das tradições e ciências e pede para ser exaltado ao Sublime Grau de Mestre".

O Respeitabilíssimo Mestre adverte: "Por que Irmão Mestre de Cerimônias vinde perturbar nossa dor?"

Essa pergunta esclarece à sociedade que os Obreiros encontram-se reunidos sob um trauma de dor, evidentemente, a recordação da morte de Hiram Abiff.

E prossegue: "Meus Irmãos, talvez o Companheiro seja um daqueles que causaram nossa dor, armemo-nos".

O Companheiro, portanto, candidato à exaltação, passa a simbolizar um dos assassinos, sem que seja individualizado, pois os três companheiros, Jubelos, Jubelas e Jubelum, constituem uma trilogia representada na unidade.

A determinação de que todos deverão armar-se com as espadas colocadas à disposição simboliza a reação à ação criminosa, em uma demonstração de supremacia e poder.

Se os Obreiros já portassem as espadas, não haveria a necessidade de se armarem, bastaria o desempenhar da espada; o próprio Respeitabilíssimo Mestre arma-se e assim todos empunham uma espada.

O Primeiro Diácono, acompanhado do Irmão Terrível e mais três Irmãos, passa a examinar o Candidato, sobretudo suas mãos; tiram-lhe o Avental e o levam ao Respeitabilíssimo Mestre, a fim de que verifique se está manchado com sangue.

O Irmão Terrível é o mesmo Irmão Experto que toma essa denominação durante o cerimonial de exaltação.

O candidato entra no Templo devidamente amarrado com uma corda que lhe envolve o corpo e passa pelo pescoço.

O Primeiro Diácono assevera ao Respeitabilíssimo que o Candidato não traz em si nenhum sinal suspeito; então passa-se a um interrogatório que tem a finalidade de revelar se o Candidato é sincero em sua pretensão.

O Primeiro Diácono, que é o porta-voz do Respeitabilíssimo Mestre, pergunta ao Candidato nome, idade, profissão e explicações a respeito de sua pretensão de ser exaltado.

A resposta é dada em linguagem apropriada, ou seja, o nome e a idade profanos, porém quanto à profissão, "que trabalhou na Pedra Cúbica, no interior do Templo", "que se exercitou nas ciências e no estudo de letra IOD" e "que concebeu a esperança da Exaltação pela Palavra de Passe".

Essa resposta assusta o Respeitabilíssimo Mestre que inquire o Primeiro Diácono a respeito de como o Candidato sabe a Palavra de Passe e aventa a possibilidade de que a teria obtido por meio do assassinato cometido.

O Primeiro Vigilante, por sua vez, também, apresenta suas desconfianças e examina detidamente o Candidato e acredita ser ele um dos assassinos; irritado, assustado, segurando o Candidato pela corda que lhe passa no pescoço e com violência lhe pergunta como é que deu a Palavra de Passe.

Somente aqui é que o Candidato, trêmulo, confessa ignorar a Palavra de Passe e diz que seu acompanhante a dará por ele.

Dada a Palavra de Passe pelo Mestre de Cerimônias e tida como certa é permitida a entrada do Candidato na Câmara do Meio.

O Respeitabilíssimo Mestre dirige-se ao Companheiro e lhe diz: "Grande é tua temeridade em interromper nossos trabalhos, nossa dor e consternação, justamente, quando desconfiamos de todos os Companheiros. Tomaste parte no horrível crime?"

Nessa altura da cerimônia, supõe-se, ainda, que os assassinos de Hiram Abiff não tinham sido identificados, daí a preocupação de todos em estudar detidamente o Candidato que se apresentou.

Na urna mortuária armada, com todos os requisitos previstos no cerimonial, encontra-se um cadáver coberto por um pano; o Respeitabilíssimo Mestre o descobre, o que causa horror ao Candidato.

Prossegue o Respeitabilíssimo Mestre: "Com certeza já ouviste falar das cerimônias antigas que a Maçonaria guarda por tradição. Os sinais de luto e consternação que vedes em torno prendem-se a essa tradição, e os instrumentos à solta traduzem a preocupação e a confusão que reina entre os Obreiros do Templo".

Conservando a constante dos Graus precedentes, também na Exaltação o iniciando deverá praticar algumas viagens.

As viagens simbolizam a passagem do tempo, característica da Vida, porque será no transcurso do tempo que o homem adquirirá por sucessivas experiências a capacidade de enfrentar a adversidade e gozar as alegrias.

As viagens do Cerimonial serão, obviamente, simbólicas e em face disso é que o iniciando deverá pôr toda a sua atenção ao que sucede ao seu redor e ao que lhe dizem.

Nós todos somos Viajantes, Peregrinos, Transeuntes do Mundo; as jornadas destinam-se ao cumprimento de uma programação de parte do Grande Arquiteto do Universo e servem, outrossim, como "expiação" das nossas falhas e faltas; falhas quando involuntárias e faltas quando cometidas conscientemente.

Os povos orientais afirmam que uma Vida não passa de uma jornada, dentro do plano divino, e que o homem deve viver várias Vidas até atingir a Perfeição, ou seja, percorrer várias Jornadas.

Na Maçonaria, os iniciandos morrem e ressuscitam a cada etapa ou Grau que passam; o simbolismo dessas iniciações equivale às "reencarnações"; a alma se purifica a cada iniciação; se a cada "reencarnação", a alma se purifica, o fenômeno é idêntico.

Não desejamos discutir da validade da "reencarnação" mesmo, apesar do progresso da Parapsicologia, mas a aplicação do princípio de Vidas sucessivas, às cerimônias maçônicas, traduz à sociedade que a Maçonaria colheu de um passado remoto a concepção oriental.

O Iniciado pratica uma só viagem, porém, em três etapas, retornando ao significado das marchas do 1º Grau: provas do Ar, da Terra, da Água e do Fogo.

Na primeira etapa, o Mestre de Cerimônias toma o Companheiro, ora Iniciado, pela mão direita e partindo do Ocidente passa pelo Norte e para ao Sul. Essa etapa simboliza a luta para vencer a Ignorância; o Ocidente, onde se encontram as Colunas, o lugar do Dualismo, símbolo dos opostos, da dúvida que só é vencida pelo Conhecimento, para ao Sul, já iluminado pela Luz da Verdade.

Na segunda etapa, partindo da "cálida" região do Sul, por isso ainda dominada pelas paixões, o Companheiro dominará o Fanatismo; para no Oriente, diante do juízo severo da mente.

A terceira etapa, partindo do Norte e parando, novamente no Oriente, simboliza a purificação total sobre o egoísmo e a ambição; centraliza-se diante do Oriente, ao topo do Pavimento de Mosaico, que simboliza a horizontalidade dos sentimentos que propicia o equilíbrio da mente, para discernir a Unidade do Ser, que reside no Oriente, origem da Vida e depositário da riqueza da Eternidade.

No sentido espiritual, a viagem se realiza sobre o cadáver simbólico, desde sua cabeça, significando a vitória sobre a Ignorância, com o conhecimento da Realidade; pelo peito e braço direito, significando o caminho do Fanatismo e dos impulsos vindos do coração; passando pelo ventre, para deter-se ao lado da perna esquerda, significando o domínio dos Instintos e da Ambição.

Finda a viagem, centralizado frente ao Oriente, com os pés em esquadria, o Companheiro encontra-se à frente dos pés do cadáver.

O simbolismo da postura final de sua viagem é profundo, pois o Imaculado demonstra sua identificação com Hiram Abiff, cumprindo seu destino de tomar o seu lugar, para assim poder renascer para uma nova Vida; é a Ressurreição espiritual, a regeneração de seu ser.

Concluída a Viagem, o Companheiro chega-se ao lado do Respeitabilíssimo Mestre e lhe dá leves pancadas sobre o ombro direito.

Em revide, o Respeitabilíssimo Mestre encosta seu Malhete no peito do Companheiro e pergunta: Quem é?

O Mestre de Cerimônias informa que se trata de um Companheiro que findou seu tempo de estudos e deseja ser exaltado ao Grau de Mestre Maçom.

Notamos aqui que a principal tarefa do Companheiro é a dedicação aos estudos.[74]

O "tempo de estudos" também constitui uma etapa ou jornada; dentro do Ritual há divisões exatas para a execução das tarefas, e isso se pode traduzir na prática da Disciplina.

Administrativamente, o tempo de estudos é fixado no Regulamento de cada Loja, sendo geralmente de um ano; o Companheiro que assiste às suas reuniões participando com os seus estudos, esclarecendo a si e aos coirmãos, faz jus ao aumento de salário, que não constitui prêmio nem recompensa, mas sim direito adquirido.

O meio de passar de um Grau para outro, simbolicamente, é a Palavra de Passe; justamente essa Palavra que os três assassinos de Hiram Abiff desejavam obter, primeiramente, por meio da coação e, depois, da violência; deve-se esclarecer que os três Companheiros assassinos não tinham concluído seu tempo de estudos, encontrando-se apenas no início.

O Companheiro, evidentemente, não sabe a palavra de Passe e é então dada pelo Mestre de Cerimônias, no ouvido do Respeitabilíssimo Mestre.

O Respeitabilíssimo Mestre autoriza a passagem e o Iniciando é conduzido para o Ocidente, entre Colunas.

Daquele local, o Iniciando é conduzido ao Altar dos Juramentos, onde se ajoelha.

O Juramento maçônico é feito, sempre, de joelhos, ao pé do Altar, estando uma vela acesa e o Livro da Lei aberto.

O Altar dos Juramentos não é necessariamente o Ara, pois neste além do Livro da Lei só é permitida a presença das Joias — Esquadro e Compasso — enquanto no Altar dos Juramentos, além do Livro Sagrado,[75] estão colocados a Constituição, o Regulamento Geral e o Regimento Interno, bem como a Espada e a Vela acesa.

Nada impede a existência de dois Livros da Lei, seja para realizar o cerimonial do juramento, seja quando a Loja possui, dentro de seu quadro, Obreiros que professam religiões diferentes da Judaica e

---

74. Repasse o leitor maçom o que o autor escreve na obra *Simbolismo do 2º Grau* — Editora Madras, São Paulo.
75. Observa-se que na Câmara do Meio não há Altar.

cristã, no caso de existirem vários membros, Membros que professem o Maometanismo, haverá junto com a Bíblia o Alcorão.
A Marcha do Iniciando será a de Companheiro.
Todos deverão estar de pé para receberem o juramento, que é feito perante o Grande Arquiteto do Universo e perante os Obreiros da Loja.
Os Obreiros usam chapéu, mas para receber o Juramento descobrem-se, como sinal convencionalmente usado de respeito; a cabeça deve encontrar-se livre e descoberta, para que a mente fluidificada de cada um possa unir-se às mentes dos demais e, assim, formar-se uma só, única e harmônica Mente.
O Candidato profere o Juramento, seja repetindo as palavras que o Respeitabilíssimo Mestre pronuncia, ou lendo-as, ou mesmo ditas por tê-las previamente decorado.
Não há segredo algum nem sigilo para jurar, pois o Juramento nada mais é que a repetição de todas as promessas que o Maçom faz, desde sua Iniciação ao Grau de Aprendiz.
A seguir, o Primeiro Diácono procede a um rápido exame sobre os conhecimentos do Companheiro, fazendo-lhe perguntas, tomando-lhe os sinais, as Palavras de Passe e Sagradas, dos Graus Precedentes.
Esse exame é simbólico, pois o Candidato, ao ser aceito para a Exaltação, já comprovou sua capacidade.
Feito o exame e achado satisfatório, o Companheiro será subme-tido à maior das provas, que é representar a "Lenda de Hiram Abiff".[76]
Trata-se de uma representação teatral, repetindo o drama por que passou o Mestre Hiram Abiff, recebendo os golpes mortais dos três Assassinos.
O Companheiro, ao receber o último golpe, é colocado no esquife e coberto por um pano preto que simboliza a Terra com que foi coberto Mestre Hiram Abiff, colocando-se um ramo de Acácia.
Enquanto o Iniciando permanece no lugar de Hiram Abiff, a cerimônia prossegue, na busca e identificação dos três Assassinos e na procura do corpo desaparecido.

---

76. A Lenda de Hiram é descrita em capítulo à parte.

Concluídas as buscas, localizados os Assassinos, o Respeitabilíssimo Mestre determina que sejam os mesmos conduzidos para fora do Templo e executados, de acordo com o desejo dos próprios malfeitores.

A cerimônia restringe-se à tarefa de retirar o corpo inerte de Hiram Abiff da sepultura.

Dessa cerimônia é que surgem a Palavra Sagrada, a Palavra de Passe e os Toques e Sinais, que não podem ser descritos, por constituírem um dos sigilos dos Graus.

A cerimônia é tocante, pois o fundo musical apropriado sensibiliza muito os circunstantes.

Finda a repetição de toda a cena da "Lenda de Hiram Abiff", o Respeitabilíssimo Mestre determina ao Mestre de Cerimônias fazer com que o agora Neófito caminhe para o Mestre, aproximando-se do Altar dos Juramentos, onde ajoelha-se.

Os passos do Mestre constituem posturas simbólicas,[77] cuja interpretação é muito sutil; além dos passos convencionais, há o sinal do Grau que deverá acompanhar a marcha, posto[78] quando o maçom caminhe dentro do Templo os sinais não devam ser conservados.

Verifica-se que na cerimônia de Iniciação ao Grau de Mestre quem conduz o Candidato não é o Experto mas sim o Mestre de Cerimônias; isso porque a missão do Experto é a de iniciador e intercessor, durante a liturgia do 1º Grau; a Iniciação real é uma só quando o Profano ingressa na Câmara das Reflexões, símbolo de sua Morte e penetração em Túmulo, para após ser ressuscitado.

Na Elevação, também, quem atua é o Experto, porque o 2º Grau é a complementação da Iniciação real.

Na Exaltação há apenas um trabalho espiritual em torno da "Lenda de Hiram Abiff", tanto que, há pouco mais de um século, apenas existiam dois Graus[79] dentro do Rito Escocês Antigo e Aceito.

O segundo Juramento pouco difere do primeiro, no qual o Companheiro promete, no segundo, é o Neófito, ou seja, o novel Mestre quem jura "cumprir e fazer cumprir todas as obrigações inerentes ao 3º Grau".

---

77. A Marcha, Sinais; Toques e Posturas são descritos em capítulo à parte.
78. Opinião do autor.
79. Vide capítulo a respeito do Rito Escocês Antigo e Aceito.

Os Mestres têm "deveres" e "obrigações" a cumprir e fazer cumprir; o "dever" é a soma das Leis, Tradições e Regulamentos da Maçonaria; as "obrigações" decorrem da formação filosófica do Mestre.

Após cumprido o Juramento, todos repetem unissonamente: "Assim seja", como sinal de aprovação.

O Respeitabilíssimo diz a seguir:

Agora, que conheceis as forças astrais e a imortalidade, aprendei a dirigir as vibrações de vossa Alma em prol da Humanidade; estudai, incessantemente, porque um Mestre não pode deixar de instruir-se, a fim de poder sabiamente esclarecer aos que trabalham sob sua direção.[80]

O conhecimento das "Forças Astrais", adquirido durante estágio nos 1º e 2º Graus, não significa o conhecimento da "Astrologia" conceituada vulgarmente como ciência do presságio, mas sim as "Forças" emanadas do Grande Arquiteto do Universo; que o Companheiro estude a função dos astros e seu significado mitológico e científico; conhecimento, obviamente, superficial.

A "Imortalidade" é a conscientização de que, ao sair da Câmara das Reflexões, o maçom não vê na Morte o cessar da "existência", mas apenas uma etapa a cumprir; um caminho necessário para a Vida Eterna.

As "vibrações da Alma" são os fluidos que o maçom "sente", seja ao serem emanados de si para outrem, seja recebendo os de seus Irmãos.

Por ocasião dos trabalhos Maçônicos, ocorrem vibrações físicas provocadas pelos sons mais diversos: os tímpanos, as "baterias"[81], a "aclamação"[82] e a "música"[83].

Paralelamente a essas vibrações são cultivadas as emanadas da Cadeia de União,[84] e as provindas quando se abre o "Livro da Lei"; as

---

80. Ritual da Muito Respeitável Grande Loja do Rio Grande do Sul.
81. Bateria = bater palmas.
82. A aclamação dos três Graus. Huzzé.
83. Vide obra do mesmo Autor: *A Cadeia de União*.
84. Teoria Espirítica.

surgidas do trabalho dos Vigilantes e a do próprio Respeitabilíssimo Mestre; as contidas dentro das "sacolas" de Propostas e Informações e de Beneficência; as da Corda dos 81 Nós.

Ao entrarem os Irmãos no Templo, quando ainda silentes, aguardam no Átrio a ordem do Mestre de Cerimônias; este, após breve recomendação de deixar para trás toda influência vinda do Mundo Profano, dá com o seu bastão um golpe forte no solo; esse ruído tem a finalidade de interromper as vibrações "negativas" e "inferiores", no "plano dos pés", para que todos ingressem com meios apropriados de receptividade; ao ingressar no Templo, já houve uma prévia preparação; incenso e música.

As vibrações partem da Alma; a Alma faz parte do ser humano, enquanto o Espírito é dádiva de Deus; é parte de Deus; a Alma é cristã, como afirmava São Crisóstomo.

As vibrações não acontecem, exclusivamente, dentro dos Templos, mas em toda parte, dependendo da disposição do Mestre e de seu treinamento.

Mesmo ocorridas dentro dos Templos, as vibrações extravasam e vão atingir a Humanidade.

O Mestre atua em três planos: o de dentro de si mesmo, dentro da Loja e no seio da Humanidade; aqui, o termo Humanidade compreende exclusivamente o Mundo Profano.

As vibrações que atingem o Profano são diversas das que atingem os Maçons espalhados no Mundo, porque estes possuem "receptividade" que os Profanos não têm.

O "Estudo" deve ser permanente; não se trata de um estudo escolar, leitura e exercício, mas sim a preocupação em penetrar no significado dos Símbolos; diz respeito mais à "Meditação", que ao estudo com o conceito convencional.

O Respeitabilíssimo Mestre prossegue:

> *Estareis, sempre, pronto, com vosso Trabalho e vossas Luzes, a cooperar na honrosa missão que a Maçonaria tem sobre a Terra?*

O Trabalho é realmente a atividade física; trabalho administrativo, dentro e fora dos Templos; Trabalho também mental, produzido pelo conhecimento; Luzes e Conhecimento são sinônimos; não basta executar uma tarefa mesmo social-filantrópica, mais necessário e imperioso é o Trabalho mental, de emanação de fluidos para que haja em torno do Maçom ambiente propício ao seu trabalho e à realização de seu ideal; paz, sucesso e progresso para que aos olhos de seus irmãos e familiares se destaque como elemento extraordinário.

A Missão da Maçonaria é exercida pelos seus Obreiros; se essa missão é honrosa, obviamente, o trabalho de cada Obreiro é honroso, isto é, uma "graça" recebida para distribuir.

Um privilégio de "casta" espiritual.

Essa missão deve-se destacar, diz o Ritual, ser sobre a Terra; não há, portanto, preocupação em praticar "caridade"[85] fora do Mundo, em planos mais elevados.

O Maçom é treinado para exercer sua atividade entre os homens, entre os vulgarmente denominados de vivos.

A seguir, o Respeitabilíssimo Mestre "recebe" o Neófito como Mestre Maçom, colocando-lhe uma Espada sobre sua cabeça e nela, com o Malhete, bate nove vezes.

O Companheiro passa a ser Neófito, após presenciar e tomar parte na cerimônia da "Lenda de Hiram Abiff", mas é constituído Mestre Maçom somente após receber o "som" das nove pancadas produzidas na lâmina de metal da Espada Flamejante.

Mais uma vibração dirigida na cabeça, onde o cérebro comanda a Vontade.

Para cada um dos nove golpes, o "som" atua de conformidade com o valor dos números.[86]

O Neófito recebe ao levantar-se o beijo fraternal do Respeitabilíssimo Mestre.

O Beijo não é hábito brasileiro; ele vem da tradição hebraica; é a transmissão dos restantes fluidos que ainda o Neófito não recebera.

Quando Judas beijou seu Mestre, este recebeu a "mensagem" de sua traição.

O Neófito recebe o Avental[87] e calça as luvas brancas.

---

85. Vide capítulo à parte.
86. Vide capítulo à parte.
87. O Avental vem descrito em capítulo à parte.

As Luvas não são novas, mas ainda as que recebeu por ocasião de sua Iniciação ao Grau de Aprendiz, o Avental é novo.

Recebe, outrossim, pela primeira vez, um chapéu e logo o coloca na cabeça, pois faz parte de seu traje.

O Chapéu é símbolo de Realeza, substituindo a Coroa; a preconizada Arte Real, que todo Maçom refere em qualquer Grau, é obtida, tão somente, no 3º Grau.

Real por constituir um privilégio conquistado por meio de atos de bravura, posto este simbólico; não se trata de descendência de uma Casa Real, cujos membros possuem "sangue azul".

Porém, sem nenhuma ligação com os Reis soberanos de uma Nação, há "sangue azul" correndo pelas veias dos Mestres Maçons, considerados os Príncipes azuis; a Maçonaria Simbólica em sua plenitude é conhecida como Maçonaria Azul.

O Respeitabilíssimo Mestre dá ao Neófito todos os sigilosos Toques, Passes, Sinais e Palavras.

O Mestre de Cerimônias conduz o Neófito dos Altares dos Vigilantes que proclamam seu nome para ser reconhecido como Mestre pelos obreiros das Colunas.

O Orador profere seu discurso reportando-se à cerimônia e admoestando o Neófito para que se conduza de conformidade com as regras áureas da Ordem Maçônica.

Circula o saco da coleta, onde todos depositam seu óbolo.

O depósito de um óbolo é obrigatório, por menor que seja a moeda. Concluída a conferência da coleta, a palavra é dada aos presentes que poderão manifestar-se sobre o ato cerimonioso.

A seguir, os trabalhos são encerrados.

É costume quando se abrem os trabalhos de Mestre, primeiramente, abri-los no Grau de Aprendiz, passando para o de Companheiro e transformando-o no de Mestre.

No encerramento, é feito ao inverso; os trabalhos passam para o Grau de Companheiro e após ao de Aprendiz, quando são de forma ritualística encerrados.

A Palavra Sagrada é transmitida novamente pelos Diáconos e a cerimônia de fechamento do Livro da Lei é repetida, porém o Oficiante limita-se a alterar as Joias colocando-as na posição de

Loja de Companheiro — abrindo o Livro na página correspondente e procedendo à sua leitura.

Se os trabalhos prosseguem no 2º Grau, retornam o Oficiante, Diáconos e Mestre de Cerimônias aos seus lugares; o Primeiro Diácono substitui o Painel da Loja.

Porém, se os trabalhos são encerrados definitivamente, permanece o Oficiante, enquanto os Diáconos buscam a Palavra Sagrada do 1º Grau, levando-a aos Vigilantes, retornando ao Ara, onde o Oficiante desfaz pela segunda vez as Joias, compondo-as no Grau de Aprendiz, abrindo o Livro da Lei na página apropriada e fazendo-lhe a leitura. O Painel da Loja de Companheiro é substituído pelo de Aprendiz, e os trabalhos são fechados de forma convencional.

Isso é possível porque, em face do que já se esclareceu, a Loja é orientada no Grau de Aprendiz.

Do 2º Grau para o 1º e do 3º para o 2º apenas é acesa a Estrela Flamígera.

Nossos rituais[88] do Grau de Mestre não fazem referência ao encerramento dos trabalhos; somente nas Lojas onde existe[89] uma "Câmara de Meio" exclusiva para o Grau é que comporta o desenvolvimento completo do Ritual.

Porém, para que o presente trabalho possa apresentar na sua inteireza o Ritual, esclarecemos a respeito.

O Respeitabilíssimo Mestre dá um golpe de Malhete repetido pelos Vigilantes e lhes pergunta qual o estado de ânimo em que se encontram os Obreiros nas suas Colunas.

Respondem os Vigilantes que os Obreiros estão satisfeitos e contentes.

A seguir é dada a palavra ao Orador que faz um discurso de encerramento.

O Primeiro Vigilante informa que os trabalhos devem ser encerrados porque já soou meia-noite, o que vem confirmado pelo Segundo Vigilante.

---

88. Raras são as Lojas que têm uma "Câmara de Meio".
89. Das Lojas Simbólicas.

Observemos que todos os Graus Simbólicos iniciam os trabalhos ao meio-dia e encerram-os à meia-noite.

O Respeitabilíssimo Mestre tece considerações sobre o transcurso dos trabalhos, que se apresentaram "Justos e Perfeitos", e convida todos a auxiliarem-no a fechar a Loja.

Quem fecha os trabalhos, ao contrário dos Graus precedentes, é o próprio Respeitabilíssimo Mestre e convida todos a fazerem o Sinal da Cruz, a executarem a Bateria e a proferirem a aclamação.

É costume, entre nós, usar a mesma aclamação dos Graus precedentes, contudo, há rituais, cuja aclamação é: "Liberdade, Igualdade, Fraternidade".

Essa aclamação é corruptela da Revolução Francesa: Liberdade, Igualdade e Humanidade.

Todos "juram" o sigilo na forma convencional, retirando-se da Câmara do Meio, o Respeitabilíssimo, seguido pela ordem hierárquica dos demais Obreiros.

Esse fecho da Câmara do Meio será executado quando na Sala dos Passos Perdidos não se encontrem aguardando os Companheiros e Aprendizes; caso contrário, quando da transformação da Loja para o 2º Grau, os Companheiros são convidados a entrar e acompanhar o resto dos trabalhos; assim, sucessivamente, para os Aprendizes.

"O Livro Sagrado"

No capítulo referente ao "desenvolvimento" do Ritual, já dissemos que na Câmara do Meio não há Altar e, em consequência disso, Livro da Lei. Este poderá ser colocado no Trono do Venerável Mestre, no caso, Respeitabilíssimo Mestre, encontrando-se aberto com antecedência; no entanto, como o Ritual foi adaptado para as sessões comuns, denominadas de "econômicas", também no Grau 3 ficou convencionado abrir-se o Livro da Lei que entre nós, obviamente, são as Sagradas Escrituras ou Bíblia.

Apesar da falta de uniformidade, eis que temos no Brasil várias "Obediências", na aplicação do Rito Escocês Antigo e Aceito, e da "liberdade" que cada Grande Loja ou Grande Oriente possuem para a "revisão" e impressão dos Rituais, o trecho bíblico mais usado encontra-se em Eclesiastes, Capítulo 12, Versículos 1 e 7:

> *Lembra-te do teu Criador nos dias da tua mocidade, antes que venham os maus dias, e cheguem os anos dos quais dirás: não tenho neles prazer.*
>
> *E o pó volte à Terra, como era, e o espírito volte a Deus, que o deu.*

O versículo é uma composição, porém a leitura de todo trecho nos dá uma visão mais ampla do pregador do Eclesiastes na parte final de sua mensagem, cujo título é: "A MOCIDADE DEVE PREPARAR-SE PARA A VELHICE E PARA A MORTE".

> *Regozija-te, mancebo, na tua mocidade; anima-te o teu coração nos dias da tua mocidade, e anda pelo caminho do teu coração e pela vista dos teus olhos; mas, sabe que, por todas estas coisas, Deus te trará a juízo.*

Portanto, afasta do teu coração o desgosto e alonga da tua carne o mal, pois a mocidade e a flor dos anos são vaidade.

Lembra-te, também, do teu Criador nos dias da tua mocidade, antes que venham os maus dias e cheguem os anos em que dirás: Não tenho prazer neles; antes que se escureçam o Sol, e a Luz, e as Estrelas, e tornem a vir as nuvens depois da chuva; no dia em que tremerem os guardas da casa, e vergarem os homens fortes, e cessarem os moedores por já serem poucos e se escurecerem os que olham pelas janelas, e se fecharem as portas na rua; no dia em que a mó fizer pouco ruído, e nos levantarmos à voz das aves, e ficarem abatidas as filhas da música; temer-se-á o que é alto, e haverá espanto no caminho e lançará flores a amendoeira, e o gafanhoto virá a ser uma carga, e a alcaparra se tornará ineficaz; porque o homem se vai para a sua casa eterna, e os pranteadores andam pelas ruas; antes que se rompa o cordão de prata, ou se quebre o vaso de ouro, ou se despedace o cântaro junto a fonte, ou se desfaça a roda junto a cisterna, e o pó volte para a terra, como era, e o Espírito volte para Deus que o deu.

Vaidade de vaidade, diz o Pregador, tudo é vaidade.

Além disso, porque o Pregador era sábio, ainda ensinou ao povo o conhecimento; ele meditou, esquadrinhou e pôs em ordem muitos provérbios. O Pregador[90] procurou achar palavras aceitáveis, e o que tinha escrito com retidão, a saber, palavras de verdade.

As palavras dos Sábios são como agulhões, e como pregos bem afixados são as palavras dos Mestres de Assembleias; elas são dadas pelo único Pastor.

Além disso, filho meu, sê admoestado: de fazer muitos livros não há fim, e muito estudar é enfado da carne.

Este é o fim do discurso; já tudo foi ouvido; teme a Deus e observa seus mandamentos, porque isto é tudo do homem.

---

90. Salomão.

Pois Deus trará a juízo todas as obras, mesmo as que estão escondidas, quer boas, quer más.[91]

O Eclesiastes é um livro do Antigo Testamento, sendo o segundo dos livros Sapienciais e atribuído a Salomão.

Eclésia em grego significa "assembleia do povo" e, em nossos dias, "Igreja".

O título deste último capítulo é muito apropriado para o 3º Grau: "A mocidade deve preparar-se para a velhice e para a morte".

Prossegue o Ritual, cultuando o mistério da Morte, precedendo-o, dentro do campo natural, da velhice.

Para "confortar" a velhice, Salomão, já em avançada idade, nos deixou a máxima muito conhecida: "Vaidade das vaidades, tudo é vaidade" e adverte a mocidade para que se lembre que a idade chega inexoravelmente.

Atingida a velhice, o homem se aproxima do túmulo, da morte.

Não é feita distinção entre mocidade e velhice; não há referência à idade intermediária, por exemplo, a "maturidade"; o Pregador considera jovens aqueles que não atingiram a velhice, porém não limita o tempo.

A mocidade é do "mancebo", ou seja, do nosso jovem de hoje entre 16 e 25 anos.

Descreve a velhice de forma pouco alentadora insinuando que a cegueira e a surdez constituirão o prenúncio da morte, ao lado do medo e do temor das mãos que não poderão suster os objetos.

O velho deverá "refugiar-se" na meditação, no conhecimento, pois tudo já ouviu e nenhuma novidade aspirará a não ser o "julgamento" de Deus.

A admoestação aos jovens é dirigida no sentido de não cometer excessos pelos impulsos do coração (sexo) e pelo deslumbramento da beleza (mulher); concita aos moços afastarem-se do desgosto, buscando a felicidade, mas junto a Deus, dando-lhe culto e não esquecendo os ensinamentos dos pais.

Na Maçonaria, os jovens são os neófitos e os Mestres, os amadurecidos e já avançados em idade sem, contudo, constituírem-se em

---

91. Eclesiastes 11: 9 e 10; 22: 1-14. Versão Sociedades Bíblicas Unidas, traduzidas dos originais Hebraico e Grego.

velhos, mantendo, ainda, os cinco sentidos intactos, mas trilhando a senda da Vida, com prudência e sabedoria, conscientizando-se de que tudo é vaidade, ou seja, sem valor para quando o corpo ocupar o túmulo.

"E o pó volte à Terra como era" simboliza o repouso do corpo, reintegrando-se à Natureza, porém o Espírito retorna ao Grande Arquiteto do Universo, que o deu ao homem, enquanto vivo na carne.

A carne volta ao pó, mas o Espírito regressa à Eternidade, harmonizando-se com o todo espiritual.

O corpo, em pó, irá compor novos seres, dentro dos reinos da Natureza, em uma constante mutação.

O Espírito, como Elo, irá formar a "Cadeia de União" eterna e indestrutível.

Eis porque o Maçom acredita numa vida de além-túmulo, ou melhor, em uma Vida Espiritual que não é depositada no túmulo, mas que se unifica com o Senhor Criador dos Mundos.

Não se confunda com a "ressurreição" da carne, pois o Espírito não ressuscita, eis que jamais morre.

Apenas reintegra-se no Todo Espiritual de forma consciente para aquele que teve "personalidade" e que fora um Universo, na posse do conhecimento sábio de que nele existia ao mesmo tempo, em seu templo humano, o Grande Espírito, Deus.

Ao ser aberto o Livro da Lei e ao serem lidos os dois versículos, em Eclesiastes, a Palavra do Grande Arquiteto do Universo de alerta: "Cuidai, mocidade, que o prazer e o belo são vaidades, mas que, se em teus jovens dias te lembrares de teu Criador, tua velhice será amena e te conduzirá no seio do Pai Criador".

A palavra de Salomão, dirigida aos Mestres, não se divorcia da "Lenda de Hiram Abiff"; após embelezar o Grande Templo, tomou conhecimento Hiram Abiff de que tudo era vaidade e, ao ser morto, apenas seu corpo sofreu e se transformou em pó; seu Espírito, unificando-se com Jeová, a quem aprendera a adorar,[*] permanece dentro da Eternidade, junto a nós, no desempenho de seu magnífico trabalho que é, agora, adornar o Templo Vivo que cada Mestre, dentro da Loja, constrói.

---

[*] Opinião do autor.

A Marcha do Mestre

O Mestre, ao ingressar no Templo, deverá "caminhar", de modo a "despertar" em si os ensinamentos dos Graus precedentes, portanto ingressará como Aprendiz, com os seus três passos em linha reta, seguindo a Régua das 24 Polegadas, permanecendo "entre as Colunas", de onde fará as saudações preliminares do Grau 1º.

Após a saudação, encetará a "marcha" do Segundo Grau, caminhando um primeiro passo à direita sobre um dos "ramos" do Esquadro e retornará, com um passo à esquerda, parando defronte ao "féretro" onde, simbolicamente, repousam os restos mortais de Hiram Abiff.

Neste momento, com os pés unidos em forma de "esquadria", ou seja, com os calcanhares unidos e as pontas dos pés separadas, o Mestre fará o "sinal de horror", porque vislumbra, embora com dificuldades em face da escuridão, o quadro mortuário.

Há muita confusão quanto ao "sinal de horror", pois em muitas Lojas é feito após a ultrapassagem sobre o esquife.

Não há razão de ser, alguém se horrorizar somente após a passagem sobre o esquife; contudo, o "horror" pode iniciar-se no momento em que o Mestre se dá conta por onde passa e só "explodir" seu sentimento, quando cumprida a passagem.

Pensamos que o certo é o Mestre "horrorizar-se", antes de transpor o esquife; contudo, não vemos razão para criticar, se o "sinal de horror" for dado após.

O Mestre ergue, a seguir, sua perna direita e a coloca ao lado do esquife, pousando apenas o pé direito e com o mesmo impulso atravessa com a perna esquerda sobre o esquife e a coloca ao lado esquerdo do mesmo, para depois colocar a perna direita diante da parte do esquife destinada à cabeça do morto.

Lá chegando, bate com as mãos sobre os joelhos, erguendo-se acocorado sobre as pontas dos pés, e por três vezes exclama "Ai, ai Senhor meu Deus!"*

São palavras lancinantes que demonstram uma profunda dor.

Daquele local, dirige-se ao seu lugar.

A "marcha" que abrange as três fases simboliza o longo caminho que o Mestre foi obrigado a trilhar, primeiramente de forma suave e simples, como é o trajeto em linha reta, medindo seus passos com cuidado, com o mesmo cuidado que teve para o aprendizado e calculando para que, com precisão, seus pés possam encetar a segunda fase.

O Mestre se recordará dos dias da sua "mocidade" dentro do espírito da mensagem contida em Eclesiastes da abertura do Livro da Lei.

Após relembrar e passar por todos os conhecimentos hauridos durante o aprendizado, que na mente transcorrem de forma muito rápida, como se fora por meio de um computador eletrônico, como realmente é o nosso cérebro, o Mestre passa para o Companheirismo, desviando-se bruscamente para a direita, ou seja, para a regularidade, para a observância das Leis daquilo que é justo e correto.

Cumprida parte da segunda etapa, seus passos dirigem-se para a esquerda, ou seja, para a regularidade, para evitar desequilíbrio, dentro do dualismo de todas as coisas e símbolos, mas porque está preparado isso apenas lhe servirá de advertência e observação.

Findo o exame que é "espiritualmente" longo, eis que o Tempo não existe para Quem o criou, enceta o Mestre seu derradeiro caminho.

Embora o conheça, sempre lhe causará "horror", porque não será a presença de um esquife ou de restos mortais que o farão "tremer", mas a lembrança do sacrifício de seu bom Mestre Hiram Abiff, que simboliza todos os demais Mestres que o seguiram, que como sacrifício pereceram por mãos criminosas.

O "horror" é a reação das "emoções" e "paixões" libertas naquele instante em que a memória "retroage" e relembra o sacrifício da Lenda.

---

* Em alguns rituais a exclamação é feita uma única vez.

O Mestre não se horroriza diante de um féretro ou diante da própria Morte, mas sim da ação nefasta dos traidores que, para usufruírem vantagens, não titubearam em matar.

A Morte em si, como fato natural e como "caminho" para a Eternidade, não surpreende o Mestre, mas o "assassino" é que horroriza, porque o crime partiu de três Companheiros, ou seja, de três Irmãos que deveriam venerar o Mestre e não trucidá-lo.

É a lição cotidiana, quando se vê que o Mundo não considera a violência e mata.

Nunca o Mundo esteve tão conturbado com lutas religiosas, racistas e de vinganças.

A guerra de conquista, ainda, seria escusável, porque o homem sempre deseja possuir mais; porém, a morte violenta desnecessária, como o é, por meio do crime de automóvel, do alimento deteriorado, do atentado político, do roubo e do latrocínio causam horror.

Hoje temos a acrescentar a morte por "poluição", que surge pela falta de consciência daqueles que, de qualquer forma, poluem.

Quando o Mestre inicia a "marcha do Mestre", erguendo sua perna direita e permanecendo apenas em equilíbrio com o pé direito ao lado do esquife, simboliza o equilíbrio que deve imprimir à sua vida; o viver equilibrado de modo a poder firmar-se, apenas com a metade de sua capacidade física.

O poder transpõe "obstáculos", contando apenas com a força própria, sem auxílio de ninguém.

Vencendo as dificuldades, eis que consegue colocar os pés unidos na cabeceira do esquife, apesar de todos seus sentimentos se encontrarem abalados e o seu sistema nervoso desequilibrado.

Junta os pés, ergue os calcanhares, flexiona as pernas e, sustentando-se na ponta dos pés, bate com as mãos sobre seus joelhos e, enfim, abre seu peito, em um gesto de desabafo e pode exclamar emitindo sons: "Ai, ai, Senhor meu Deus".

É a exclamação do profeta Jeremias.

É a lamentação que causa as vibrações necessárias por meio do som daquelas palavras para receber a tranquilidade e a paz.

A rigor, todo Mestre ao entrar no Templo deveria executar "sua" marcha, porque as vibrações sonoras emitidas pelas exclamações somadas provocam, simbolicamente, o meio ambiente propício ao prosseguimento dos trabalhos.

No "ai, ai", vão todos os lamentos decorrentes das diversas situações pelas quais passou o Mestre, antes de ingressar no Templo.

É o grito de socorro que faz ao seu Criador e, indubitavelmente, o Senhor atenderá aos reclamos de seus Filhos.

O bater das mãos sobre os joelhos provoca, por sua vez, sons aqui, abafados, como o das palmas que neutralizam as vibrações negativas e doridas.

Permanece apenas a exclamação, como tentativa de aproximação com Deus.

Dentro do Templo há apenas uma luminosidade e a escuridão não torna visível o horror estampado no semblante dos Mestres, mas as vibrações emitidas transmitem-se pela escuridão, com maior intensidade.

Cessada a marcha, o Mestre dirige-se ao seu lugar, colocando-se à ordem, isto é, com o sinal próprio do 3º Grau, retornando à completa normalidade, porque o Grande Arquiteto do Universo compreendeu que o horror que viu nos semblantes dos mestres foi em decorrência da lembrança do assassinato de Hiram Abiff.

A paz retorna e os trabalhos poderão ser iniciados.

A Idade do Mestre

Três anos tem o Aprendiz; cinco o Companheiro e sete o Mestre; a origem dessas idades estaria na duração do aprendizado durante a construção do Grande Templo de Salomão.

Chama a atenção, porém, o fato de um Mestre dever trabalhar durante sete anos para sua total formação, de onde se conclui que basta a exaltação para que o Obreiro passe a ser considerado Mestre completo; ele apenas atingiu o "mestrado", onde deverá cumprir seu tempo, obviamente, para galgar degraus superiores ou, pelo menos, para ser votado Venerável Mestre.

Infelizmente, a respeito, não temos literatura esclarecedora e dependerá, então, de analisar a idade do Mestre sob o ponto de vista, exclusivamente, simbólico.

Mesmo durante a construção do Grande Templo, a observância rígida do cumprimento dos anos de aprendizado e função demandaria um período de 15 anos; sabemos que a construção do Templo durou cerca de 37 anos, o que exigiria a substituição periódica dos operários, artífices e mestres.

Como vimos nas instruções, a simbologia do número sete é uma adaptação à idade do Mestre; logo, perguntaríamos: a idade do Mestre é sete anos em face do significado simbólico do número sete ou foi a idade que sugeriu a simbologia do setenário?

A numerologia é uma ciência ainda não totalmente elucidada mas que teve sua origem nos tempos primitivos, criando teorias absurdas e servindo para toda sorte de especulações.

É evidente que cada número terá sua descrição e significado, mas no significado, no simbolismo, há muito de coincidência e fantasia.

Não podemos tomar um número como princípio exato de algum vaticínio, porque se assim fora desnecessário seria lançarmos mão de qualquer outro conhecimento. O número nos revelaria o incognoscível.

Em toda literatura "sapiencial", os números são valorizados e para o sete destinariam-se valores excepcionais; bastaria darmos uma olhada no Livro do Apocalipse para essa comprovação.

Em nosso alfabeto latino, composto de 26 elementos, se formarmos grupos de nove letras e as numerarmos de um a nove e assim sucessivamente, passaríamos a dar valores numéricos às vogais e às consoantes.

Analisando assim o nome das pessoas, recebido por ocasião de seu registro em Cartório, colocaríamos sobre um traço as vogais e sob o traço as consoantes; somadas as letras, com os valores já conhecidos, concluiríamos que se as vogais somassem sete, ou as consoantes, em igual número, a vida "mental-psíquica" e a "vida material" resultariam aziaga.

Para essa análise, para o estudo da "terapêutica do destino", o número sete seria fatal.

Porém, ao número sete foi dado, sempre, um valor altamente espiritual, benéfico e místico.

A idade do Mestre constitui, assim, uma idade de "ouro" atingindo o "clímax" na posição dentro da Câmara do Meio, posição, embora dentro da "escuridão", das "trevas" e dos "túmulos".

Se ligada a idade do Mestre aos símbolos mortuários, será uma idade aziaga; se ligada, porém, à plenitude do conhecimento maçônico simbólico será uma idade áurea.

Portanto, o número sete presta-se, também, a uma dúplice interpretação.

Na Terceira Instrução[92] procuramos desvendar da melhor forma possível o significado simbólico do Setenário, dentro da concepção filosófica.

O número ímpar por excelência que se presta a múltiplas combinações aritméticas conduz em si o mistério e o indecifrável.

Porém, devemos ter em mente que estamos vivendo em uma época de tecnologia e, com o uso do computador, poderíamos obter o

---

92. Vide capítulo adiante.

número sete, uma sequência infinita de definições, caso pudéssemos nos dedicar a uma programação completa.

Como aludimos anteriormente, dentro do estudo da numerologia aplicado ao nome do indivíduo, vamos encontrar uma "terapêutica ao destino", ou seja, o "arranjo" necessário para banir do nome os números quatro, cinco e sete, considerados os signos da "beleza", da "desgraça" e do "azar"; "terapêutica"[93] no sentido de alterar o destino, desviando a pessoa de um caminho onde formou uma personalidade distorcida.

Para a criatura humana, de sete em sete anos, há renovação total de suas células; o homem que há sete anos comungava conosco hoje já não subsiste; em seu lugar, outra criatura, posto conservando a mesma personalidade.

A adoção de "Lowtons" abrange um período que vai dos sete aos 14 anos; inicia com sete, porque, só então, conta a criança com um corpo que realmente lhe pertence e que não é mais aquele que permanecera durante nove meses no ventre materno; dos sete aos 14, a criança plasma seu "ego" durante o período de sete anos e um minuto até o minuto que antecede os 14 anos[94].

Isso nos dá uma ideia do valor do número sete aplicado à idade maçônica; se sete anos o indivíduo gasta para plasmar-se, significa que necessita de igual período para completar-se Mestre.

Mestre é sinônimo de sabedoria, de orientador, de quem inicia a jornada por um caminho que lhe é conhecido, conduzindo o Companheiro.

O Grau de Mestre é o "clímax" dentro da Maçonaria Azul, Maçonaria Simbólica; mas não o é dentro do filosofismo, quando ainda tem à sua frente mais trinta fases complementares; atingirá a plenitude maçônica com o recebimento do Grau 33, dentro do Rito Escocês Antigo e Aceito.

A jornada é longa. Nossas Leis permitem que o Mestre, após curto período, atinja o Grau 4 e assim, sucessivamente, e a rigor, posto não cabível neste estudo, os sete anos de mestrado seriam gastos para a obtenção do Grau 33.

---

93. Psicólogo húngaro Zond.
94. Já vimos anteriormente.

O "Sinal"

As três posturas correspondentes aos Graus simbólicos, como já verificamos, derivam das sentenças que os três Assassinos do Mestre Hiram Abiff espontaneamente, porque arrependidos, escolheram.

Portanto, as posturas nos três primeiros Graus são frutos do arrependimento, em busca, por meio do "sacrifício", do perdão e da conciliação.

Os três Assassinos, não devemos esquecer, eram três Companheiros possuidores de conhecimentos suficientes para ter consciência do seu trágico e desumano gesto.

Enquanto o Primeiro Assassino escolheu a morte por decapitação, o Segundo quis que lhe fosse arrancado o coração.

O Último, porém, preferiu ser cortado ao meio e seus despojos lançados ao mar.

Seu desejo não foi totalmente cumprido, porque, após sua morte e exposição pública dos seus restos, o corpo foi incinerado, junto com seus cúmplices e as cinzas espalhadas pela região deserta de Jerusalém.

Já vimos, ao analisarmos o Avental, que o "cordão" que cinge o Avental ao corpo tem a função de dividir o corpo ao meio; não está fora de cogitação, estarem os Assassinos usando seus aventais, pois encontravam-se trabalhando e para não serem descobertos, indubitavelmente, agiam de modo a não serem notados.

Com a perda da Palavra Sagrada, perderam-se, também, as demais Palavras, os Sinais e os Toques; a cerimônia da exumação propiciou, igualmente, a criação dos novos elementos para substituir os perdidos.

Portanto, a "automutilação" do Terceiro Assassino constituiu o estudo do significado de seu modo de morrer; o corpo seria cortado ao meio, na junção separada pelo cordão do Avental, principiando o corte da "esquerda" para a "direita", na posição de "automutilação".

Não há referência a respeito de como foram os Assassinos justiçados, porém há possibilidade de que cada um tivesse sido compelido a ser o próprio executor, verdugo de si mesmo.

O "sinal" é feito "de pé e à ordem", com a mesma postura observada nos dois Graus precedentes, isto é, pés em esquadrias e braço esquerdo pendente; cabeça erguida. O gesto conduz a mão espalmada do braço direito até o limite do ventre e, com o polegar teso, faz o gesto completo de um semicírculo até a extremidade direita do ventre; sinal feito com energia, como se, realmente, houvesse um corte.

O Avental, ao ser atingido, é também cortado, simbolizando a destruição de todo o trabalho até ali executado, para que não subsistisse nada mais que recordasse a presença do Assassino.

Feito o gesto, o braço direito cai pendente ao longo da perna direita, gesto rápido, demonstrando o cumprimento da ação justiceira.

Porém, a sentença dizia que o corpo seria seccionado, de modo a separá-lo em duas partes.

A complementação da sentença, ao ser feito o sinal, será cumprida por meio do pensamento.

Logo, ao fazer o sinal do 3º Grau, o Mestre deve sentir-se, realmente, dividido em duas partes e a si próprio jogado ao mar.

Dispersos, assim, membros, vísceras e cabeça, o Mestre afasta de si todos os pensamentos inconvenientes e imediatamente retorna em "corpo novo", ressurrecto, ao local anterior, redimido e acolhido por seus pares.

Há diversos momentos místicos da sinalização, por ocasião dos trabalhos na Câmara do Meio.

Os momentos de sinalização individual e de sinalização coletiva; ali é o Mestre que se renova; aqui é a própria Loja que passa pelo cerimonial da autodestruição, em busca de novas forças e novos planos.

A cada sinal, uma nova etapa na Vida Simbólica Maçônica.

O costume de fazer o "sinal", toda vez que o Mestre se ergue — eis que o uso é do Mestre também permanecer sentado, posto na Câmara do Meio não devem existir cadeiras — ou se locomove, é hábito errado.

O "sinal" dos três Graus simbólicos constitui um gesto de evocação, e não apenas uma "saudação".

Dentro do Ritual, há momentos exatos, quando o Venerável Mestre solicita o "sinal" e após este a "bateria".

Verificamos, portanto, que o "sinal" sempre deve ter uma complementação, ou a exclamação ou a bateria; esta, para "interromper" os fluidos, com o "somimpacto"; aquela, pela emissão de sons apropriados que abrangem todo o ambiente e, através das suas vibrações, penetra em todos os presentes.

A Espada

A primeira referência que temos, escrita, a respeito de espada,[95] é a que lemos em Gênesis[96]:

> *Assim expulsou ao homem; e ao oriente do jardim do Éden pôs os Querubins e o chamejar de uma espada que se volvia por todos os lados, para guardar o caminho de Árvore da Vida.*

Embora estranho, não diz o texto bíblico que as Espadas Flamígeras fossem empunhadas pelos Querubins.

Eram Espadas com movimentação autômata, pois "volviam-se por todos os lados", despejando fogo.

Sem dúvida um símbolo terrífico que simboliza a "guarda" segura do caminho que conduzia à Árvore da Vida.

Há nas Sagradas Escrituras atuais,[97] justamente, 115 referências às Espadas, compreendendo situações as mais diversas, inclusive usando o vocábulo como símbolo:

> *Assim Israel habita seguro, a fonte de Jacó a sós, na terra de grãos e de mosto! Sim, seu céu destila o orvalho. Feliz és tu, ó Israel; quem é semelhante a ti? Um povo salvo por Jeová, Escudo de teu socorro, ESPADA da tua dignidade, assim virão os teus inimigos rojando-se aos teus pés, e tu pisarás sobre os seus altos.*[98]

---

95. Sagradas Escrituras.
96. Gênesis 3: 24.
97. As edições antigas apresentam profundas diferenças.
98. Deuteronômio 33: 28 e 29.

A Espada Flamejante tortuosa, que expele chamas de fogo, é símbolo estático que permanece no Altar do Venerável Mestre que o usa para os juramentos; coloca a Espada, como o faziam os antigos Reis e Imperadores para sagrar Reis e Cavaleiros, e segundo o Grau com o Malhete dá tantos golpes quantos forem necessários.

O uso da Espada Flamejante evoca, evidentemente, a preocupação que teve Jeová em preservar a Árvore da Vida, que era a do Conhecimento.

Dentro do Rito Escocês Antigo e Aceito, existem 33 Graus, e para cada um deles novos conhecimentos, vedados porém para os graus regressivamente anteriores.

O sigilo maçônico, muito preservado, mormente a interpretação dos símbolos sigilosos, é preservado com a autoridade de quem empunha uma Espada Flamejante.

O conhecimento nem sempre "convém" a todos; é como o alimento, dado à criança, para, paulatinamente, tornar-se mais sólido e substancioso; de que valeria alimentar inadequadamente um ser frágil se ele não pudesse digerir?

A Espada é um símbolo de poder e força; não se tem conhecimento de quando e de onde surgiu; as primeiras eram frágeis, feitas de metal mole, como o cobre e o ouro; posteriormente, e isso já na época de Salomão, eram de bronze; só mais tarde, com a descoberta do ferro e posteriormente do aço, é que se tornou arma de muito efeito.

O símbolo da Espada, especialmente a de dois gumes, aplicado ao falar do homem, é também bíblico.

Davi escreveu:

"Preserva do terror do inimigo a minha voz, na minha queixa, preserva do terror do inimigo a minha vida. Esconde-me da assembleia secreta dos malfeitores, do ajuntamento dos que obram a iniquidade, os quais afiam, como espada, a sua língua e apontam suas setas, palavras amargas, para em lugares ocultos dispararem sobre o íntegro."[99]

---

99. Salmo 64.

A Espada

A língua, dizia São Paulo, é uma Espada de dois gumes; no Apocalipse encontramos um sem-número de referências sobre o símbolo Espada para traduzir a mensagem surgida da boca.

Portanto, a Maçonaria buscou a Espada como símbolo em decorrência, primeiramente, dessas referências bíblicas e, posteriormente, dos feitos dos Cavaleiros da Idade Média.

Espada é arma de proteção, símbolo da palavra e da presença do grande Senhor.

De metal, afiada, ora embainhada, ora exposta, empunhada ou deixada ao lado do corpo, é símbolo insubstituível, tradicional e ornamental.

Seu uso, dentro das Lojas, é também para formar a "Abóbada de Aço", sob a qual os Dignitários passam, quando adentrando no Templo.

No Grau 3 recorda o castigo a que foram submetidos os três Companheiros assassinos, cujas cabeças foram cortadas com a Espada e erguidas durante certo período para que o povo os visse e repudiasse; posto que os três traidores tiveram tido a morte pelos próprios desejada e que se deu origem ao sinal dos três Graus simbólicos.

A Espada está presente nos três Graus, com diversidade de simbolismo, mas sempre como parte integrante da liturgia.

Nem o Aprendiz nem o Companheiro usa a Espada como parte de suas indumentárias; seu uso é exclusivo para os Mestres.

A Guarda do Templo — interna e externa — deveria portar Espada Flamejante, mas se convencionou que a Espada Flamejante servisse, tão somente, para as cerimônias de juramento e manejada pelo Venerável Mestre.

Simboliza o Silêncio, o Sigilo e a Segurança e deve ser Flamígera porque esses três preceitos são dirigidos em todas as direções.

A Espada Flamígera simboliza as irradiações de calor da ciência maçônica, que pelo fogo purifica aqueles que dela devam tomar conhecimento.

Quando o maçom presta seus juramentos, ele o faz em direção a todos os "ventos", pois ao pronunciá-los emite vibrações sonoras que em ondas atingem a todos os pontos do Cosmos.

Suas palavras passam pela purificação do fogo, das chamas que emanam da Espada Flamígera.

Os sons saem do que jura e promete e se perpetualizam; embora a criatura humana deixe de "viver" em sua forma visível, as ondas sonoras emitidas perduram; é a manifestação da eternidade, simbolizando que tudo o que "sai" do homem é eterno e permanece para todo o sempre.

Os sons que são materiais físicos e que podem ser "vistos" através de aparelhos especiais, que podem ser "colecionados", guardados, embora de modo paralelo, se esparjam por todos os pontos do Universo, são o símbolo do próprio homem.

Os juramentos são aspectos litúrgicos reunindo um fraseado sempre idêntico. Os sons dos juramentos vão encontrar outros sons que precederam ao último, em ondas, assim, sucessivas, em um contínuo alimentar de afirmações positivas, qualificativas, em uma demonstração de que todo pronunciamento do Maçom perdura, é formalmente igual e vai unindo os múltiplos "elos", construindo uma Cadeia de União incomensuravelmente grande que abarca o Universo.

A palavra do homem é a comunicação permanente com o Grande Arquiteto do Universo que construiu essa "ponte" entre o seu Supremo Ser e a sua criatura.

As vibrações asssim emitidas atingem, em primeiro lugar, os que se situam no mesmo plano, os próprios Maçons espalhados por toda a Terra; depois, saem da "atração física" da Terra e "sobem", onde vão encontrar em forma de vibrações aqueles Maçons que já não vivem visivelmente. É a comunicação perfeita entre as vibrações; somos sempre nós que com a nossa "sonoridade" rendamos honra e glória ao Supremo Ser do Universo.

Na literatura Oriental, nos combates da Arjuna, nos Vedas, no Livro dos Mortos, vamos encontrar os combates simbólicos, usadas as Espadas.

No tempo das cruzadas, os Cristãos e os Infiéis defrontavam-se nos sangrentos combates, com heroísmo de parte a parte, empunhadas as Espadas, dos mais variados feitios, pontiagudas e cortantes.

As lutas com a Espada simbolizam a Força vitoriosa, a agilidade e a destreza.

Maçonicamente também se lhe empresta o valor da Força que impede a penetração no Templo de pessoas estranhas.

Na época em que a Espada era arma quase que exclusiva, era condição indispensável que o candidato apresentasse condições físicas perfeitas; força suficiente para empunhar uma Espada e nenhum defeito físico que impedisse a agilidade no manejo de arma tão necessária para assegurar a sobrevivência naquela fase de perseguições e perigos.

A Igreja reconheceu muitos Santos, portadores de Espadas, como Santa Catarina, Santa Joana D'Arc, São Jorge e inúmeros outros, que, por serem guerreiros, cavaleiros e libertadores, mereceram o destaque da Igreja.

A Espada é um símbolo de Honra; os antigos duelos, hoje proibidos em quase todos os países, simbolizavam o "lavar a honra" de quem se sentisse ultrajado.

A espada comum, ou ordinária, não a Flamejante, apresenta uma estrutura própria: segundo medidas convencionais, sua lâmina deve ter 75 centímetros de comprimento por três de largura, sendo de aço com dois fios, terminando em ponto triangular de cinco centímetros. Seu punho simula um cordão torcido rematado por um "crânio" e sob o punho uma cruzeta formada por um cubo e dois braços; possui bainha; sobre o cubo, um Esquadro cruzado por um Compasso.

Tanto os Aprendizes como os Companheiros, mesmo em sessão de Aprendizes, não podem usar Espada, tanto pela localização de seus assentos como por não terem essa prerrogativa.

Temos na disposição da Loja um "Porta Espada", simbolizando um "culto" àquele ornamento e à presença administrativa do Oficial.

A "Palavra Sagrada"

Lemos no Evangelho escrito por João, o Evangelista, no seu início: "No princípio era o Verbo e o Verbo estava com Deus, e o Verbo era Deus. Este estava com Deus, no princípio. Por Ele foram feitas todas as coisas; e nada do que foi feito, foi feito sem Ele.

"Nele estava a Vida, e a Vida era a Luz dos homens, e a Luz brilha nas trevas, mas as trevas não a prenderam."

A expressão "Verbo", em grego: Logo, encontra-se já nos livros sapienciais do Antigo Testamento, e significa a eterna Sabedoria; encontramo-la, também, na filosofia grega, nas obras de Heráclito de Éfeso e Filo de Alexandria, e significa, embrionariamente, a Razão Cósmica, Espírito Universal.

O Evangelista dá ao vocábulo "Verbo" o sentido de Filho de Deus, ou seja, o Cristo.

Maçonicamente, o Verbo traduz-se por "Palavra" que tem ligação direta com a "Palavra Perdida" da "Lenda de Hiram".

Entre os reis Salomão, Hiram de Tiro e o artífice Hiram Abiff convencionaram o uso de uma "Palavra" que consideraram, por um juramento, "Sagrada".

Ninguém jamais ouviu pronunciar aquela Palavra Sagrada.

A Ordem do Templo, instituição que precedeu em organização a própria Maçonaria, reunira a flor da aristocracia europeia e, em 1128, dirigidos pelo seu primeiro Grão-Mestre Hugo de Payns, e protegidos por Balduino II, rei de Jerusalém, lutaram e venceram os fanáticos do Crescente com o intuito de libertarem os lugares sagrados onde vivera Jesus.

Seu interesse, todavia, foi despertado, também, pelas ruínas do Templo de Salomão, erguido 1.010 anos antes de Cristo, destruído pela primeira vez pelos Caldeus no ano 588: reconstruído por Zorobabel no ano 516 e arrasado definitivamente pelas legiões do imperador Tito no ano 70 de nossa era.

Segundo a lenda, os Templários penetraram nas ruínas do Templo e, descobrindo o modo de penetrar nos labirintos sagrados, descobriram a "Palavra Perdida".

Nas descrições dos feitos dos Templários, até sua destruição por Felipe, o Belo, e o papa Clemente V, nada se encontra de positivo sobre a mencionada "Palavra Sagrada", mantida em sigilo tão perfeito como o fora na época da construção do Grande Templo.

Essa palavra, diz a lenda, teria sido gravada sobre um triângulo de ouro e colocado no "Sanctus Sanctorum", em local seguro.

Morto Hiram Abiff, os reis de Tiro e Israel mantiveram o juramento e "esqueceram" a Palavra Sagrada.

Há uma série de interpretações sobre a desconhecida palavra; seria a fórmula mágica para a obtenção do impossível; seria a força cósmica que Moisés possuíra; seria o meio de manter coesos e harmônicos 153.600 artífices, operários e dirigentes da construção do Grande Templo; seria o toque necessário para a transformação de qualquer metal em ouro pelos Alquimistas; seria a segurança possuída pela Maçonaria para eternizar sua Instituição.

Enfim, a "Palavra Perdida", a "Palavra Sagrada", o "Verbo" misterioso mencionado por João, o Evangelista, constituiria a verdadeira "chave" que abriria a "porta" do mistério, do infinito, do Reino dos Céus, da Verdade!

Morto Hiram Abiff, a preocupação de Salomão fora a de encontrar uma "Palavra Substituta" que simbolizasse, embora palidamente, a "Palavra Perdida", a "Palavra Esquecida", aquela que jamais poderia ser novamente pronunciada.

Ao ser tentado retirar o corpo de Hiram Abiff da cova onde, provisoriamente, os Assassinos o colocaram, os membros do selecionado grupo de nove Mestres tiveram a preocupação de transformar aquele penoso trabalho em ato de liturgia.

Havia recomendado Salomão: as palavras espontâneas que iriam ser pronunciadas, desde o primeiro gesto até o término da missão, formariam um Ritual.

O trabalho era silencioso, porque ninguém queria assumir a responsabilidade de "criar" palavras sagradas.

Descoberto com todo cuidado o cadáver, totalmente despido, um do grupo tentou segurar a mão do morto, mas a carne já apodrecia e destacou-se dos ossos.

Podemos imaginar o horror da cena; o Mestre contemplando sua destra e vendo na sua própria mão os restos putrefatos de Hiram Abiff.

E eis que, espontaneamente, um grito angustioso "a carne se desprende dos ossos!"

O cerimonial prossegue e são anotadas todas as expressões que envolvem um único assunto: a Morte!

A expressão hebraica foi "Mohabon", e esta palavra passou a ser considerada a "Palavra Sagrada" do 3º Grau.

"Mohabon" é sinônimo de "putrefação".

A "putrefação é necessária para o renascimento e constitui um símbolo significativo, pois para atingir a "Vida Eterna", o lado verdadeiro da Vida, a conquista das "promessas" contidas em todas as Religiões, o homem deve morrer, sua carne apodrecer, destacar-se dos ossos, porque os ossos são apenas o sustentáculo da carne e nada significam.

Onde existe a matéria, existirá a Morte; a matéria é destruída pelo fogo, símbolo da putrefação.

"Mohabon" simboliza o Verbo, ou seja, a Vida verdadeira, espiritual, eterna, em uma comprovação de que o Maçom aceita a "Vida do Além-Túmulo".

A Vida Futura não é apenas a Vida do Além, mas, sobretudo, do Além-Túmulo.

O "arrebatamento" bíblico, como sucedeu com Elias que "subiu" em um carro de fogo; como aconteceu com o Cristo que "ascendeu" aos Céus; como aconteceu com Buda que foi transportado ao Nirvana, são aspectos não muito filosóficos dentro do conceito maçônico.

Para o Maçom, a Vida Futura exige a passagem pelo "sacrifício" que representa a "doação" de nossas Vidas ao Grande Arquiteto do Universo.

A Palavra Sagrada, contudo, vem mencionada em sete variações, a saber: Mohabin, Machobin, Mokobin, Menemaharabak, Mac-Ben-Mak e Mohabon.

Dessas variações, duas confundem-se: Mohabon e Mac-Ben-Mak, pois o significado apresenta-se incerto.

Enquanto para o Rito Escocês Antigo e Aceito, a Palavra Sagrada é Mohabon, sua tradução seria: "o que vem do Pai", Mac-Ben-Mak é que significaria "Filho da Putrefação".

As variações da Palavra Sagrada, contudo, surgem da forma como a Palavra é pronunciada, logo o seu valor estaria nos "sons" que emite a voz que grita em tom de desespero e horror.

Para uma perfeita e total compreensão, necessitaríamos envolver os demais Graus do Rito Escocês Antigo e Aceito, especialmente o Grau 9; porém, o presente estudo diz respeito, apenas, ao Grau de Mestre e não comporta dilatações mais longas.

Apenas para ilustrar, se tomássemos, pelo "som", o significado da palavra "Mohabon", verificaríamos que as "iniciais M.: B.: N.:, essa última, também muito usada, proviu de 14ª, 2ª e 13ª letras do alfabeto hebraico, cada uma com o seu significado peculiar.

"Mem" = "guas"; "Beth" = "casa"; "Num" = "amor".

O estudo da Palavra Sagrada sob o ponto de vista alfabético hebraico ou místico, evocando Ísis, ou adaptando-a ao Cristianismo, embora o evento tivesse existido mil anos antes, demandaria longo tempo e isso seria ainda prematuro, para um estudo tão simples como este.

A palavra substituta da "Palavra Perdida" não poderia definir com precisão seu significado, que há de permanecer para sempre envolto em mistério, isto é, jamais haverá uma compreensão definitiva.

Cada Mestre há de buscar "sua" "Palavra Perdida" nos trabalhos e haverá de "encontrá-la", "face a face", no momento em que o seu Espírito se "desprender" do corpo, assim como a "carne putrefada" se "desprende" dos "ossos".

O valor da incessante busca é a autorrealização que decorre da experiência própria de cada um.

A "Palavra de Passe"

"Tubalcaim", mais um nome extraído das Escrituras, cuja interpretação pende mais para conceitos esotéricos que históricos: segundo o organograma ritualístico, sabemos que no 1º Grau inexiste palavra de passe, que inicia com o 2º Grau; até o 33º temos 32 palavras de passe.

Se nos detivermos a escrever um compêndio, apenas sobre todas as palavras de passe, teremos material suficiente para um prolongado estudo.

A tradução livre de "Tubalcaim" seria "possessão do Mundo", ou "possuidor do Mundo", isso de acordo com a origem do nome.

As Sagradas Escrituras nos apresentam dois nomes: "Tubalcaim" e "Tubal".

Este, sendo filho de Jafé, neto de Noé; aquele, filho de Lameque com Zila; Lameque, filho de Metusael; Metusael, filho de Meujael; Meujael, filho de Irade; Irade, filho de Enoque; Enoque, filho de Caim; Caim, filho de Adão.

Portanto, há grande distância entre os dois nomes.

Em Gênesis 4-22 lemos: "E Zila também teve a Tubalcaim, mestre de toda a obra de cobre e de ferro".

Nada mais nos revela o Livro Sagrado; caso a existência de Tubalcaim fosse ligada à construção do Grande Templo de Salomão, sua profissão poderia significar um pouco mais, tanto simbólica como operativamente.

Mas, vamos encontrar em Isaías, capítulo 66, uma descrição curiosa, a respeito da rejeição final dos rebeldes; o livro profético, apresenta neste seu último capítulo, tremenda advertência, que merece ser transcrita:

Assim diz o Senhor: O Céu é o meu trono, e a Terra, o escabelo dos meus pés. Que casa me edificarieis vós? E que lugar seria o do meu descanso?

Porque a minha mão fez todas estas coisas, e todas estas coisas foram feitas, diz o Senhor; mas eis para quem olharei: para o pobre e abatido de espírito, e que treme da minha Palavra.

O que mata um boi é como o que fere um homem; o que sacrifica um cordeiro, como o que degola um cão; o que oferece uma oblação, como o que oferece sangue de porco; o que queima incenso[100]*, como o que bendiz a um ídolo; também estes escolhem seus próprios caminhos, e sua alma toma prazer nas suas abominações.*

Também eu quererei suas ilusões, farei vir sobre eles os seus temores; porquanto clamei e ninguém respondeu, falei, e não escutaram, mas fizeram o que parece mal aos meus olhos, e escolheram aquilo em que não tinha prazer.

Ouvi a Palavra do Senhor, os que tremeis da sua Palavra.

Vossos irmãos, que vos aborrecem e que para longe vos lançam por amor do meu nome, dizem: O Senhor seja glorificado, para que vejamos a vossa alegria; mas eles serão confundidos.

Uma voz de grande rumor virá da Cidade, uma voz do Templo, a voz do Senhor, que dá o pago aos seus inimigos.

Antes que estivesse de parto, deu à luz; antes que lhe viessem as dores, deu à luz um filho.

Quem jamais ouviu tal coisa? Quem viu coisas semelhantes? Poder-se-ia fazer nascer uma terra num só dia? Nasceria uma Nação de uma só vez? Mas Sião esteve de parto e já deu à luz seus filhos.

Abriria eu a madre, e não geraria? Diz o Senhor; geraria eu, e fecharia a madre? Diz o teu Deus.

---

100. Vide obra do mesmo autor, sobre incenso: *A Cadeia de União e Seus Elos*.

Regozijai-vos com Jerusalém, e alegrai-vos por ela, vós todos os que a amais; enchei-vos por ela de alegria, todos que por ela pranteastes.

Para que mameis e vos farteis dos peitos das suas consolações; para que sugueis, e vos deleiteis com os resplendores da sua glória.

Porque assim diz o Senhor: eis que entenderei sobre ela a paz como um rio, e a glória das nações como um ribeiro que transborda; então mamareis; ao colo vos trarão, e sobre os joelhos vos afagarão.

Como alguém a quem consola sua mãe, assim eu vos consolarei; e em Jerusalém vós sereis consolados.

Isso vereis e alegrar-se-á o vosso coração, e os vossos ossos reverdecerão como a erva tenra; então a Mão do Senhor será notória a seus servos, e ele se indignará contra os seus inimigos.

Porque com fogo e com a sua espada entrará carros como um torvelinho, para tornar sua ira em furor e sua repreensão em chamas de fogo.

Porque como fogo e como a sua espada entrará o Senhor em juízo com toda a carne; e os mortos do Senhor serão multiplicados.

Os que santificam e se purificam nos jardins uns após os outros, os que comem carne de porco, e a abominação, e o rato, juntamente serão consumidos, diz o Senhor.

Porque conheço suas obras e seus pensamentos! O tempo vem em que ajuntarei todas as Nações e línguas; e virão e verão a minha glória.

E ropei entre eles um sinal, e os que deles escaparem enviarei às nações, a Tarsis, Pul e Lude, Frecheiros, a Tubal e Javã, até as ilhas de mais longe, que não ouviram a minha fama nem viram a minha glória: e anunciarão a minha glória entre as nações.

E trarão todos os vossos Irmãos, dentre todas as Nações, por presente ao Senhor, sobre cavalos, e em carros, e em liteiras, e sobre mulas, e sobre dromedários, ao meu santo monte, a Jerusalém, diz o Senhor, como quando os filhos de Israel trazem as suas ofertas em vasos limpos à casa do senhor.

E também deles tomarei a alguns para sacerdotes e para levitas, diz o Senhor.

Porque como os Céus novos, e a terra nova, que hei de fazer, estarão diante da minha face, diz o Senhor, assim há de estar a vossa posteridade e o vosso nome.

E será que desde uma Lua nova até a outra, e desde um sábado, até ao outro, virá toda a carne a adorar perante mim, diz o Senhor.

E sairão, e verão os corpos mortos dos homens que prevaricaram contra mim; porque o seu bicho nunca morrerá, nem o seu fogo se apagará; e serão um horror para toda a carne.

Dentro da simbologia do 3º Grau, que tem a Morte como símbolo fundamental, a descrição de Isaías torna-se válida, se nos voltarmos para as tarefas que a Maçonaria deve desempenhar entre as Nações, na glorificação do Grande Arquiteto do Universo.

Temos, portanto, a Tubal, como mensageiro do Senhor, a fiscalizar aqueles que não possuírem a "Palavra de Passe", sinal posto pelo Senhor para a permissão de continuarem à glorificação, sem sofrer o tremendo castigo profetizado.

A palavra "Tubalcaim" não teria expressão alguma para ser usada como originária de ter sido o nome do filho de Lameque; porém, se tomarmos o nome de Tubal, seu significado contém simbolismo muito achegado à Arte Real.

As opiniões de diversos autores divergem entre si; temos o nome de Tubalcaim que, traduzido para o latim "Possessio Orbis", significa "Possessão do Mundo", ou "Possessão da Terra".

Outros consideram a palavra Tubal como traduzida por "Pai dos Ibérios"; Tubal teria sido o povoador da península Ibérica (Espanha e Portugal) cerca de 2.300 anos antes de Cristo.

Teria sido, outrossim, a denominação dada aos arquitetos da construção do Grande Templo de Salomão; seria, assim, Tubalcaim, a distinção entre os arquitetos de Tiro e os de Jerusalém.

Nos antigos mistérios, vamos encontrar, também, a denominação "Tubalcaim", como o fundador do grêmio dos ferreiros, que em latim era assim expressada: "Tobal Caim fuit maleador et faver in cuncte opera aeraria et ferri".

Na mitologia greco-romana, Tubalcaim, teria sido o próprio Vulcano, que deu origem ao nascimento das obras de arte (artesanatos).

Entre os Egípcios e os Babilônios, a palavra Vulcano correspondia a Osiris, ou Horus, símbolos do Sol, originários das palavras "Baa" e "Kahem", com o significado de "Senhor Sagrado".

O "Dístico Grego" que contém a palavra "Tumboncheo" que se pode traduzir como: "Eu preparo meu sepulcro", ou "Preparo meu túmulo nas entranhas da Terra", ou ainda: "Encontro-me sob as sombras da Morte".

Como curiosidade, encontramos em algumas Lojas Inglesas um distintivo formado por um diminuto bastão e duas esferas que em inglês pronuncia-se: "Two ball cane", que desperta a recordação imediata da palavra "Tubalcaim". O distintivo é usado nas lapelas.

"Tubalcaim" pode ser interpretada como a mais antiga expressão usada na Maçonaria, para afirmar que sua origem é antediluviana, confirmando assim uma origem antiquíssima.

Posteriormente, na fase da Alquimia, com a transmutação ou a sublimação dos metais; "Tubalcaim", o forjador do cobre e do ferro, recorda que o Aprendiz ao ingressar, pela primeira vez, no Templo é despojado de todo metal.

O metal simboliza a personalidade, que deve ser "forjada" com fogo, para poder cumprir sua nobre missão iniciática.

No Ritual, encontramos nas instruções a descrição da "Palavra de Passe", como sendo o nome dos trabalhadores de pedra que colaboraram com os Maçons de Salomão e com os de Hirão, rei de Tiro, na construção do Templo de Jerusalém, explicação sucinta, sem fundamentação convincente.

Mesmo se considerarmos que a "Palavra de Passe" é mera convenção sem nenhuma importância, em seu aspecto esotérico, adquire profundo significado. Se os nossos antepassados escolheram o nome "Tubalcaim" para a "Palavra de Passe" do Terceiro Grau, é porque, pelo menos, seu som sussurrado produz vibrações apropriadas para o aperfeiçoamento e a "proteção" daqueles que a pronunciam e daqueles que a ouvem.

Primeira Instrução
O Painel da Loja

Os Graus Simbólicos possuem "Painéis" que são constituídos de um quadro onde são desenhados os símbolos de cada Grau.

Tempos atrás, esses "Painéis" eram desenhados ou pintados em tecido de pano, em forma de rolo, inspirados nos "livros" sagrados dos israelitas.

O Painel contém um ataúde, simbolizando a sepultura de Hiram Abiff, que por ordem do rei Salomão fora enterrado nas proximidades do "Sanctus-Sanctorum", porque no recinto sagrado as leis israelitas não permitiam a entrada de ninguém, com exclusão do Sumo Sacerdote.

Dentro do Tabernáculo, posteriormente conhecido como Templo de Salomão, havia, separado por muitos véus, um recinto isolado, onde sobre um altar se encontrava o "propiciatório", objeto de adorno de ouro puro, sobre o qual era derramado o sangue dos animais sacrificados no altar apropriado, na parte externa do "Sanctus-Sanctorum" ou "Santo dos Santos" ou "Santíssimo".

A aspersão do sangue obedecia a um ritual determinado por Jeová, como se lê na História Sagrada, em Levítico, desde o primeiro capítulo.

O sacrifício denominava-se de "festa anual das expiações" que teve início com o primeiro sacerdote indicado e ungido por Jeová, Aarão, irmão de Moisés; posteriormente foram consagrados os filhos de Aarão, a saber: Nadabe, Abiu, Eleazer e Itamar.

O Tabernáculo, pela primeira vez erigido, não era o Templo de Salomão; o Tabernáculo foi erigido por Moisés, recebendo de Jeová todos os detalhes da construção, como se vê em Êxodos, Capítulos 25 a 40.

A figura central do Painel é um Esquife, ou seja, um caixão de forma convencional, sendo a parte superior mais larga que a inferior e de comprimento suficiente para conter uma pessoa.

Fora do Esquife, na parte posterior, está desenhado um ramo de Acácia, saindo de uma "lasac" de seu trono; o ramo possui três galhos como extremidade, e à direita — se nos colocarmos deitados sobre o Painel —, outro galho.

Essa disposição não obedece a nenhuma simbologia, pois depende do artesão que o desenha.

Na "tampa" do Esquife, na parte superior, veem-se um "Cordel", um Compasso entreaberto e um Lápis.

São os utensílios do Mestre Maçom.

O "Cordel" serve para marcar todos os ângulos do Edifício, para que resultem iguais e retos; para que a estrutura seja sólida.

O Lápis, convencional ou antigo, era feito apenas de grafite em forma cilíndrica, sem revestimento de madeira, e pode ser substituído pelo "estilete" usado por Hiram Abiff em sua prancheta. Sua serventia diz respeito aos traçados, simboliza a necessidade de planejamento, antes da construção, ou seja, reflete Prudência.

O Compasso semiaberto é um instrumento destinado a medir todos os aspectos da construção.

Logo abaixo vem um crânio com as tíbias cruzadas, emblema da mortalidade alusivo à morte de Hiram Abiff.

Recorda na igualdade dos homens sem o invólucro externo que a vida terrena é Vaidade e que a presença da Morte está em nós próprios.

Na parte central está desenhado o Pórtico que representa a entrada para o "Santo dos Santos"; simboliza a entrada, "post mortem", no Templo Celestial.

Recorda nossas obrigações, deveres e juramentos, porque antes de o transpor deve, o Maçom, passar por um preparo.

O Pórtico tem dois aspectos simbólicos: além de representar, dentro do quadro da mortalidade, a entrada para a Vida Verdadeira de além-túmulo, representa, também, a entrada para o 3º Grau, ou seja, para a Câmara do Meio.

Primeira Instrução — O Painel da Loja

Assim, o Companheiro deve "merecer" o ingresso, conquistando-o, não só pelo conhecimento que adquire mas sim e sobretudo pela demonstração de que porta um caráter e uma personalidade condignos para conviver com os demais Mestres.

A preparação para a Exaltação é muito sutil, porque estará o Companheiro ingressando na última etapa da Maçonaria Simbólica; se não for verdadeiramente "Livre e de bons costumes", resultará em fracasso. Dentro do Pórtico encontra-se uma Lâmpada Mística que o ilumina e que simboliza a presença Divina.

O Pavimento de Mosaicos é o local por onde caminha o Sumo Sacerdote; simboliza a diversidade da personalidade, pois o Sumo Sacerdote diante do Propiciatório expiava as faltas do povo, espargindo o sangue dos animais sacrificados.

Para o Pavimento de Mosaicos há interpretações múltiplas, desde a diversidade das raças, dos sentimentos, das religiões, enfim, a comparação entre duas coisas; o dualismo que sempre existe em todas as circunstâncias.

Representa outrossim a ausência das cores, com o negro; e a polarização das cores por meio da luz solar, com o branco.

O Universo antes da criação; a Luz após a criação do Mundo por Deus.

As Colunas do Pórtico, a Abóbada, o Altar com sua Escada de sete degraus, o Trono.

Simbolizam e representam o Templo Maçônico com as características já conhecidas e amplamente esclarecidas.

Porém, seu aspecto mais importante é a representação do próprio Maçom, diante da Morte; do espetáculo diante da Morte alheia e a compreensão da própria Morte.

O caminho para a Imortalidade, para a Ressurreição.

Demonstra que há santidade, liturgia, mística na contemplação da Verdade, que é ao mesmo tempo realidade a que ninguém poderá fugir.

O "arrebatamento" descrito várias vezes no Livro Sagrado, como sucedeu a Elias que foi transportado em um carro de fogo para os Céus; a ascensão de Jesus o Cristo, após sua ressurreição; a promessa contida nos Evangelhos de um transporte para a Vida Eterna sem a passagem pela Morte são eventos, ainda, não suficientemente comprovados a ponto de serem aceitos diante uma comprovação realística, palpável e a "posteriori".

A Maçonaria crê, e é um dos princípios básicos de sua filosofia, em uma Vida futura além-túmulo; porém faz da Morte uma passagem obrigatória em face de uma imperiosa lei da Natureza e não se detém em dogmas que prometem fáceis transições sem dor, sem sacrifícios.

O sacrifício é o caminho natural e místico que conduz à Morte, porque deixar de viver não é vantagem alguma, apenas o cumprimento de uma lei natural; porém, o morrer por sacrifício, como aconteceu a diversos homens, desde os tempos mais remotos até os nossos dias, desde Abel, Hiram Abiff, Jesus Cristo, Jacques de Molay, Gandhi, Martin Luther King e milhares de outros; anônimos cristãos nas mãos de Nero; anônimos Santos em todas as épocas; mortos por ideal religioso, patriótico ou de outros princípios, constitui um caminho de Glória que passa a ser exemplo, incentivo e caminho precursor para os demais.

O valor de Hiram Abiff não foi ter ornamentado o Templo de Salomão nem a perfeita organização que imprimiu para os milhares de operários, artífices e mestres, mas sua sacrificada Morte em defesa de um juramento. Jurara, diante do rei de Tiro e do rei Salomão, jamais revelar as "Palavras de Passe" que haviam escolhido para garantir a ordem na construção do que foi, em sua época, o evento mais brilhante.

Aos pés do Esquife encontramos entrelaçados os instrumentos de trabalho: Maço, Nível e Prumo.

Abaixo, no local correspondente aos pés do cadáver, está o Esquadro com o vértice para cima, comprovando que a última posição, como o fora a primeira, é a da Esquadria.

O Maço é o símbolo do trabalho organizador, preparador da Pedra Bruta, que atua longe da construção para que o rumor que produz não perturbe a delicadeza da edificação e a santidade do local.

É com o Maço o primeiro trabalho que enceta o Aprendiz; tosco, pesado, grande, suas batidas são desordenadas, violentas e destrutivas.

Sublimado, após a devida educação dos movimentos, transforma-se no Malhete que o Respeitabilíssimo Mestre e Vigilantes usam.

O Nível já é instrumento estático que equilibra a horizontalidade; amplia os conhecimentos e os delimita no plano da Natureza; é uma finitude dirigida com equilíbrio e sabedoria.

O Prumo é instrumento de precisão; dá à verticalidade o equilíbrio, o bom senso e a segurança, para que suba ao Infinito; sobre a base sólida, ergue a parede firme; é a resolução de um temperamento e de uma personalidade já delineada, de base sólida pela horizontalidade perfeita.

Esta é a instrução dada e proveniente do Painel do 3º Grau que em uma síntese poderíamos dizer, parodiando o poeta: "O Fim é o princípio de Tudo", pois o homem profano recebe a Morte como ponto final, fugindo dela com desespero e tentando dilatar o tempo, para que nunca chegue, enganando-se com o emprego de mil subterfúgios para banir sua efigie, pois ignora que este ponto final constitui a oportunidade da construção de uma nova fase; é o Princípio de Tudo, ou seja, do que realmente existe de glorioso.

Segunda Instrução

A segunda instrução, também denominada de "Catecismo do Mestre", é dada a todos os Mestres por meio de um diálogo que o Respeitabilíssimo Mestre mantém com seus Vigilantes.

Não há uma razão técnica nas orientações das respostas, ora dadas por um Vigilante, ora dadas por outro.

O diálogo mantido entre o Respeitabilíssimo Mestre e o Primeiro Vigilante não obedece a um sistema previamente elaborado; a alteração diz respeito à distribuição da matéria que ao conteúdo das respostas.

São 53 perguntas, das quais o Primeiro Vigilante responde 26, ou seja, a metade.

Contudo, devemos considerar que muitas perguntas e respostas envolvem matéria "sigilosa", que não convém seja profanada, motivo pelo qual omitiremos tudo aquilo que deve permanecer "reservado" e que só os Mestres podem receber.

Daremos a segunda instrução, em forma diversa, fazendo referências, embora minuciosa, de modo a manter toda a discrição.

A primeira pergunta torna-se um tanto decepcionante, pois o Respeitabilíssimo Mestre pergunta ao Primeiro Vigilante se ele é Maçom!

Isso vem demonstrar que o termo "maçom" não se completa com a iniciação e com o 1º Grau do Aprendiz.

"Maçom" é um estado de consciência, que evolui porque a definição se amplia, com o enriquecimento dos conhecimentos.

Cabe uma resposta à Inquirição, e é dada simbolicamente, evocando o "ramo de Acácia"; a Acácia passa a simbolizar o próprio Maçom, pois é o símbolo da vida "indestrutível", a qual contém múltiplos mistérios.

Já discorremos em capítulo à parte sobre a árvore, floração e semente da "Acácia", e apenas acrescentaremos que o Maçom que atinge o mestrado passa a "conhecer" a Acácia.

Todos os Maçons sabem que a Acácia é o símbolo da Maçonaria; até os profanos o sabem.

Mas, nem todos podem "conhecer" a Acácia, no sentido esotérico e simbólico.

A Vida Indestrutível é a crença maçônica; vulgarmente dizemos a "Vida do Além-Túmulo", significando "Vida além da Morte"; são expressões literárias com conteúdo profundamente real e espiritual.

Não foi mero acaso que Jesus o Cristo, na crucificação, teve uma coroa de espinhos, feita de ramos secos de Acácia.

O derramamento de sangue, no altar do sacrifício, é um dos caminhos para a indestrutibilidade.

O caminho da Morte não consiste, apenas, na retirada do "sopro da Vida"; ele é percorrido de múltiplas formas que merecem muita atenção dado seu significado.

Evidentemente, o Maçom não pode escolher determinada trilha, porque a Morte sempre é imposta.

Mesmo no suicídio, há a presença de uma condição, porque o fraco que tira sua própria vida obedece a um impulso provocador.

A Vida Indestrutível é a Vida Espiritual, que é formada de mistérios; o Maçom poderá obter a definição ou a solução de muitos mistérios, porém a grande maioria será revelada, justamente, na passagem entre a vida material e a Vida Espiritual.

O Mestre Maçom é recebido na Câmara do Meio.

O verbo "recebido" significa uma recepção organizada e programada, não somente quanto ao ato litúrgico e simbólico, mas no que diz respeito à personalidade do receptor. Ser "recebido" importa em uma série de atos que demonstram e comprovam o merecimento de parte do receptor e a anuência dos doadores.

A Câmara do Meio é o centro onde convergem e onde se encontram os Mestres que compreendem a Arte Real em face de seu estudo e meditação a respeito dos Mistérios da Natureza.

O conceito da Natureza é o mais amplo possível, pois o Maçom considera Natureza também o que existe fora do globo terrestre.

A alegria, a satisfação e o regozijo de parte do novel mestre não o faz participante do luto e consternação que vê no semblante dos mestres que se encontram na Câmara do Meio.

O neófito, após o impacto da cerimônia, se faz a pergunta: Qual a causa dessa dor?

Descobre que se origina do assassinato do mestre Hiram Abiff por três Companheiros Traidores e perjuros, que quiseram uma recompensa, sem tê-la merecido.

Pergunta então o Neófito se aquele assassinato fora realmente praticado.

Não, lhe respondem.

É uma ficção simbólica, mas profundamente verdadeira pelos ensinamentos que encerra e pelas deduções que dela se inferem.

Simboliza a tradição maçônica, isto é, a Virtude e a Sabedoria, colocadas, sempre, em perigo pelo fanatismo e pela ambição dos maçons que não sabem compreender a finalidade da Maçonaria nem se devotarem à sua sublime obra.

A ficção surge do espírito criativo de quem imagina um quadro aceitável, mas que não crê ser real.

Ficção foi a obra do romancista Júlio Verne que descreveu com minúcias, um século antes, todos os inventos mecânicos e eletrônicos que hoje são realidade.

A ficção constitui apenas uma previsão do que surgirá no tempo e no espaço; é uma derivação da profecia.

O comportamento dos Companheiros que assassinaram Hiram Abiff é um permanente alerta contra os maçons que ainda existem no seio das Lojas.

São maçons que ingressaram na Ordem imbuídos de ideais e com o propósito de colherem conhecimentos para o seu aperfeiçoamento, mas que se desencantaram com alguns aspectos negativos, deixando de compreender que o homem, por mais perfeito que seja, sempre terá seus momentos de "cão", ou de "lobo", próprios da natureza humana.

É preciso muita Força de Vontade para superar certas ingratidões, invejas, ciúmes que o maçom pouco amadurecido não compreende e não pode conceber que possam existir.

A conhecida frase, que define a Maçonaria como sendo uma Instituição perfeita formada por homens imperfeitos, deriva, justamente, das fraquezas humanas que permanecem no maçom, mesmo que seja Mestre.

Um dos fatores que causam orgulho a nós os maçons é o fato sempre repetido de que, o mau maçom, aquele que se desvia, que oprime os irmãos, é suscetível, com extrema facilidade, de arrependimento e de ser reconduzido ao caminho da normalidade.

Como é fácil a recuperação!

O que viu o neófito no local onde foi aceito mestre?

A encenação do Túmulo de Hiram Abiff, iluminado por tênue claridade.

É a mística da iniciação para a Morte; a Morte como fato existente, palpável, concretizado!

A própria Morte, sempre representada pelo negro atemorizante, cujo leito é o túmulo, é passível de iluminação, posto tênue.

É a claridade da esperança; quando o mistério responde que sua decifração é possível.

A claridade é afirmativa, indica a existência da Luz, pois, percorrendo o caminho que a claridade ilumina, surgirá repentinamente a Luz; e onde há Luz, não tem lugar a Morte!

Quais as dimensões do túmulo de Hiram Abiff?

Três pés de largura, cinco de profundidade e sete de comprimento.

Ingressa o Neófito no simbolismo da Maçonaria.

São os números sagrados propostos à meditação, desde o 1º Grau, mas que, agora, têm significado mais profundo em relação ao Túmulo, ou seja, na verticalidade oposta à Luz, pois penetra no seio da Terra, até alcançar seu misterioso e insondável Centro, que simboliza, também, o Centro do nosso Ser.

O túmulo de Hiram Abiff contém o Segredo da Grande Iniciação, que só pode ser desvendado pela Inteligência; são os pensadores que após longa meditação podem conciliar os antagonismos pelo Ternário, de conceber a Quintessência espargida de forma oculta pela matéria e de aplicar a lei do Setenário a fim de dominar a autorrealização.

O Respeitabilíssimo Mestre pergunta:

Qual foi o indício que fez reconhecer o Túmulo de Hiram Abiff?

Responde o Primeiro Vigilante: "Um ramo de Acácia plantado na terra revolvida de fresco".

O ramo de Acácia passa a ser um "indício", porque é apenas parte de um todo que é a árvore.

O ramo foi plantado e obviamente não poderia sobreviver, porque a natureza quer que a germinação provenha da semente.

Aqui não se semeia a "indestrutibilidade" que simboliza a Acácia, mas coloca-se provisória e afoitamente um "indício": a Acácia passa a ser apenas um objeto de sinalização.

É o que sucede com os insanos que pretendem obter resultados com atos impensados e maus; plantar significa o propósito de colher, mas para os "Assassinos" do Mestre o propósito não fora a colheita, mas a ocultação do seu crime; o ramo de Acácia "plantado", isto é, colocado, significava para eles a demarcação do Túmulo, para que fosse descoberto.

Havia, ainda, nos Assassinos a marca indestrutível do que assimilaram durante o Companheirismo; a parte boa de sua personalidade; o respeito ao Mestre a quem desejam, pelo menos, um funeral condigno.

A terra revolvida de fresco simboliza o presente; o ramo, ainda verdejante, recém-colhido, representa a sobrevivência de energias que a Morte não pode destruir.

A Acácia é um espécime raro, pois suas folhas mantêm a clorofila durante um longo período e mesmo seccionada a fonte da seiva, o pouco que retém lhe serve para conservar, embora com desespero, o elo vital.

Assim é o homem que conseguiu acumular energias; mesmo seccionada a fonte, ele terá armazenado o suficiente para fazer-se presente e notado.

A virtude do ramo de Acácia, sobre o túmulo de Hiram Abiff, foi justamente o fato de ser notado e indicar que, na extremidade de seu ramo, sacrificado pelos Assassinos, repousava o corpo do Mestre.

O primeiro gesto do Mestre que viu o ramo de Acácia foi instintivo; apoderou-se dele, retirando-o da terra.

A função catalítica do ramo de Acácia retirado do Túmulo é também mística e esotérica.

O mestre que segura o ramo de Acácia liga-se a tudo o que sobrevive da tradição maçônica.

Com a mão direita empunhando o ramo de Acácia, o mestre faz uma promessa; não é um juramento, mas um simples propósito de renovar seu desejo de estudar com fervor tudo o que subsiste do passado, de seus ritos, usos e costumes, sem ouvir aqueles desencantados que anunciam ser a Maçonaria fruto de arcaísmo.

Quem de nós vive do passado?

O futuro é incerto por ser desconhecido; se aqueles predestinados, portadores de poderes extrassensoriais, podem prever os fatos, são privilegiados, homens incomuns.

Mas nós, a horizontalidade maçônica, rimamos nossos pés sobre a experiência, porque esta é válida; serviu de sustentáculo a sábios e poderá nos valer, sobremodo.

Toda a estratégia empregada em uma batalha decorre da experiência; não podemos inovar sem um estudo profundo.

O maçom está inovando sempre porque se situa no mundo onde a tecnologia avança a passos gigantescos.

Porém, a evolução que é válida e necessária deve ser construída com sabedoria, para evitarem-se distorções.

Diante do Túmulo simbólico, o Companheiro é submetido a provas para banir qualquer suspeita a respeito da participação no assassinato. O homicídio de ficção envolve não simplesmente a ação que é motivo central da "Lenda de Hiram Abiff", mas toda a omissão que possa causar dano à Instituição.

O criminoso não é somente o agente de uma ação, mas, também, os que lhe dão cobertura e de qualquer modo contribuem para o resultado letal.

O Maçom que ainda retém resquícios de profano corre o risco de se envolver em atos condenáveis.

Portanto, a inocência deverá ser provada; não será pela exclusão que um possível partícipe escape do castigo.

Diz a instrução que um dos modos de provar a inocência é a aproximação do cadáver a passos largos, sem receio e com a consciência tranquila.

A decisão rápida evita a construção do subterfúgio, da defesa planificada, da resolução estudada com a finalidade de eximir-se de responsabilidade.

Celeremente, sem pensar, corre o Maçom junto ao Túmulo em uma demonstração evidente de interesse e de total inocência; passos largos, ou seja, vencendo os obstáculos que possam existir, sem temor, impelido pela força que brota de dentro da consciência em paz. Essa "corrida" em direção ao Túmulo foi traduzida como a marcha que o Neófito enceta, dentro da Câmara do Meio, obedecendo ao traçado anual do Sol por meio dos Signos do Zodíaco.

A marcha é constituída por um trajeto intermitente, sem paradas, como faz o Sol; ela representa a imagem da vida terrena que se precipita em um único lance, do nascimento à morte.

Não se cogita, imediatamente, das duas etapas: o período de gestação e a Vida Além-Túmulo.

Antes do nascimento, a criatura existe, mesmo em embrião, sem os cincos sentidos despertos; após a Vida, ainda subsiste, por meio de funções misteriosas dos Sentidos Espirituais.

É a passagem simbólica e Geométrica, do Esquadro para o Compasso.

O Esquadro simboliza o nascimento; o Compasso, o lapso de tempo entre o nascimento e a Morte; o Esquadro é de manejo simples, porém o Compasso contém complexidades que só os mestres podem discernir.

O mestre mede todas as coisas. Isso é importante na Vida porque todas as coisas têm dimensões; porém, as coisas Além-Túmulo já são diferentes e não podem ser medidas.

A preocupação dos mestres em medir, analisar, perscrutar, simboliza o treino para a Vida Futura, onde os instrumentos são diferentes e certamente mais complexos e difíceis de manejar.

Todas as medidas executadas durante a trajetória mundana são comandadas pela Razão, porque esta subsistirá Além-Túmulo, eis que a Razão é o Espírito que está no homem.

O mestre, contudo, não se limita a medir as coisas, apenas, manejando pela "cabeça" o Compasso, mas usa todos os demais instrumentos, desde a Régua das 24 Polegadas ao Esquadro.

O Esquadro é o instrumento por excelência do Companheiro e, entrelaçado ao Compasso, forma a Joia do Mestre; sobre o Livro Sagrado, o ornamento assim composto dispensa a Régua das 24

Polegadas, que é substituída pelos braços retilíneos do Esquadro; o Esquadro se compõe de duas réguas, simbolizando a terrena de 24 polegadas e a espiritual, embora mais curta.

O Esquadro regula o trabalho do Maçom, pois deve agir com a máxima retidão; igualdade, equilíbrio e amor fraterno, considerando os conceitos que lhe são ministrados corretos e os irmãos que o envolvem iguais.

O Compasso dirige a atividade maçônica, dando-lhe harmonia, transformando a rigidez em suavidades curvas, dando elegância às ações para que haja aplicação fecunda, ou seja, para propiciar a geração.

O Respeitabilíssimo Mestre propõe, a seguir, ao Segundo Vigilante uma hipótese: "Se um Mestre se perdesse, onde poderia ser encontrado?"

Responde o Segundo Vigilante: "Entre o Esquadro e o Compasso".

É uma situação sugerida, deveras interessante, porque o Mestre procurado distinguir-se-ia pela moralidade de seus atos e pelo acerto de seu raciocínio.

Sobretudo, porque o entrelaçamento do Esquadro e Compasso somente se encontrará sobre o Livro Sagrado; portanto, o Mestre hipoteticamente perdido ainda estaria seguro, por encontrar-se no "seio" do Grande Arquiteto, dentro de sua "Palavra", que é o Livro da Lei.

Qual a preocupação dos Mestres? Tanto dentro da Câmara do Meio como em qualquer situação.

Encontrar a "Palavra Perdida".

A chave do "segredo" maçônico, ou seja, a solução de todos os mistérios propostos, desde a Iniciação.

Todos os movimentos espiritualistas, desde os mais remotos, como os Mistérios Egípcios, como os do Budismo, Cristianismo e outros, aparentam algo "perdido".

Dizia o mártir Mahatma Gandhi que se o Cristo retornasse à Terra seria o maior opositor do Cristianismo, esclarecendo que essa sua atitude viria em decorrência da adulteração de sua Doutrina.

Certamente, Mahatma Gandhi tinha razão, pois no próprio Cristianismo que ainda domina parte do Mundo, e que apresenta uma organização muito cuidadosa, nas suas múltiplas divisões, de Catolicismo

romano, de Ortodoxismo, de Protestantismo e de Evangelismo, de Copta e, enfim, do que conhecemos por "Palavra permanece Perdida"!
Como se perdeu a Palavra?
Pela pretensão dos homens que com sua inteligência, com pouca aplicação da Razão, desvirtuaram o verdadeiro sentido da Mensagem.
Felizmente o Cristianismo possui uma literatura que preserva o verdadeiro Conhecimento e nota-se, diuturnamente, o retorno às origens, ao Cristianismo Primitivo.[101]

A Maçonaria não podia resguardar sem perdas seus "segredos"; em decorrência disso é que surgiu a "Lenda de Hiram Abiff", em que a "Palavra" perdera-se, com os três grandes golpes que sofreu, a tradição viva, através dos Companheiros indignos e perversos.

É de se ressaltar que foram justamente os Companheiros os que abalaram a estrutura maçônica; justamente aqueles que já tinham pleno conhecimento da arte de construir; não partiu a derrocada dos Aprendizes; estes mantiveram-se longe dos acontecimentos; não foram sequer chamados para atuar no drama esotérico e simbólico que constitui a "Lenda de Hiram Abiff".

Para alguns o conhecimento transforma, pois a mente humana, às vezes, não se encontra capacitada para assimilar certo conhecimento sublime e de impacto.

A "Palavra Perdida" encontra-se perdida.[102]

Houve uma dramatização no sentido de substituir a "Palavra Perdida" por outra.

Como procederam os israelitas durante a fuga do Egito; enquanto Moisés se encontrava absorto no Monte, recebendo o Decálogo, construíram para si um deus, o bezerro de ouro, a quem passaram a adorar como substituto de um Deus que não lhes era mais visível.

O homem necessita sempre de um amparo vindo do Alto, do mistério extraterreno, do Infinito, poderoso e que atenda a seus caprichos.

---

101. Vide obra do mesmo autor: *O Delta Luminoso*.
102. Talvez nos Graus Filosóficos a Palavra possa ser encontrada.

Descoberta a sepultura de Hiram Abiff, obviamente, decidiram que a primeira palavra que alguém pronunciasse, provocada pelo impacto, seria a substituta da "Palavra Perdida".

Ao cavarem a terra recém-removida, descobrindo o cadáver de Hiram Abiff, alguém pronunciou em exclamação uma palavra apropriada: esta foi guardada como sendo a "Palavra Sagrada".

Todos os gestos feitos pelos nove Mestres que ergueram o corpo de Hiram Abiff foram registrados, e serviram de "sinais", "toques" e "passe".

Os Mestres viajam, dentro da Câmara do Meio do Oriente para o Ocidente e do Sul para o Norte, a fim de espalharem a Luz e ao mesmo tempo reunirem o que se encontra disperso.

Em outras palavras: para ensinarem o que sabem e aprenderem o que ainda não sabem, proporcionando com sua presença a harmonia e a fraternidade entre os homens, tanto maçons como profanos.

Essa viagem é feita, simbolicamente, em dimensões diferentes, pois o caminho é o da mortalidade, justamente na fronteira limítrofe entre a vida eterna e a do "Além-Túmulo".

É a antevisão do futuro, mas não profético e sim do momento, porque o mistério da Morte foi desvendado.

Neste momento, o Mestre usa um novo instrumento, a Trolha, ou seja, a colher do pedreiro.

A Trolha serve para encobrir as imperfeições, pois é chegada a hora de, embora apressadamente, alisar as últimas arestas.

A Sabedoria não está em castigar os erros, mas em procurar-lhes as causas e afastá-las.

As imperfeições, os erros, não são motivos para censuras nem castigos; o Mestre não castiga, porque cultiva o amor fraterno com consciência; ele procura afastar as causas que prejudicam os demais, assim formará um grupo de verdadeiros Irmãos que se amam.

O Mestre Maçom não tem um nome específico; ele é Maçom porque simboliza o Pedreiro Livre, construtor de templos terrenos e humanos, organizador do planejamento para o ingresso no Templo Espiritual, para adornar o Grande Arquiteto do Universo e não completar o Edifício que não necessita de complementação por ser perfeito e acabado definitivamente.

O Mestre é quem atingiu o "clímax" espiritual e entra no gozo Celestial.

A missão sutil do Mestre Maçom é procurar, dentro de si mesmo, o Mestre que foi morto, para encontrá-lo ressuscitado e junto com Ele ser um só.

O símbolo mascara a realidade; o segredo do Mestre está em encontrar nos símbolos a realidade.

A transformação do simbólico no Real é, em última análise, a missão do Mestre.

O Aprendiz descobre os símbolos; o Companheiro lhes aprende o significado; o Mestre os transforma em realidade.

A idade iniciática do Mestre parte do número sete, em uma escalada, obviamente, infinita.

O Aprendiz inicia o trabalho meditativo pela Unidade e pelo Binário, estagiando, no Terciário, antes de deter-se no Quaternário.

O Companheiro inicia seu estudo a partir do número quatro e se detém no cinco até abordar o seis, preparando-se para defrontar-se com o sete.

O Mestre estuda detalhadamente o número sete, fixando toda a sua atenção no Setenário, aplicando o método Pitagórico para os números sucessivos.

O Companheiro sobe os sete degraus do Altar e aguarda sua exaltação.

Terceira Instrução
O Número Sete e Seus Mistérios

Para melhor compreender o número sete, façamos um breve histórico a respeito[103], buscando subsídios na época dos Caldeus, com a construção da sua "Torre de Babel", considerada por eles obra mais sagrada que as outras, porque o Setenário do edifício tinha a finalidade de ligar a Terra aos Céus; aos olhos de Magnos, a divindade se manifestava por meio de uma Administração Universal, composta por Sete Ministérios.

Esses Ministérios correspondiam aos Astros que percorrem a Abóbada Celeste, vista da Terra e que eram considerados os mais atuantes que as Estrelas fixas: Sol, Lua, Marte, Mercúrio, Júpiter, Vênus e Saturno.

Os metafísicos e os poetas, estes por necessidade de dramatização mitológica e aqueles na busca de soluções, tomaram o Setenário astrológico e na Torre de Babel, construída como símbolo da Causa Primária imanente, formaram sete planos, consagrados cada um a uma das Causas Secundárias, organizadoras do Universo.

A Obra da Criação é atribuída a essas Causas Setenárias, como as diversas Cosmogonias que apresentam e em especial a Gnose Hebraica.

Os Sete dias da semana, símbolo múltiplo das Sete Épocas da Criação, cujo culto provém da civilização Babilônica, foram considerados causas coordenadoras.

Porém, remonta o estudo do Setenário a uma civilização anterior ainda, a dos Sumérios.

---

103. Extrato e interpretação da obra de Oswald Wirth: *La Franc-Maçonnerie redue inteligible à ses adeptes* — *"Le Maitre"*.

Os filósofos herméticos distinguiam Sete influências isoladas manifestadas em todo ser organizado, quer no Macrocosmo[104] quer no Microcosmo[105] representado pelo animal, vegetal e mineral.

Entre a Natureza elementar ou rudimentar sujeita à Lei do Quaternário dos elementos e a Natureza mais elevada formou-se uma espécie de "acordo" vibratório com as Sete notas que formam a Gama da Harmonia Universal.

Pitágoras dizia ouvir a Música das Esferas que eram justamente as notas musicais, cujo conhecimento era relevante para quem desejasse iniciar-se naqueles mistérios.

As Sete Notas Musicais correspondiam aos Sete Dias da Semana consagrados ao Setenário Divino, concebido pelos Sábios da era conhecida como a da Verdadeira Luz, ainda, reservada para um diminuto número de Iniciados.

Basicamente, o Setenário provinha dos Sete Planetas e dos Sete Metais, descoberta dos sábios antigos; hoje para nós apenas um princípio de estudo, sem maior importância.

A compreensão de que tudo quanto existe é, ao mesmo tempo, único, tríplice e sétuplo constitui o início do caminho do Mestrado e sem esse início jamais o Maçom poderá progredir em seu conhecimento.

A TRINDADE SETENÁRIA

Representar o Setenário constituiu uma tarefa ingente para os Antigos.

Três Círculos sobrepostos de modo a formar Sete superfícies, colocados os Sete Astros: Sol, Lua, Marte, Mercúrio, Júpiter, Vênus e Saturno, formando Mercúrio a Superfície Central; Júpiter, Marte e Vênus, o Triângulo Interno, e Sol, Lua e Saturno, o Triângulo Externo, constituem a imagem do Setenário, simbolizado pelas Três Rosetas que ornam o Avental do Mestre.[106]

---

104. Macrocosmo = mundo celeste, cósmico.
105. Microcosmo = mundo terrestre.
106. Vide capítulo à parte: O Avental de Mestre.

A figura tem a seguinte interpretação:

1º — CÍRCULO DE OURO — Sol, centro irradiador de toda atividade espiritual, atingindo toda coisa criada; Espaço de cor azul; fogo interior representando o sangue: — ação, calor e luz.

2º — CÍRCULO DE PRATA — Lua, astro variável, receptivo não só da Luz e Calor, mas também de influências; substância passiva, espera do Espírito; o Mercúrio dos Herméticos, veículo da atividade espiritual, penetrante em toda coisa criada; espaço, cor azul, ar, sentimento, sensibilidade. Silêncio.

3º — CÍRCULO DE BRONZE ou de Chumbo — Saturno, divindade precipitada dos Céus e que reina sobre o que é pesado e material; materialidade, positivismo, energia material. Cor: amarela, com tendência a transformar-se em cinzento; arcabouço ou carcaça óssea, base sólida de toda construção; rocha que fornece "pedra bruta"; ponto de partida da Grande Obra.

4º — INTERFERÊNCIA do 1º e 2º Círculos — O Filho, nascido da União do Pai e da Mãe. Júpiter oposto a Saturno, por ele destronado. Corresponde à Espiritualidade; ordena e decide, projetando a Vontade. Cor: púrpura ou violeta; idealismo, consciência — responsabilidade, autodireção.

5º — ESPAÇO CENTRAL, no qual as três cores primitivas difundem-se na luz que se apresenta branca, em face da polarização. Estrela Flamejante dos sábios, quintessência, éter vivente, fluido de atração, agente do magnetismo.

6º — DOMÍNIO DA INTERFERÊNCIA de 2 e 3 — Vênus, a vitalidade, o orvalho gerador de Seres. Cor: verde; doçura, ternura, sensibilidade física.

7º — INTERFERÊNCIA de 1 e 3 — Atividade material. Marte, necessidade de ativação; consumo de energia vital. Fogo devorador. Cor: chama amarelo-vermelho-escarlate; instinto de conservação, egoísmo, ferocidade. Potência inquebrantável de realização.

O Setenário encontra-se também nos sete pecados capitais — esboçados pela Igreja:

1 — Orgulho, quando originário de uma frivolidade vaidosa, ligado ao Sol porque ofusca os fracos.

2 — Preguiça, oriunda da passividade Lunar.

3 — Avareza, vício dos Saturnianos previdentes e prudentes em excesso.

4 — Gula, vinda dos Jupiterianos, que são hospitaleiros e generosos e que se detêm no próprio eu.

5 — Inveja, tormento dos Mercurianos que são agitados, insatisfeitos e ambiciosos.

6 — Luxúria, um exagero dos Venusianos.

7 — Cólera, defeito dos Marcianos, dados às guerras.

É de se notar que o 1º se opõe ao 6º; o 2º ao 7º; o 3º ao 4º; enquanto o 5º está isolado representando o equilíbrio.

Os sete pecados devem subsistir para existir a reação e o combate; somente com o esforço conjugado para lutar contra os pecados, gera o equilíbrio necessário para que a existência assuma foros de interesse e atividade.

O NÚMERO SETE, SUA ORIGEM E INTERPRETAÇÃO

O vocábulo Sete deriva-se do latim, "Septem", e é um signo grego composto dos números 1 e 6; 2 e 5; de 3 e 4, ou seja, da combinação de um ímpar com um par, ou seja, do masculino com o feminino; trata-se de um número heterogêneo.

O Sete era conhecido pelos Pitagóricos, os Kabalistas e os Gnósticos e, também, por todas as associações místicas da antiguidade.

Na simbologia dos números, vamos encontrá-la nos sistemas religiosos, particularmente nas Sagradas Escrituras e sobretudo na Maçonaria.

Nos estudos maçônicos, os números ímpares assumem certa veneração pelo elevado significado filosófico.

As combinações aritméticas estudadas no 2º Grau criaram uma ciência de símbolos, fartamente adotada nos 33 Graus do Rito Escocês

Terceira Instrução — O Número Sete e Seus Mistérios

Antigo e Aceito. Cada Grau cuida especificamente do estudo dos números, primários ou derivados.

A filosofia Pitagórica classificava os números em ímpares, como positivos; pares, como negativos, ou seja, gêneros masculino e feminino. As combinações dos números ímpares, incluindo a unidade, formam, invariavelmente, um número par, considerado perfeito; assim, temos no sistema Pitagórico, na primeira ordem numérica, que duas unidades formam o número Dois; que duas vezes Cinco somam Dez; que Três e Cinco somam Oito; que duas vezes o Oito somam Dezesseis e que a soma desses dois números é igual a Sete.

Na segunda ordem, temos a Unidade que opera com os demais números ímpares e assim temos: que Um e Três são Quatro; Um e Cinco são Seis; Um e Sete são Oito e Um e Nove são Dez; nenhuma das somas desses números nos dá Sete.

A soma dos números sempre resultará no número ímpar; Um e Dois são Três; Dois e Três são Cinco; Três e Quatro serão igual a Sete; Dois e Cinco, igual a Sete; Quatro e Cinco, igual a Nove; Um e Oito são Nove; Dois e Sete são Nove; todas essas combinações foram consideradas místicas pelos sábios antigos.

No Egito, os números eram simbólicos com o nome de Místicos.

Na Maçonaria antiga, os números ímpares eram considerados perfeitos. A unidade não deve ser considerada propriamente como número, porque representa a própria Natureza.

Zero, também, não pode ser considerado um número, é um signo posto seja denominado de "incógnito" ou de "desconhecido".

O número Nove, desde os tempos antigos, foi considerado o número perfeito; a perfeição da Natureza, catalogado, assim, pela ciência aritmética e ciência matemática, porque, sejam quais forem suas combinações, o resultado será sempre Nove.

O número Nove é o símbolo da imortalidade, da Regeneração e da Vida Eterna.

O número Sete procede de uma "causa comum" que pode ser a Perfeição, assinalada por todas as religiões.

Os Pitagóricos também o denominavam de número perfeito porque formado do Três com o Quatro, ou seja, do Ternário com o Quaternário, cuja representação é o Triângulo e o Quadrado.

O número Sete é considerado como o Signo Virginal, comparado com Minerva.

Sete eram os Planetas da Antiguidade: Sete Plêiades e Sete Hiades.[107]

Sete eram os altares que ardiam eternamente para os deuses Mitras.[108]

Os árabes possuíam Sete templos sagrados; os hindus supunham que o Mundo encontrava-se rodeado por Sete penínsulas; os Godos[109] tinham Sete deidades: Sol, Lua, Tuisco, Woden, Tor, Friga e Seatur, cada um desses nomes deriva dos Sete dias da semana; nos Mistérios Persas, o aspirante à iniciação devia passar por Sete Cavernas espaçosas; dentro dos Mistérios Góticos, o aspirante devia encontrar Sete Obstáculos aos quais davam o nome do Caminho das Sete Jornadas; nos antigos sacrifícios eram considerados mais eficazes quando as vítimas fossem em número de Sete.

No Ritual Judaico, o ensino se agrupava em Sete partes, havendo no simbolismo do número Sete uma raiz etimológica única: "Schabang", que pode ser interpretada como "Suficiência" em "Complemento".

Esses dois vocábulos são, também, sinônimos de "Perfeição"; o número Sete era o Signo Perfeito.

Em Sânscrito tinha o significado de "Jurar", pois os juramentos eram feitos na presença de Sete testemunhas e mediante ao sacrifício de Sete vítimas oferecidas durante a cerimônia, como vem relatado na aliança entre Abraão e Abimelec.

No Cristianismo aparece, frequentemente, o número Sete: o Sábado era o Sétimo dia; Noé recebeu o aviso do início do Dilúvio Universal Sete dias antes e lhe foi ordenado que escolhesse Sete animais dos mais puros e as aves em grupos de Sete; as pessoas que

---

107. Plêiades: nome das sete filhas de Atlas e de Pleione que se suicidaram e foram transformadas em estrelas. Hiades: ninfas filhas de Atlas: também transformadas em estrelas.
108 Mitra: Um dos gênios da religião Mazdeísta, originário do Mitra Védico, o espírito da luz divina, deus da veracidade e da boa fé. Seu culto passou para Pérsia, Grécia e Roma.
109. Godos: antigo povo da Germânia, hoje, Alemanha.

o acompanharam na Arca foram Sete; os intervalos ocorridos cada vez que soltava uma pomba eram de Sete dias; a Arca descansou no monte Ararat após o Sétimo mês.

Os muros de Jericó foram circundados em Sete dias por Sete sacerdotes que traziam consigo Sete Cornos da Abundância.

Hiram Abiff ocupou-se na construção do Templo, durante Sete anos, Sete meses e Sete dias; as festas de inauguração do Templo de Salomão realizaram-se no Sétimo mês do ano, durando a celebração Sete dias; o Candelabro do Tabernáculo possuía Sete braços; no Egito, caíram as Sete pragas do Mundo.

A Ursa Maior compõe-se de Sete Estrelas, Sete são as notas da Escala Musical.

Para construir-se uma Loja, faz-se necessária a presença de Sete maçons.

O número Sete representa o Esquadro, pois este é o seu formato. No sentido simbólico, é o número das Sete Artes e das Sete Ciências liberais de acordo com o filosofismo maçônico moderno.

Os Neognósticos dispuseram as fases de sua iniciação de acordo com as estações do ano.

Essas quatro etapas comportam Sete graus que correspondem aos Sete períodos da vida de Jesus, a saber: Nascimento; conversação com os Doutores; batismo; pregação e luta (lapidação); transfiguração; Entrada Triunfal; Ceia; Morte e Ressurreição.

Sete são os Seres Celestiais: Anjos, Arcanjos, Querubins, Serafins, Tronos, Potestades e Dominações.

Sete são as maravilhas do Mundo: Sete quadros formam a Via Sacra; Sete, as palavras que Jesus pronunciou na Cruz; as Sete vacas magras e Sete gordas do Egito; As Sete Igrejas do Apocalipse.*

A OCTOADA SOLAR

No emblema babilônico do Sol é encontrado o número Oito, cujos raios se bipartem em forma de Cruz dupla; estes vêm colocados de forma rígida e constituem o Quaternário dos elementos e aos

---

* E assim indefinidamente.

efeitos físicos da Luz e do Calor. Os raios oblíquos indicam pela sua ondulação que são vivos; por serem triplos aludem ao Duodenário; vem representado por um círculo onde, em sua parte central, vê-se um círculo com braços ondulantes partindo do centro à perfeição; na periferia braços formando uma Cruz cujas extremidades são em ponta. Nos intervalos entre as quatro pontas são formados três braços ondulantes partindo do centro à periferia; na periferia, emoldura um Círculo maior.

O Sol era considerado pelos amigos como um dos Sete agentes coordenadores do Mundo, com função permanente e reguladora.

Assegura a ordem das Estações, a sucessão regular do dia e da noite; o Sol, deus-luz, não admite desordem, favorecendo o raciocínio lúcido que coordena logicamente as ideias. Modera as paixões, intervém no organismo. A medicina foi colocada sob a égide do deus-regulador, cujo filho, Esculapio, tem o poder de curar.

A virtude solar dissipa todos os males, faz penetrar a clareza no entendimento, a paz no espírito e restitui a saúde ao corpo.

O Sol tornou-se o signo e o símbolo do Cristo.

O algarismo Oito deriva de dois quadrados superpostos, ou tocando-se por um dos seus ângulos.

Essa forma origina-se da letra "Het" fenícia, oitava letra do alfabeto primitivo que, mais tarde, tornou-se o atual "H" e o Oito. Lembra um quadrado duplo e longo, ou seja, um Quadrilongo, que representa a Loja Maçônica.

O Oito é o cubo de Dois. É o número da coesão construtiva, fonte da solidez da Grande Obra Maçônica.

A ENEADA OU TRÍPLICE TERNÁRIO

Em uma Loja Maçônica, Sete é o número do Mestre que dirige os trabalhos. Oito corresponde ao Orador e Nove ao Secretário; este porque é encarregado de "traçar" a continuidade da Obra.

Simbolicamente, o Traçado executa-se sobre uma Prancheta dividida em Nove Quadros, cuja ordem numérica determina a significação.

As três primeiras casas superiores numeradas da esquerda para a direita correspondem aos Grupos de Aprendiz, Companheiro e Mestre.

Referem-se, outrossim, à Ideia, à Vontade e ao Ato.

As colunas verticais 1, 4 e 7; 2, 3 e 8; 3, 6 e 9 exprimem a triplicidade inerente a toda a manifestação unitária, onde vamos destacar três termos:

1º — O Sujeito, agente, princípio de ação, causa ativa, centro de emanação.
2º — O Verbo, atividade, trabalho, emanação radiante.
3º — O Objeto, resultado, obra terminada, ato efetuado.

Aplicando-se essas noções gerais a cada um dos termos do tríplice ternário, chegamos ao seguinte resultado:

1 — O Princípio Presente, centro de emissão de Pensamento;
2 — O Pensamento, ato, ação de pensar;
3 — A Ideia, pensamento formulado ou emitido;
4 — O Princípio Votivo, centro da emissão da Vontade;
5 — A Energia Volitiva, a ação de querer;
6 — O Voto, o desejo, a volição desejada;
7 — O Princípio Ativo, dispondo do Poder Executivo, dirigente e realizador;
8 — Atividade Operante;
9 — O Ato Realizado e sua repercussão permanente; a experiência do passado, semente do futuro.

A interpretação e sobretudo a assimilação do mencionado anteriormente chamam-se simbolicamente: "trabalhar na Prancha de desenho" ou "Tábua de traçar".

São, em última análise, os conhecimentos esotéricos da maçonaria.

A DÉCADA

"Quabbalah", "Kabala" ou "Cabala" é a tradição oculta do povo Hebreu; a tradição nos informa que Enoque a ensinou ao patriarca Abraão e este a transmitiu oralmente aos seus descendentes; encontram-se expostas de forma esotérica nos livros de Moisés, o Pentateuco.

Moisés, o gigantesco libertador dos israelitas da terra do Egito, iniciado nos mistérios egípcios, escreveu o Pentateuco, composto por de cinco livros, de forma simbólica, usando a língua egípcia.

A linguagem egípcia tinha alcançado a perfeição, porém, usada pelos Hebreus, foi-se deturpando; diante disso, Moisés, prevendo que sua obra viesse a ser distorcida, a contou a um grupo de sábios, fiéis, orientando-os oralmente para que a Lei Sagrada, o Torá, se mantivesse íntegra; eis que recebida diretamente de Jeová.

Por sua vez, os sábios confirmam os ensinos secretos a outros homens que, de geração a geração, foram retransmitidos até chegarem às mãos dos atuais detentores.

Esses ensinamentos constituem a Cabala.

A Maçonaria, que busca na fonte escrita hebraica, raízes e filamentos de suas tradições, procurou assimilar a Cabala; contudo, sendo parte esotérica, constitui apenas, nos nossos dias, fato curioso e presença muito discutida.

Na época mosaica, o templo de Tebas continha os arquivos sacerdotais da extinta "raça vermelha", que povoava, segundo a lenda, a desaparecida Atlântida; também a extinta raça "RAM", que povoava a Índia, tinha seus documentos em Tebas.

Moisés foi iniciado em todos esses mistérios; também colheu os mistérios mais puros da raça negra no templo de Jetro, último sobrevivente dos "Hierofantes".

Diz a tradição que Moisés deixou aos "Setenta Eleitos" todos os misteriosos conhecimentos que havia armazenado em sua longa existência.

Os Ocultistas dizem que Moisés escreveu obras em caracteres "Vattam", e que VI séculos a.C. Esdras os substituiu por caracteres hebraicos.

As "Chaves da Tradição Oral", Moisés as entregou a Josué e estas não permaneceram íntegras; mais tarde, o Mundo descobriu que os mistérios Mosaicos estavam escondidos e conservados pelos Essênios, cujas provas, hoje, são científicas.

Os Livros Sagrados eram lidos ao povo e comentados oralmente; mais tarde, esses documentários passaram a ser escritos, denominando-se de "Massorah"; a literatura escolástica tomou o nome de "Thalmud" e consta de quatro partes:

1 — "Mishnah", ou tradição primitiva.
2 — "Ghemraah", compêndio de Jurisprudência.
3 — "Midrashim" e "Targumim", comentários e paráfrases[110].
4 — "Thosiphtra", os suplementos.

O "Massorah" forma o copo da tradição; o "Talmude", representa a Vida, por conter jurisprudência, costumes, cerimônias e sociabilidade.

A Cabala ou Doutrina Secreta é a alma e o espírito da tradição, a parte religiosa e filosófica da literatura Hebraica.

A Cabala baseia-se no estudo dos números, a "teoria dos Sefirós", cuja finalidade é ligar o Relativo ao Absoluto; o Particular ao Universal; o Finito ao Infinito; a Terra aos Céus.

Essa união é obtida por meio da DÉCADA, da qual cada parte recebeu um nome característico, a saber:

1 — Coroa ou Diadema — Unidade, Centro, Princípio de onde tudo dimana e encerra tudo em Potência, em Germe ou Semente. O Pai, Fonte de partida de toda atividade; Agente pensante e consciente que afirma, "Ehlveh" — Eu Sou.

2 — Sabedoria. Pensamento criador, emanação imediata do Pai, seu primogênito, o Filho, Palavra, Verbo, Logos ou Razão Suprema.

3 — Inteligência, Compreensão. Concepção e geração da ideia. Ísis, Virgem-Mãe que dá à luz a imagem original de todas as coisas.

4 — Graça, Misericórdia, Mercê, Grandeza, Magnificência, Bondade criadora, que incita os seres à existência. Poder que dá e esparge a Vida.

5 — Rigor, Severidade, Punição, Temor, Julgamento, Governo, administração da vida adquirida. Dever, autodomínio moral que reprime, que modera. Discrição, reserva que obriga a restrição.

6 — Beleza. Ideal segundo o qual as coisas tendem a constituir-se. Sentimento. Desejo. Aspiração. Volição no estado estático.

7 — Vitória. Triunfo. Firmeza. A dissipação do Caos e a coordenação das forças construtoras do Mundo.

---

110. Paráfrase = desenvolvimento de um texto.

8 — Esplendor. Glória. Justiça imanente. Coordenação. Lógica das coisas; sucessão das causas nos efeitos.
9 — Base. Fundamento. Plano Imaterial. Sobre essas bases tudo é construído; potencialidade latente.
10 – Reino. Criação. A crença na matéria, fonte das ilusões.

A *Década Sefirótica* forma uma espécie de Árvore da Vida das antigas Cosmogonias. A Árvore da Vida aplica-se à hierarquia dos Oficiais de um Loja Maçônica.

O ONZENO

A reunião do cinco com o seis forma o 11, número misterioso, porque o Cinco é o algarismo do Microcosmo e o Seis do Macrocosmo.

O Maçom consciente do que significa ser iniciado tem o poder de concentrar sobre si todos os "fluidos" existentes no ambiente, ou Loja, dispondo de uma potência ilimitada somada às forças invisíveis também denominadas de Astrais.

A aquisição dessas forças provém da permuta entre Irmãos; ninguém recebe sem dar e a soma conduz à realização do plano que o Grande Arquiteto do Universo concebeu para o Homem.

Sozinho, o Maçom nada faz, apenas acumula energia.

A *Cadeia da União* equilibra as forças acumuladas em demasia em alguns e carentes em outros; além do ato litúrgico da Corrente, outra Corrente Invisível é formada, sempre que o Mestre de Cerimônias anuncia que a Loja será formada.

O estudo do número 11 é profundo, pois além de unir simbolicamente o Macrocosmo com o Microcosmo, pela simbologia do 5 e 6, é decomposto em: Quatro e Sete; Três e Oito; Dois e Nove e Um e Dez.

No Tríplice Ternário e na Árvore dos Números[111], os números que compõem o 11 têm significado esotérico.

Quatro e Sete ressaltam a potência do 11. Poder de Vontade inquebrantável. Estabelecedor da Harmonia.

---

111. A Árvore da Vida: a Árvore Sefirótica.

Três e Oito significam a Inteligência unida à perfeita Administração.

Dois e Nove representam a Sabedoria irradiante, revelada sobre a Prancha de Traçar. É a Previsão equilibrada.

Um e Dez são a síntese da Década, pois a Unidade se estabelece.

O DUODENÁRIO

A divisão natural do Círculo, dada por dois diâmetros que se cortam em ângulos retos e por quatro arcos do mesmo raio que o da circunferência, traçados tomando-se como centro os extremos da cruz, forma o Duodenário, ou seja, a divisão do círculo em 12 partes iguais.

A Astrologia aplica essa divisão ao Firmamento, em que o Sol percorre regularmente na sua trajetória anual em torno da Terra.

Nesses espaços foram destacadas constelações, cujos nomes foram dados aos espaços.

Esse conjunto passou a ser denominado de Duodenário Zodiacal, cujo simbolismo é de relativa importância atual, mas que os Antigos emprestavam valor relevante.

A Maçonaria estuda a Astrologia, mas não aceita "in totum" que haja maior influência dos Astros sobre as pessoas.

A Humanidade seria dividida em 12 espécies, considerando-se que cada mês corresponde a um Signo Zodiacal. Se analisarmos a personalidade do indivíduo, seus aspectos internos e externos, encontraremos, realmente, as influências mencionadas na descrição dos Signos; no entanto, essas tendências correspondem ao arcabouço apenas; as ações e as reações dependem de múltiplos fatores e não podem ser catalogadas com tanta simplicidade.

Se os horóscopos fossem exatos, ninguém seria infeliz, pois todos pautariam seu comportamento de acordo com o previsto.

Nos mistérios de Ceres, o iniciado tomava parte dos destinos da semente confiada ao solo. Qual semente, o Iniciado deveria sofrer ou gozar a influência solar para desenvolver-se e frutificar e cumprir o ciclo da Vida.

O Zodíaco tem estreita ligação com o Setenário dos Planetas, considerando o Sol como tendo morada no Leão e a Lua em Câncer.

Eis a divisão:

Mercúrio	Gêmeos	Virgem
Vênus	Touro	Balança
Marte	Áries	Escorpião
Jupiter	Peixes	Sagitário
Saturno	Aquário	Capricórnio

Cada signo participa da natureza de um dos quatro elementos:

Fogo	Áries	Leão	Sagitário
Terra	Touro	Virgem	Capricórnio
Ar	Gêmeos	Balança	Aquário
Água	Câncer	Escorpião	Peixes

Portanto, cada Signo é caracterizado por um Planeta e por um dos elementos.

I — ÁRIES — FOGO — MARTE — Fogo construtivo interior estimulando o crescimento. Estacionário no Inverno, desperta na Primavera, germinando a semente. Representa a autoiniciativa impulsionada por uma influência externa sob a ação do Sol.

Simboliza o ardor iniciático em busca da Iniciação.

II — TOURO — TERRA — VÊNUS — Fecundação; receptividade da matéria para elaboração interna.

Simboliza o Recipiendário que, convenientemente preparado, foi admitido às provas.

III — GÊMEOS — AR — MERCÚRIO — O Fogo fecundando os filhos da Terra. O duplo mercúrio dos Alquimistas simbolizado por duas cabeças. Vitalidade construtiva. Deve-se observar que os "filhos da Terra" não seriam os "filhos de Deus", como nos narra o Gênesis Bíblico.

Simboliza o Neófito recebendo a Luz.

IV — CÂNCER — ÁGUA — LUA — A seiva no seu auge preenchendo as formas, vegetação luxuriante, estação do verde das folhas, cereais imaturos, dias longos de muita luminosidade.

Simboliza o Iniciando dedicando-se ao estudo e assimilando os conhecimentos iniciáticos.

V — LEÃO — FOGO — SOL — A influência do Sol, secando e destruindo os germes maléficos; fim da ação construtora do ardor interior de Áries. Crítica implacável da Razão sobre tudo.

Simboliza a autocrítica do Iniciado do que possa seduzi-lo.

VI — VIRGEM — TERRA — MERCÚRIO — A substância fecundada, esposa virginal do Fogo fecundador, dá à luz e mantém a virgindade; colheita amadurecida, pelo calor brando.

Simboliza que o Iniciado está pronto a fazer sua escolha; reúne as matérias que lhe são dadas e as desbasta em busca da perfeição.

VII — BALANÇA — AR — VÊNUS — Equilíbrio entre o dualismo; entre as forças construtivas e destrutivas. O fruto atinge a maturidade no máximo de seu sabor.

Simboliza o Companheiro pronto para desenvolver depois sua atividade, cônscio de seu saber.

VIII — ESCORPIÃO — ÁGUA — MARTE — O Sol precipita sua queda em direção a outro hemisfério, dissociando os elementos de construção vital, desorganização revolucionária, fermentação da massa aquosa.

Simboliza a "Lenda de Hiram Abiff", com o adrede conluio dos maus Companheiros.

IX — SAGITÁRIO — FOGO — JÚPITER — O espírito animador desprende-se do cadáver de Hiram Abiff e permanece no éter; a Natureza mostra-se desolada.

Simboliza os Obreiros abandonados, sem direção, dispersos, cônscios de que a Palavra está Perdida. Busca do Mestre assassinado.

X — CAPRICÓRNIO — TERRA — SATURNO — Inércia. A matéria está morta e passiva, porém é fecundável. Há esperança.

Simboliza a descoberta do túmulo de Hiram Abiff.

XI — AQUÁRIO — AR — SATURNO — Os elementos mortos reconstituem-se na Terra adormecida, surgem preparativos geradores e apresentam-se sinais vitalizantes.

Simboliza o desenterro do cadáver de Hiram Abiff, formando-se a Cadeia de União para ressuscitá-lo.

XII — PEIXES — ÁGUA — JÚPITER — O gelo quebra-se; a neve derrete-se, impregnando a Terra de fluidos apropriados; os dias dilatam-se; o reino da Luz impera.

Simboliza Hiram Abiff levantando, retomando a si e ao encontro da "Palavra Perdida".

Hiram Abiff
Jesus Cristo

Hiram Abiff precedeu ao Nazareno e não podemos, como cristãos, fazer um estudo comparativo, porque a situação dos dois é totalmente diversa no sentido religioso mas semelhante no aspecto social.

Jesus, de nascimento humilde, deu-se inteiramente para com seu Evangelho semear o amor fraterno e identificar o homem com Deus.

Julgando os poderosos que ambicionavam o poder temporal e que concitavam o povo a uma revolta, não titubearam em dar-lhe morte.

A história do Senhor Jesus, o Cristo, é talvez o evento mais difundido no mundo, posto sem uma interpretação racional.

A mesma Igreja que invoca privilégios de descendência e que se intitula representante, na pessoa do Papa, do Filho de Deus, na condição de Vigário de Cristo, participou do sacrifício de Jacques de Molay, para citar uma só vítima.

O Sumo Sacerdote, uma espécie de papa de Jerusalém, também em nome de Jeová, sacrificava a Jesus.

A morte na Cruz; a morte na fogueira; a morte por meio de trucidamento; a morte por arma de fogo, tudo é morte sacrificada que identifica, em um denominador comum, todos os que pereceram altivamente por um ideal.

O exemplo Crítico, a mensagem cristã, seus ensinamentos e a revelação de um Deus mais identificado com o homem não ficaram à margem da filosofia maçônica.

Mesmo nas regiões onde o Cristianismo é minoria, a mensagem Evangélica perdura dentro dos Rituais.

A imagem de Jesus está caracterizada em vários Graus do Filosofismo e, muito especialmente, no Grau 18, Príncipe Rosa-Cruz[112].

A Maçonaria não possui esta ou aquela tendência religiosa, porém é cristã por não ser o Cristianismo uma religião, pelo menos, o que se edita em nossa época.

Conforme notícias recentes dadas pela imprensa internacional, estão sendo editados Evangelhos em linguagem "popular", no sentido "marxista", ou seja, dando à Palavra de Deus, ao Livro da Lei, uma destinação política, que pode até, quem sabe, se denominar de subversiva.

Podemos afirmar ter sido Jesus o Maçom por excelência, que, se presente em nossos dias, conquistaria o Prêmio Nobel da Paz!

O culto à fraternidade teve origens no Cristianismo Primitivo e ninguém expressou com tanta propriedade o amor fraterno, fruto da compreensão no relacionamento entre o Pai (Deus) e os Filhos (os homens).

A par do comportamento social e familiar no culto da fraternidade, Jesus ainda deu significado transcendente à criatura humana, dando-lhe uma destinação espiritual.

Não só abriu as perspectivas de uma Vida Futura, além da Morte, mas acenou com o "ingresso" no Reino dos Céus, estando ainda os homens na Terra em corpo conscientemente vivos.

A Doutrina Cristã, todavia, perdeu muito de sua originalidade apesar dos esforços das doutrinas Evangélicas em buscar essas raízes.

A Igreja continua distanciada do homem. O culto do amor fraterno, dentro do atual quadro de desagregação moral, quando há morte sob a escusa de um litígio religioso, a Igreja mostra-se impotente e não tem força de espécie alguma, para contornar qualquer situação que envolva Nações em luta ou concidadãos dentro de uma mesma Pátria.

A Maçonaria presta respeito e culto ao Cristo porque um dos seus ideais é prosseguir no pioneirismo de Jesus: enaltecer e cultivar o amor fraterno.

---

112. Vide obra do autor: *Príncipe Rosa-Cruz e seus Mistérios*.

Hiram Abiff
Jacques de Molay

A Ordem do Templo era nos princípios do século XVI a Instituição mais difundida e rica da época, pois a defesa da Terra Santa e a proteção aos peregrinos, por meio das Cruzadas, no combate aos infiéis, carregavam para os Templários riquezas sem par, tanto as conquistadas dos despojos das lutas como as provindas do auxílio dos poderosos.

A vitória dos Templários sobre os infiéis devia-se à bravura dos combatentes e à proteção de Balduíno II, rei de Jerusalém.

Organizados de forma um tanto tumultuada, os Templários elegeram para seu primeiro Grão-Mestre, Hugo de Payns, que, no Concílio de Troyes em 1128, viu confirmada oficialmente a Ordem que mais tarde seria disciplinada com severidade por São Bernardo.

A bula de 15 de janeiro de 1163 outorgou à Ordem do Templo privilégios sem precedentes, e assim contava a Igreja com uma corporação eficiente favorecida por muitos reis.

No entanto, o rei da França, Felipe IV, cognominado o Belo, que lutava com a severa crise em seus domínios, entendeu cobiçar os tesouros dos Templários.

Para tanto, procurou o papa Bonifácio VIII e propôs-lhe dividir consigo as riquezas dos que julgava fácil presa.

Bonifácio VIII repeliu as pretensões de Felipe, o Belo, que não se convenceu facilmente com as ponderações do Chefe da Igreja.

Muito astuto, procurou de toda forma amedrontar o Papa e este em oposição expediu a 5 de dezembro de 1301 a bula "Ausculta, fili"[113] dando-lhe ampla publicidade; a certa altura dizia o Papa: "Prudência

---

113. "Escuta meu filho".

deve ser a maior virtude dos reis e que as tributações sobre o clero e sobre os bens da Igreja, quando não fossem para a defesa da paz ameaçada, dependiam da autorização pontifícia".

A bula constituía uma reprimenda enérgica ao rei que irritado mandou queimá-la em praça pública e prender Bonifácio VIII, convocando os Estados Gerais que deveriam estabelecer o controle do rei sobre a Igreja.

O Papa, apesar de posteriormente posto em liberdade, não suportou tal injúria, morrendo de desgosto.

Sucedeu a Bonifácio VIII Clemente V, que ficou confinado em Avinhão e nas mãos de Felipe, o Belo.

Sob constante coação, Clemente V, após passar sérias vicissitudes, cede ao rei e determina o fim da Ordem do Templo.

Era seu Grão-Mestre Jacques de Molay.

No dia 13 de outubro de 1307 Jacques de Molay e todos os templários da França foram presos.

Segundo os métodos da época, os cabeças foram submetidos a toda sorte de torturas para que confessassem a prática de adoração de ídolos, repudiassem ao Senhor Jesus Cristo e admitissem práticas infames.

Clemente V expede a bula: *Ad providam Christi* e determina a transferência do tesouro dos Templários para os "Hospitaleiros", uma ordem secundária e sob o controle do rei.

Jacques de Molay, em depoimento perante o Papa, em vez de "arrepender-se" e pedir perdão, altivamente apresentou um líbelo contra o rei que, enfurecido, lavrou sua sentença de morte determinando que fosse queimado em uma fogueira.

No momento em que foi posto fogo à fogueira, em praça pública, com voz forte, o último dos Grão-Mestre dos Templários gritou:
"Nekan Adonai"[114]

"Intimo o rei e o Papa a comparecerem perante Deus no prazo de um ano."

No mesmo ano, ambos os anatematizados por Jacques de Molay morriam!

---

114. Há diversas versões sobre as últimas palavras pronunciadas pelo Mártir.

Jacques de Molay simboliza Hiram Abiff do século XIV; o Mestre que foi sacrificado porque não quis ceder a riqueza dos Templários a um rei déspota.

Seus algozes foram um rei ambicioso e um Papa pusilânime, porém houve, como sucedeu a Hiram Abiff, quem acolhesse os dispersos Templários.

D. Diniz, por carta régia de 15 de novembro de 1719, criava a Ordem Militar de Cristo, para onde fez transferir os Templários com todos os privilégios e bens materiais que pudessem escapar da cobiça de Felipe, o Belo, desacreditando das acusações infames feitas contra os Templários e enaltecendo-os pelos heroísmos na expulsão dos mouros de Portugal.

D. Diniz não deu nenhuma importância aos protestos do rei da França e do Papa e a Ordem Militar de Cristo pôde prosseguir no trabalho idealístico dos antigos Templários, os precursores da Maçonaria naquela época, na Europa. A Inglaterra também acolheu os fugitivos.

Em cada época surgem mártires, vítimas da cobiça; os companheiros Jubela, Jubelos e Jubelum simbolizam os que cobiçam o poder e a fortuna; aqueles assassinos cobiçavam a "Palavra de Passe" do Mestre para revestir-se de condições necessárias à conquista do poder e, por ele, da riqueza.

Felipe, o Belo, incompreensivelmente, neto de São Luiz, simboliza o usurpador, aquele que para conquistar o objetivo não vê se o caminho a percorrer é o da injustiça ou do crime.

A época aceitava tal comportamento, mas outros Jacques de Molay surgiram, ora vítimas de déspotas, ora vítimas da própria Igreja.

Os séculos passam; porém os Hiram Abiff continuam sendo sacrificados.

Hiram Abiff
Mahātma Mohandas Karamchand Gandhi

Nasceu Gandhi no dia 2 de outubro de 1869, em Porbandar, sobre o golfo de Omán, na penísula de Kathiawar, Índia.

Em 1881 ingressa na Escola Superior com 12 anos de idade, casando-se aos 13. Em 1888 viaja para Londres onde, após três anos, obtém o diploma de advogado.

Em 1893 vai para a África do Sul onde cumpre um contrato e ao regressar à Índia, após um ano, inicia sua campanha em favor dos hindus perseguidos na África.

Em 1906 lança a primeira campanha contra os Sul-africanos de resistência sem violência — "Satyágraha" — em favor dos segregados hindus.

Em 1914 obtém a igualdade dos direitos dos hindus, na África do Sul.

Em 1915 retorna à luta política em seu país, estendendo-a até 1919 contra os ingleses que desejam manter, ainda depois da Primeira Grande Guerra, medidas de restrições contra os hindus.

Em 1922, Gandhi fixa a data de 15 de fevereiro para o início da "desobediência civil"; é condenado a seis anos de prisão, mas indultado após dois anos.

Em 1929 reinicia sua campanha visando à total independência da Índia.

Depois de sucessivas lutas, sempre sem violência de sua parte, e sucessivas prisões, Gandhi, em 1934, retira-se da política.

Em 1940, o Congresso hindu lhe confia amplos poderes para o reinício da campanha de desobediência civil.

Em 1942, o Governo Inglês envia Sir Stafford Cripps com a promessa de libertação total após o término da Segunda Grande Guerra, mas é repelida por Gandhi que aspira à imediata independência; isso resulta em sua prisão, de seus familiares e líderes. Em 1944, a esposa de Gandhi, Kasturbai, morre na prisão. No dia 8 de maio Gandhi e os demais líderes nacionalistas são libertados.

Finalmente, em 1947, com a divisão da Índia, criando o Estado do Paquistão, ambos obtêm a independência na data de 15 de agosto.

Forma-se internamente a luta entre muçulmanos e hindus, com grande tristeza para Gandhi que chega a jejuar, apesar da sua avançada idade; ao deporem as armas, os extremistas hindus, suspenso o jejum, um fanático, no dia 30 de janeiro de 1948, fez vários disparos à queima-roupa contra o ancião que, ao morrer, exclama: "Oh meu Deus!"

Esse ancião, que morre aos 79 anos, foi a maior cultura hindu, o exemplo de pacifismo, o filósofo aceito por todos, orientais e ocidentais, o mártir moderno que sucumbiu de forma traiçoeira.

Em Londres lê-se pela primeira vez na versão inglesa o episódio do "Mahâbhârata", denominado "Bhagavadgita", o Livro da Lei, no "canto do beato" que passou a exercer enorme influência sobre toda a sua vida.

Segundo o que escreveu em sua autobiografia, essa leitura lhe produziu enorme impressão; sobretudo muito o comoveram estes versículos:

> *Quando o homem dirige sua atenção aos objetos dos sentidos, se apega a eles; desta afeição nasce nele o amor, do amor, a ira, da ira, a perturbação do juízo, da perturbação do juízo, a agitação da memória e da agitação da memória a extinção da Luz do Espírito, e da extinção desta Luz, perece.*

Depois da "Gita", leu a "Luz da Ásia", traduzida por Sir Edwin Arnold que lhe despertou certo interesse pela teosofia.

Assistiu a sessões na Sociedade Teosófica, na qual conheceu Annie Besant.

O livro de Besant, *Como Cheguei à Teosofia*, não o convence; mais tarde encontra-se com Besant na Índia, porém não adere a suas ideias, negando-se a participar da Sociedade Teosófica.

Prosseguiu com a suas leituras religiosas; dedicou-se à Bíblia; o Velho Testamento não despertou seu interesse, porém o Novo Testamento o fascina, especialmente o "Sermão da Montanha".

Minha mente jovem tendia a unificar os ensinamentos do Gita, "A Luz da Ásia" com o "Sermão da Montanha". Experimentava, vivamente, a ideia da renúncia como a forma mais elevada da religiosidade.

Leu também o capítulo sobre Maomé, "Os heróis e o culto dos heróis", de Carlyle. Nem tudo lhe resulta claro e fácil, porém persiste, atraído por uma crente curiosidade às diversas experiências religiosas. Enquanto indaga dentro de si mesmo leva uma vida cada vez mais isolada; isso é induzido tanto pela sua timidez como pelo árduo trabalho imposto pelos estudos.

Gandhi foi buscar sua formação intelectual na Inglaterra, preparando-se para a luta, conhecedor profundo não só da psicologia dos ingleses mas das suas leis.

Sua luta não se restringiu à sua Pátria mas buscou amparar os hindus perseguidos por questão racial, justamente na África do Sul para onde milhares deles haviam imigrado em busca de novas oportunidades.

Sua luta cheia de amor fraterno para os seus deu-lhe a força necessária para, sem armas, apenas pelo poder da convicção, e pelo sacrifício com exemplo, através de seus jejuns que chegavam à beira do colapso, libertar a Pátria.

No início do século XX, a Índia era um país que despertava lentamente de uma imobilidade milenar.

Desde a origem de sua história, quando as populações arianas invadiram a parte setentrional do país em torno do ano 1500 a.C. e nele se estabeleceram, submetendo a população aborígene de estirpe "dravídica" ao seu mando, a sociedade hindu não havia sofrido transformações substanciais.

A população era composta de 80 a 90 por cento de camponeses; no início do século, 300 milhões de camponeses cultivavam a terra com o auxílio de instrumentos rudimentares e juntas de bois; viviam em aldeias, milhares delas, cujas casas eram feitas de bambu e barro.

Durante séculos, cada aldeia era autossuficiente, composta de camponeses, tendo seus "contadores", sacerdotes, guardiões e o mais necessário à administração.

Inexistia a propriedade particular até a chegada dos ingleses, e o povo tinha o usufruto concedido pelos soberanos reis, aos quais entregavam as quotas estabelecidas. Esse relacionamento era o único político existente.

Junto à aldeia autossuficiente, os outros dois pilares da sociedade hindu tradicional eram a "casta" e a "família tradicional".

O sistema de castas originou-se pela divisão entre vencidos e vencedores na época da invasão ariana; logo após recebeu "sanção" religiosa. As quatro castas originais: os sacerdotes ou brahmanes, os guerreiros, os comerciantes e os camponeses e servos.

Na atualidade existem mais de duas mil castas dividindo a sociedade hindu em compartimentos estanques. Algumas formaram-se com tribos ou raças distintas como a Raiput, os Jat; outras derivam das profissões, como os tecedores e demais artesãos. Cada casta constitui uma corporação fechada, que se governa com leis e estatutos próprios e praticam a "endogamia", ou seja, a obrigação de casarem-se com um membro da mesma casta.

A família patriarcal é a unidade moral e econômica básica. O patrimônio familiar absorve os bens adquiridos pelos membros componentes sendo administrados por um conselho de família, cujo chefe respeitado é o mais idoso.

Durante dois mil anos, a aldeia autossuficiente, a casta e a família constituíam uma trama de tecido social tão sólida que resistiu ao desgaste e à corrosão das estruturas estatais.

Ondas sucessivas de invasores gregos, persas, árabes, turcos, afegães e mongóis se abateram sobre a Índia derrubando regimes e impérios, sem modificar, contudo, as estruturas básicas da sociedade e da família, absorvendo os invasores remanescentes.

No início do século XVI, após ter Vasco da Gama aberto o caminho para a Índia, os europeus ingressaram no país, sem contudo alterar a situação existente.

Porém, a situação mudou quando, em meados do século XVII, a Companhia Britânica das Índias substituiu, na decadência do poder do Império Mongol, o vazio existente.

A empresa comercial transformou-se em uma grande força política e militar, assumindo o controle de Bengala, impondo a revolução industrial.

Em 1813, o monopólio da Companhia foi abolido; foi liberado o comércio com a Índia subordinando o desenvolvimento econômico às exigências britânicas. A indústria artesanal hindu sofreu a competição da indústria inglesa. Na agricultura, os hindus foram compelidos a alterar seu milenar sistema com a monocultura, especialmente do "anil", algodão e chá. Uma agricultura que sempre foi de consumo passou a ser de troca, comércio e exportação.

A Inglaterra passou a organizar-se politicamente, tomando conta das províncias, cobrando seus impostos, emitindo leis e fundando tribunais.

Óbvia e paralelamente, o povo hindu, paradoxalmente, evoluía em todo sentido, embora mantivesse sua filosofia de forma íntegra, com seus profundos conhecimentos religiosos, com demonstrações de desprendimento só encontradas naquela Península.

O aspecto religioso consegue manter a unidade nacional e é nessa conjuntura, até certo ponto fascinante, que Gandhi se propõe, sem armas, a expulsar o dominador inglês e, ao mesmo tempo, dar à sua pátria a evolução de que necessita para acompanhar a tecnologia dos demais povos.

A história da Índia precisa ser conhecida, desde seus primórdios, pois nela encontramos, também, os filamentos da Maçonaria,[115] para entendermos o papel que Gandhi desempenhou e para aceitarmos seu "sacrifício", como um dos mais emocionantes, dentro da vida moderna, que o faz venerado por todos.

---

115. Vide obra do mesmo autor: *Introdução à Maçonaria*. 1º volume.

O paralelo entre Hiram Abiff e Gandhi cabe perfeitamente, porque Gandhi foi o grande construtor do amor fraterno de seu povo.

O paralelo entre Jesus — Gandhi — Hiram Abiff — Jacques de Molay — Martin Luther King Júnior, sob o ponto de vista da "Lenda de Hiram", é perfeito; faz-se, contudo, necessário construir o denominador comum que será sempre o culto ao amor fraterno.

Hiram Abiff
Martin Luther King Júnior

Traçar um paralelo entre Gandhi e Luther King talvez não fosse iniciativa feliz, eis que os países onde viveram e lutaram os dois mártires em nada se assemelham.

Precisamos, porém, nos situar na década de 1960, tão recente, ainda, porém onde a segregação social já não encontrava lugar, tanto em face do ambiente de intelectualidade norte-americana como pelo espírito de religiosidade.

Porém, dentro da Maçonaria, encontraremos o absurdo segregacional; Lojas para negros, seguindo a tese de George Wallace, o governador sulino, de que se Deus fez o negro e o branco, os fez para que vivessem separados; caso contrário, teria construído a humanidade ou toda negra ou toda branca.

Naquela década ocorreram movimentos brutais nas relações entre as classes, gerações e raças; contra Wallace que semeava o ódio racial, em sua campanha presidencial, surgiu a figura humilde do negro Martin Luther King Júnior, ministro religioso da Igreja Batista.

Sua pregação foi de paz, conclamando à razão e entregando-se totalmente, de corpo e alma, ao movimento de libertação do negro americano.

Luther King nasceu em Atlanta, na Geórgia, em 15 de janeiro de 1929; cursou escolas públicas, o seminário teológico Crozer e a Universidade de Boston.

Serviu com seu pai, como copastor da Igreja Batista Ebenezer de Atlanta; em 1964, recebeu o prêmio Nobel da Paz, por sua liderança do movimento pela igualdade racial nos Estados Unidos, sem recurso à violência.

King combinava o poder da massa contra a discriminação racial e a segregação, apelando para a compreensão, o amor fraterno, os direitos civis, enfim os direitos humanos sem distinção da cor da pele.

Já em 1956, chamava a atenção da Nação Americana, no boicote que dirigiu contra a segregação nos ônibus públicos de Montgomery, no Alabama; em consequência, posto após um ano, a Suprema Corte decidiu que a segregação racial nos transportes públicos, tanto na esfera estadual como nacional, era ilegal.

Podemos imaginar as reações que incluíram espancamentos, prisões, cães ferozes atiçados contra os manifestantes e violências de todo o tipo.

King fundou a famosa Conferência Sulista de Liderança Cristã, que imediatamente constituiu sua base e plataforma nacional.

Com a base na "Celc", percorreu todos os Estados Unidos, fazendo conferências, visitando autoridades e semeando sua campanha cristã de amor, tolerância e chamada à realidade.

Em 1963 tomou parte na "Marcha sobre Washington" em defesa dos direitos civis, que tinha por escopo o alistamento eleitoral do maior número possível de eleitores negros.

Em 1964 e 1965, o Congresso Federal aprovou o Ato dos Direitos Civis e Ato dos Direitos de Voto.

Essas vitórias transformaram King no líder inconteste dos negros.

Outro problema gravíssimo se formava com a guerra no Vietnã e King anunciou sua oposição, estabelecendo uma relação entre a opressão racial e a guerra imperialista.

King, ampliando seu campo ideológico de luta pacífica, decretou sua própria sentença e no dia 4 de abril de 1968, em Memphis, no Tennessee, foi assassinado por James Earl Ray.

No dia 4 de fevereiro de 1968, portanto, dois meses antes, pregava em Ebenezer, falando proficamente de seu próprio funeral e dizia:

"Suponho que de vez em quando todos nós pensamos realisticamente no dia em que seremos vitimados por aquilo que é denominador comum da vida — aquela crise à qual denominamos morte.

Todos nós pensamos nela. E de vez em quando eu penso em minha própria morte, e penso no meu próprio funeral. E não penso nisso no sentido mórbido. De vez em quando pergunto a mim mesmo: "Que é que eu teria querido que eles dissessem?" E nesta manhã eu lhes deixo as minhas instruções.

Se algum de vocês estiver por perto quando o meu dia chegar, não quero um funeral longo. E se vocês arranjarem algumas pessoas para proferirem o elogio fúnebre, digam-lhes para não falar por muito tempo.

De vez em quando fico pensando comigo mesmo no que é que eu quero que falem. Digam-lhes para não mencionarem que tenho um Prêmio Nobel da Paz — isso não é importante. Digam-lhes para não mencionarem que tenho outros 300 ou 400 prêmios mais, isso não é importante. Digam-lhes para não mencionarem onde estudei.

Eu gostaria que alguém mencionasse nesse dia, que ... "Martin Luther King Júnior se esforçou por dar a sua vida para ajudar aos outros".

Eu gostaria que alguém dissesse nesse dia, que ... "Martin Luther King Júnior se esforçou por amar a qualquer um". Quero que vocês digam, nesse dia, que ... "eu me esforcei por ser justo na questão da guerra".

Quero que vocês possam dizer, nesse dia ... "que eu me esforcei para alimentar os que tinham fome." E quero que vocês possam dizer, neste dia, que ... "eu, enquanto vivi, me esforcei por vestir aqueles que estavam nus". Quero que vocês digam, nesse dia, que ... "eu me esforcei, enquanto vivi, por visitar aqueles que estavam nas prisões". Quero que vocês digam que ... "eu me esforcei por amar e servir à humanidade".

Sim, se vocês quiserem dizer que fui um tambor-mor, digam que fui um tambor-mor pela Justiça; digam que fui um tambor-mor pela paz; fui um tambor-mor pela honestidade. E todas as outras coisas superficiais não terão importância. Não terei nenhum dinheiro para deixar para trás. Não terei coisas belas e honrosas para deixar para trás. Mas quero deixar depois de mim uma vida de compromisso.

E isso é tudo o que tenho a dizer ... Se ao passar pela vida a alguém eu ajudar, se com uma palavra ou um canto a alguém eu consolar, se a alguém puder mostrar que está em rumo perdido — então a minha vida em vão não teria sido. Se meu dever cumprir, tal com um bom cristão, se a um mundo agitado eu trouxer a salvação, se a mensagem do Mestre eu tiver difundido —, então a minha vida em vão não terá sido".

No seu funeral, muitos disseram que Martin Luther King Júnior era um homem avançado para a sua época; não partilhamos daquelas opiniões, pois a vida de King, breve como o foi de vários outros mártires, demonstrou ter sido construída e planificada para o cumprimento de uma tarefa, para concluir um Grande Templo ao Senhor Deus, como o fizera Hiram Abiff.

Precedido pelo sacrifício, foi imolado para que sua presença permanecesse como marco moral, como a força de vencer os séculos e permanecer na memória dos povos.

Nas sucessivas comemorações, dois dos seus mais fiéis amigos, Harry Belafonte e Stanley Levison, disseram[116]:

"Em uma nação obstinadamente racista, um homem negro despertou sua consciência adormecida; em uma nação enferma com a violência, um homem negro pregou a não violência; em um mundo envolvido em três guerras no espaço de 20 anos, um homem negro pregou a paz".

Quando a bala de um assassino tirou a vida de Martin Luther King Júnior, ela falhou em seu objetivo. Em quatro dias, muitas pessoas ouviram sua mensagem do que em 20 anos de sua pregação.

Sua voz estava silenciosa, porém sua mensagem ecoou clamorosamente pelo mundo afora.

---

116. Extraído dos jornais da época.

Ele foi apedrejado, apunhalado, insultado e, sobre ele, cuspiram quando estava vivo; mas, ao morrer, todos compreenderam, perturbados, que um homem de suprema bondade tinha vivido entre nós. Martin Luther King Júnior morreu como viveu, lutando pela justiça até o seu último alento. Em apenas 12 anos de vida pública fez com que a gente negra fosse mais respeitada do que jamais o fora em todo o século precedente.

Nós que o conhecemos intimamente não podemos lembrar de um instante sequer em que tenha proferido uma palavra de ódio por qualquer homem. No entanto, sua acusação à segregação, à discriminação e à pobreza foi um furacão de fogo que abriu uma nova era na luta pela liberdade.

Martin Luther King Júnior não era um sonhador, apesar de alimentar um sonho. Sua visão de uma sociedade de justiça era consequência de uma tumultuosa realidade. Sob sua liderança, milhões de negros norte-americanos saíram do aprisionamento espiritual, do temor, da apatia e foram para as ruas proclamar sua liberdade.

O ressoar de milhões de pés em marcha antecedeu o sonho. Sem esses feitos, inspirados pela sua admirável coragem pessoal, as palavras teriam meramente criado a fantasia.

King, o guerreiro pacífico, revelou ao seu povo seu poder latente; o protesto de massas não violento, firmemente disciplinado, capacitou-o a avançar contra seus opressores, em um combate eficiente e sem derramamento de sangue. De um só golpe ele organizou seus exércitos e confundiu seus adversários. Em plena rua, sob os clarões das lâmpadas fluorescentes, ele deu uma lição à nação, revelando quem era o oprimido e quem era o opressor.

Ele foi, incontestavelmente, um dos líderes negros proeminentes da história. No entanto, foi igualmente um líder de milhões de pessoas brancas, que com ele aprenderam que, aviltando o negro, eles se rebaixavam, ao passo que, apoiando a libertação do negro, se engrandeciam.

Pouca gente sabe o quanto esse gigante era humilde. Tinha uma inesgotável fé no povo, e as multidões sentiam isso com todo o seu coração e o seu espírito, e tributava-lhe mais do que respeito, quase veneração.

E um número mais reduzido de pessoas sabia o quanto ele ficava aborrecido e até torturado, porque duvidava da sua própria capacidade de não falhar nas decisões fatais que jogavam sobre seus ombros.

Pedia exaustivamente conselhos a seus amigos mais íntimos; procurava as respostas dentro de si próprio; rogava com veemência por orientação. Continuamente, achava-se, a si próprio, suspeito de corrupção, para repeli-la. Nenhum de seus detratores — e eram muitos — seria tão implacável ao contestar seus motivos ou seu julgamento como ele o era para consigo próprio.

Hoje, quando milhões de retratos seus estão suspensos em modestas cabanas, nos lares de gente comum e em salões importantes, é doloroso lembrar que ele proibiu sua própria organização de reproduzir seu retrato.

Ele não queria ser idolatrado, queria apenas ser ouvido. Escreveu seu próprio epitáfio, definindo-se nos termos simples que seu coração compreendia:

Digam-lhes que eu me esforcei por alimentar os que tinham fome. Digam-lhes que eu me esforcei por vestir os nus. Digam-lhes que eu me esforcei por ajudar a qualquer um.